雅学堂丛书

刘进宝 主编

东陆琐谈

Donglu
Suotan

林文勋 著

读者出版传媒股份有限公司

甘肃文化出版社

图书在版编目（CIP）数据

东陆琐谈 / 林文勋著. -- 兰州：甘肃文化出版社，
2023.7
　（雅学堂丛书 / 刘进宝主编）
　ISBN 978-7-5490-2732-3

　Ⅰ. ①东… Ⅱ. ①林… Ⅲ. ①社会科学－文集 Ⅳ.
①C53

中国国家版本馆CIP数据核字(2023)第100381号

东陆琐谈
DONGLUSUOTAN
林文勋 | 著

策　　　划 | 郧军涛　周乾隆　贾　莉
项目负责 | 鲁小娜
责任编辑 | 张莎莎
装帧设计 | 石　璞

出版发行 | 甘肃文化出版社
网　　　址 | http://www.gswenhua.cn
投稿邮箱 | gswenhuapress@163.com
地　　　址 | 兰州市城关区曹家巷1号 | 730030(邮编)

营销中心 | 贾　莉　　王　俊
电　　　话 | 0931-2131306

印　　　刷 | 广西昭泰子隆彩印有限责任公司
开　　　本 | 880毫米×1250毫米　1/32
字　　　数 | 225千
印　　　张 | 10.5
版　　　次 | 2023年7月第1版
印　　　次 | 2023年7月第1次
书　　　号 | ISBN 978-7-5490-2732-3
定　　　价 | 68.00元

这一代学人的使命与担当（代序）

一

"这一代学人"是指以新三级学人（77、78、79级大学生和78、79级研究生）为代表的跨越时代和年龄的学人群。他们的年龄可能相差比较大，有的出生于20世纪40年代中后期，有的出生于60年代初，中间相差十几年——如果从年龄看，可说是两代人。从社会阅历看，有的插过队，有的当过兵，有的是工人，有的是农民，还有的是刚刚毕业或在校的中学生，可以说是40后、50后和60后在一起上课、讨论。正因为差别很大，他们对社会的感受和认识不一致，对未来的期待也有异，各种不同的思想碰撞交流，有时在某些问题上争论很激烈。那时还有许多自办的刊物，虽然是学生们自掏腰包，印制也比较粗糙，但包含许多真知灼见。"这一代学人"就是在这样的时代环境下成长起来的。

这代学人学术养成期的社会氛围，诚如中华书局原总编辑傅璇琮先生所说："'文革'结束后最初几年，我们这些学者都有一种兴奋的心情，觉得一场噩梦已成过去，我们已经失去得太多，我们要用自己的努力追回失去的一切。而我们又相信，只要靠勤奋，我们肯定会重新获得。"由此可知，虽然他们的年龄和社会阅历不同，但从他们成长的环境来看，又属于同一代学人。

"雅学堂丛书"的10位作者，年龄最大的方志远、王子今教授，是1950年出生，已经73岁了；孙继民、王学典教授出生于1955、1956年，也都超过了65周岁；中间年龄的荣新江、卜宪群、李红岩，都出生于60年代初；年龄最小的鲁西奇、林文勋教授，出生于1965、1966年，将近60岁。年龄最大和最小的相差十五六岁，但大都是"文革"后恢复高考的本科生和研究生，是"科学的春天"到来后，步入学术殿堂的新一代学人。

这些学人，都学有所成，甚至是某一方面的杰出代表。按照常人的眼光来看，他们已功成名就，根本不需要再追求名誉和地位，应该颐养天年，享受生活了。但为何还非常用功？还在夜以继日地不断探索，不断产出新成果，辛勤耕耘在学术前沿？有次和朋友们聊到学界和学人时，说到王子今、荣新江等人，我表达了这种看法，当时有人就问我，他们为什么还如此用功呢？这是什么原因？我突然冒出了一个词——"使命"，即他们不是为了名和利，而是有一种使命意识。

这一代学人将学术视为生命，甚至可以说就是为学术而生的。当他们把学问当成毕生奋斗的事业时，就会时时意气风发、孜孜以求，不再考虑是否退休，更不会为了金钱、名誉和地位，而是为了做这一代学人应该做的事。

时代在他们身上打下了深深的烙印。这一代学人的学术养成期是在20世纪70年代末80年代初，那是一个充满希望的时代，当时的青年学子都怀有远大的志向，将个人的追求与国家的需要紧密结合。在强烈的爱国主义感召下，他们不仅要将失去的时间夺回来，还要将个人的命运与国家的前途紧密结合在一起，要"团结起来，振兴中华"，就要"从自己做起，从小事做起，从现在做起"，力争为国家的发展贡献自己一份微薄之力。正如荣新江在追念邓广铭先生时说："北大往年的辉煌，并不能映照今日的校园；邓先生等一代鸿儒带走的不仅仅是他们个人的学问，而是北大在学林的许多'第一'……追念往哲，痛定思痛，微薄小子，岂可闲哉！"

二

"雅学堂丛书"的作者，都是很有成就的专家，他们的学术论著，我基本上都阅读过一些，有的读了还不止一遍。他们在从事高深学问研究的同时，还撰写了一些面向大众的学术短文、书序、书评和纪念文章等。数学家华罗庚在西南联大授课时，曾说过这样的话：高水平的教师总能把复杂的东西讲简单，把难的东西讲容易。反之，如果把简单的东西讲复杂了，把容易的东西讲难了，那就是低水平的表现。从"雅学堂丛书"的内容可知，这些文章没有太多的史料引文，语言通俗易懂，适合大众阅读。即这些作者是真正把所关注或研究的问题搞懂弄通了，并咀嚼消化为自己知识的一部分，从而才能化难为易化繁为简，用浅显易懂的语言将高深的理论和丰富的内容表达出来。

各位作者拟定的书名，本身就是学术史的一部分，也可感受到这些学者的意志、视野和思想。王学典先生的书名是本套丛书中最为宏大的——《当代中国学术走向观察》，因为王老师的学术兴趣是"追踪当代学术的演变，探索其间的起伏之迹，解释每次变动由以发生的原因或背景"。从1988年的《新时期十年的历史学评估》开始，几乎每隔十年，有时更短，他"都要总结归纳一番，回顾展望一番。起初是个人兴趣使然，后来则是几家报刊在特定时间节点的约稿"。方志远先生的书名是《坐井观天》。他说："这个集子之所以取名为《坐井观天》，是因为迄今为止，除了一年半载的短期外出求学及讲学，我的一生都是在江西度过的……从这个角度说，我的一生都是在江西这口'井'中。但是，虽说是'坐井'，却时时想着要'观天'。""我想，这些无目的、非功利的阅读，某种意义上奠定了我后来'观天'的基础。""这个集子收录的30篇文章，几乎都想'坐井观天'。"荣新江先生的是《三升斋三笔》，荣老师在读大学时，听到老师讲《汉书·食货志》，其中有"治田勤谨，则亩益三升；不勤，损亦如之"，认为用以比拟治学，也十分合适，便根据古代文人学士起斋名的习惯，将自己的斋号取名为"三升斋"。此前，他已将自己学术论文之外的学术短文、会议发言和书评等汇集为《三升斋随笔》（"凤凰枝文丛"，凤凰出版社，2020年）、《三升斋续笔》（"问学丛书"，浙江古籍出版社，2021年）。荣先生的这两本随笔集出版后，"颇受读者欢迎""今择取三四年来所写综述、感言、书评等杂文，以及若干讲演稿，辑为《三笔》"。收入本书的文章，"代表了我近年来对相关学科发展的看法，也有一些自己研究成果的表述和经验之谈，还有一些学术史或学林掌故的记录"。这样的学术随笔，既有可读性，又有学术性，肯定能受到读者的喜欢。

有些书名则是作者生活轨迹的反映，如孙继民先生的是《邯郸学步辑存》。"《庄子·秋水》的'邯郸学步'是知名度和使用率极高的成语典故，其中有云寿陵余子'学行于邯郸，未得国能而失其故行'。笔者生在邯郸长在邯郸，1955年出生，1963年上小学，1971年初中毕业，入职邯郸肥皂厂务工，因为比一般工友多读了几本书，曾有师傅戏称'孙教授'。"1977年恢复高考后才离开邯郸。他的人生起点是从邯郸开始的，而又有著名的成语"邯郸学步"，就将书名定为《邯郸学步辑存》。林文勋先生的书名是《东陆琐谈》，这是因为"云南大学最早名东陆大学，这些文章是我在云大读书求学的点滴记录，故名《东陆琐谈》"。笔者的书名是《从陇上到吴越》，这是因为笔者出生并长期生活在甘肃，1983年大学毕业后即留校工作。甘肃简称"陇"，由于受雄厚的陇文化熏陶，在甘肃（陇上）学习、工作期间，选择以敦煌学、隋唐史和西北史地为研究和教学的重点。在兰州学习、工作了23年后，于2002年调入南京师范大学，2013年又从南京师大调入浙江大学。江苏、浙江原为吴、越之地，文化底蕴非常深厚，从宋代以来，经济发展也一直走在前列。从西北到了东南，从陇上到了吴越，虽然自然环境和文化截然不同，但仍然坚守当年的选择，即教学、研究的重点还是敦煌学、隋唐史、丝绸之路与西北史地。

有的则是自己感情的真实流露，如王子今先生的书名是《天马来：早期丝路交通》，为什么是"天马来"？我去年11月向子今先生约稿时，他正在成都，其间恰好生病，"相继在成都经历了两次心血管手术"，回到北京休养期间整理的书稿，2022年12月9日交稿。去年恰是子今先生的本命年，所以他才写道："今晚交稿。希望'天马来'这一体现积极意义的象征，也可以给执笔的已届衰年的老人提供某种激励。"卜宪群先生为何将书名定为《悦己集》？他认为，自己"所撰写的文章，无论水平高低，都是内心世界的真实表达，集子取名'悦己'，就是认为几十年所从事的史学工作，是自己最热爱最喜欢的一项工作，是取悦于己的工作，没有后悔，至今依然"。

　　虽然这些作者成果丰硕，成就突出，但又非常谦虚，如李红岩先生解释自己的书名《史学的光与影》时说，"收在这里的文章，大部分是我年轻时撰写的。浮光掠影，波影光阴，不堪拂拭，但大体以史学为核心"，故定为《史学的光与影》。鲁西奇先生将书名定为《拾草》，更是让我们看到了一位学人的坦诚和谦虚："我出生在苏北农村。20世纪六七十年代，农村里缺少柴薪。冬天天冷，烧饭烤火都需要柴草。孩子们下午放学后，就会带着搂草的耙和筐，到田旁路边和荒地上去捡拾枯草或树叶，叫作'拾草'。虽然河岸渠道上也有一些灌木，但那是'公家'的，不可以砍。《诗·小雅·车辇》云：'陟彼高冈，析其柞薪。析其柞薪，其叶湑兮。'我既无高冈可陟，亦无柞木可析作薪，连枯叶都不多，更无以蔽山冈。只有一些散乱的杂草。那就收拾一下吧。烧了，也许可以给自己取一会儿暖。故题为《拾草》。"

　　地处西北的甘肃文化出版社，近年来在西夏学、丝绸之路、简牍和西北地方文献等方面的学术著作出版中成绩卓著，多次获得国家出版基金资助，取得了社会效益和经济效益的双丰收。在此基础上，他们又计划出版面向大众的高品位、高质量普及著作。郎军涛社长多次与我联系，希望组织一套著名学者的学术随笔，我被军涛社长的执着而感动，于是商量编辑一套"雅学堂丛书"，并从2022年11月19日开始陆续向各位先生约稿。虽然中间遇上新冠感染潮，我本人也因感染病毒而一个月未能工作，但各位专家还是非常认真并及时地编妥了书稿。

　　在此，我非常感谢方志远、王子今、孙继民、王学典、荣新江、卜宪群、李红岩、鲁西奇、林文勋等诸位先生的信任，同意将他们的大作纳入"雅学堂丛书"；感谢甘肃文化出版社郎军涛社长的信任与支持，感谢甘肃文化出版社副社长周乾隆和编辑部主任鲁小娜领导的编辑团队认真、负责、高效的工作。希望读者朋友能够喜欢这套书。

刘进宝

2023年5月11日

7

前　言

本书通过多个片断，反映了我学习和研究中国历史的情缘与研究体悟。

全书共选取文章37篇，分为六组。第一组5篇，主要结合我自己的研究经历，谈历史研究中的理论指导和历史与现实的关系问题；第二组5篇，主要基于历史研究的实践，谈谈关于社会科学理论创新和社科知识普及的看法与认识；第三组6篇，主要谈一下读书和治学中若干问题的体会，希望能够得到大家的指教，共同分享更多的有益经验；第四组8篇，主要反映我对中国边疆学学科建设的一些认识并介绍我和同仁在推动学科建设和边疆问题研究上所做的工作；第五组6篇，主要是谈谈对云南史地若干问题的认识，其中，重点论及云南历史的主要特征和乡土记忆；第六组共9篇，通过书序，记述云大史事，希望从中反映大学之道和大学文化。

在本书多篇文章的草拟和书稿的整理过程中，得到了黄纯艳、潘先林、段红云、罗群、赵小平、黎志刚、董雁伟、王守义等诸多同仁的大力支持和帮助。同时，甘肃文化出版社和浙江大学刘进宝教授自始至终给予了关心与指导。正是这些，本书得以最终整理成稿出版。在此，谨致最衷心的感谢！

　　云南大学最早名东陆大学，这些文章是我在云大读书求学的点滴记录，故名《东陆琐谈》。

2023年春节

目　录

一

二

三

四

五

六

一

马克思主义与中国古代史研究

一

历史从哪里开始，思想就从哪里开始，人类对历史的思考和研究就从哪里开始。在马克思主义诞生之前，尽管人们对历史的研究已取得许多重要成果，但马克思主义的诞生无疑对人类历史研究产生了最为深刻的影响。

马克思、恩格斯毕生极为重视历史研究。在《德意志意识形态》中，他们强调："我们仅仅知道一门唯一的科学，即历史科学。历史可以从两方面来考察，可以把它划分为自然史和人类史。"[1]这里，马克思、恩格斯将历史科学看成一切社会科学的基础。恩格斯到了晚年，在致梅林的信中还再次强调："历史在这里应当是政治、法律、哲学、神学。总之，一切属于社会而不是单纯属于自然界的领域的简单概括。"[2]在马克思、恩格斯看来，要研究人类社会，弄清人类

---

[1]《马克思恩格斯选集》第二卷，人民出版社，1995年，第66页。

[2]《马克思恩格斯选集》第四卷，人民出版社，1995年，第726—727页。

社会的问题，不研究人类历史，不考察人类社会的过去，这是不行的。这既凸显了历史研究极其重要的地位，又赋予了历史研究重大的时代使命。

通观马克思主义的创立和发展过程，人类历史无疑是马克思主义最主要的研究对象和最基本的研究领域。在他们看来，历史科学就是"关于现实的人及其历史发展的科学"①。因此，他们始终致力于历史的研究，从历史研究中发现思想和理论，又以这些思想和理论去指导历史研究。可以说，历史研究既是马克思主义理论的重要源泉，又是马克思主义理论的试金石。马克思主义的创立和发展，与历史研究相伴而生、相伴而行。特别是唯物史观的发现，标志着历史研究开启了真正的新纪元。

马克思主义对历史研究如此巨大的推动作用，在于马克思主义理论的立场、观点和方法。

其一，马克思主义始终以普遍联系的观点看待和研究历史。联系是客观事物的普遍规律，马克思主义始终将人类历史看作一个有机的整体，注重分析历史事件、历史现象、历史问题的内生有机联系，强调政治、经济、文化、思想、军事、社会等各个方面的相互联系性，既关注历史的整体性，又注重历史的特殊性，从而深刻揭示了历史的复杂性，避免将历史简单化，让复杂多变、丰富生动的历史鲜活起来，充满生机与活力。

其二，马克思主义始终以矛盾运动的观点看待和研究历

①《马克思恩格斯选集》第四卷，人民出版社，1995年，第241页。

史。这也就是发展变化的观点。马克思主义始终认为，社会基本矛盾的运动推动着社会的发展。人类历史并非静止的，而是无时无刻不处于变化之中，"变"是常态，"变"是规律。我们要从生产力与生产关系、经济基础与上层建筑的矛盾对立中去发现社会发展的规律，把握历史发展的大势。要抓住生产方式这个核心，科学分析人类社会的经济关系、阶级关系。这让我们得以窥见历史的规律性，从而使我们在把握规律的基础上增强历史的主动性。

其三，马克思主义始终以实践的观点看待和研究历史。实践的观点是马克思主义历史观的基本观点，这突出了历史的实践性。实践无止境，所以，人类历史无止境。实践过程就是历史发展过程。实践过程就是创造过程、创新过程。一切人类历史和人间奇迹都是在创造和创新过程中实现的。因此，历史是客观的，具有客观性，我们要不断透过历史现象，去认识和把握客观的历史。

其四，马克思主义始终以人民主体性的观点看待和研究历史。马克思主义始终认为，人民是创造历史的根本力量，这揭示了历史的人民性。人民既是历史的创造者，又是历史的书写者。历史离不开人民，人是历史研究的出发点和归宿。

所以，马克思主义的诞生使历史的复杂性、规律性、实践性、人民性得到深刻揭示和极大彰显，人类的历史更加清晰和科学地呈现在人们的面前。

二

马克思主义传入中国，使我国的历史研究发生了巨大变化。在长期的学术探索和研究过程中，马克思主义确立起了在史学研究中的指导地位。在马克思主义的指导下，我国史学研究取得了巨大的进步和成绩。对此，学界已有相当多的学者做了相应的回顾和总结。这里，就不再赘述。在此，主要想以先秦时期的三个历史问题为例，谈谈如何准确把握和运用马克思主义理论，正确研究历史、正确认识历史，得出科学结论的问题。

（一）地主阶级的产生和封建社会的形成

封建社会如何形成？地主阶级是如何产生的呢？

长期以来，不少历史教科书讲道：春秋战国以来，随着铁器的广泛使用和牛耕的推广，社会生产力得到巨大发展，生产关系再也适应不了生产力发展的需要，因此，奴隶大批怠工、反抗、起义，旧的生产关系再也无法延续下去，于是，奴隶主不得不采取新的剥削方式。以此而言，最初的地主是来自奴隶主。

但是，按马克思主义的观点：任何一个反动阶级都不会自动放下武器，退出历史舞台。看来，地主阶级是由奴隶主阶级转化而来的，这很难站得住脚。

那么，最初的地主到底从何而来？应该说，它来自"编户齐民"。

春秋战国以来，随着铁制生产工具的产生和牛耕的推广，个体小农的生产发展能力大增。于是，纷纷从村社束缚中解放出来，既成为社会最基本的生活单位，同时又成为社会最基本的经济单位和生产单位，成为"编户齐民"。

但是，小农经济是一种富于分化性的经济。在商品经济发展的冲击下，"编户齐民"迅速分化，一部分沦为贫者，另一部分则成为社会上的富者。正如班固在《汉书·食货志》中总结的："王制遂灭，僭差亡度。庶人之富者累巨万，而贫者食糟糠。"（《汉书》卷24《食货志》）董仲舒也说："至秦则不然，用商鞅之法，改帝王之制，除井田，民得卖买，富者田连阡陌，贫者无立锥之地。"（《汉书》卷24《食货志》）在这种情况下，"编户齐民"中的"富者"必然要剥削"贫者"，但在法律上他们又都同是一等齐民，便不能采取"抑良为贱"的方式，而只能通过富者将土地出租给贫者这种经济关系实现其剥削，于是便产生了租佃制，产生了地主制经济。

地主制经济下，地主和佃农在法律上是平等的，"所谓地客，即系良民"，"租户自系良民"（［宋］黄震，《黄氏日钞》卷70）。二者"皆编户齐民，非有上下之势、刑罚之威"（《宋朝事实类苑》卷15）。拥有土地者不再与国家政治特权挂钩，失去土地者也不再与国家规定的低等级身份相关，多数佃户逐渐取得迁徙自由，有权提出解除契约退佃，能自购田产成为主户等。由此可以看出，租佃制主要是一种契约经济关系。

（二）"农商并重"时代的形成

在两千多年封建社会中，"重农抑商"在很长一段时间是一项基本国策。但在先秦时期，古人却长期既重农又重商，形成中国历史上一个独特的"农商并重"时代。

孔子、孟子都有过重商的言论。《论语·子罕》："子贡曰：'有美玉于斯，韫椟而藏诸？求善贾而沽诸？'子曰：'沽之哉，沽之哉！我待贾者也。'"《孟子·滕文公章句下》："子不通功易事，以羡补不足，则农有余粟，女有余布；子如通之，则梓匠轮舆皆得食于子。"春秋战国时期，齐桓公任用商人出身的管仲为相，大力发展商业，"则桓公以霸，九合诸侯，一匡天下"（出自《史记·货殖列传》）。卫文公在位时，"务财训农，通商惠工"（出自《左传·闵公二年》），一度使卫国出现了复兴的局面。晋国也曾实施"轻关易道，通商宽农"的政策，都反映了"农商并重"的情况。

为什么会形成"农商并重"时代，许多学者的解释是：人类社会再生产有生产、分配、交换、消费四个环节。交换处于社会再生产过程的中间环节，是联系生产和消费的桥梁；没有商业交换，社会再生产便无法正常进行。虽然生产决定交换，但交换又反作用于生产。

这解释得通吗？显然不能。

可以肯定的是，马克思主义的再生产理论是基于商品经济高度发达条件下的理论概括。在先秦那样的简单的、不发达的商品生产条件下，情况究竟如何呢？

事实上，商业交换的功能及作用在历史上有一个不断发展完善的过程。在人类社会初期，社会生产力较为低下，商业交换规模也十分有限。在这种情况下，商业交换的主要功能和作用与其说是影响生产发展，还不如说是弥补了生产的某种局限，从而使人们在生产力有限的条件下更大程度上得到了消费方面的满足。司马迁在《史记·货殖列传》的开篇中记载了当时中国天下的物产和资源之后，笔锋一转说："故待农而食之，虞而出之，工而成之，商而通之。此宁有政教发征期会哉？人各任其能，竭其力，以得所欲。"显然，"商而通之"的结果是使各地的物资产品得到流通，使人们"以得所欲"。这在当时的生产力状况下，是单纯依靠生产无法解决的问题。从《史记·货殖列传》等史书的记载来看，在简单商品生产条件下，生产与交换的关系，并不是作用与反作用的关系，而是交换是生产的延伸和补充，它延伸了生产能力，克服了生产的局限性。所以，在当时人看来，交换与生产同等重要。

（三）黄金为货币的性质

先秦时期，有大量关于黄金为货币的记载。典型的如：

《管子·乘马》："市者，货之准也，黄金者，用之量也。"

《史记·平准书》："虞夏之币，金为三品，或黄、或白、或赤，或钱、或布、或龟、贝。"

《管子·国蓄》："先王……以珠玉为上币，黄金为中币，刀布为下币。"

对此，历来有两种观点。

一种认为此时黄金不可能是货币。原因主要有：第一，虽然有大量关于"黄金为货""黄金为币"的记载，但是"货""币"在当时并不是指现代意义上所说的"货币"，而是泛指财富，不能据这些记载认定黄金就是货币；第二，春秋战国至秦汉文献上有关于使用"金"的记载并非专指黄金；第三，春秋战国至秦汉时期的黄金，主要用于赏赐、馈赠，以及作为财富储藏，仅具有支付手段和储藏手段这两种职能，并不具备决定货币性质的质的规定性的两种职能，即价值尺度和流通手段；第四，黄金作为货币是贵金属货币。按照货币的发展演进规律，商品经济发展水平越高，低级的货币形态就会让位于更高级的货币形态。可正是在商品经济发展达到高峰的西汉中期，黄金却日渐消失，这说明黄金根本就不是货币。而且，中国古代直到宋元明清商品经济达到了相当高度，白银才开始成为货币。春秋战国至秦汉，商品经济发展水平要低得多，因此，比白银更为贵重的黄金绝不可能成为货币。

一种认为黄金是贵金属货币。不少学者以此强调：中国古代商品经济的发展，先秦就达到了很高的高度。理由是：（1）秦以法令的形式明确规定"黄金为上币""铜钱为下币"，并已形成了以金铜为本位的货币体制。（2）春秋战国至秦汉，黄金大量用以赏赐、馈赠、支付物货，以及作为财富储藏，具备了货币的一系列基本职能。（3）战国至西汉，曾流通并通过考古发掘有"郢爰""陈爰""覃金""马蹄金"等金版和金饼，这些均是较早的黄金铸币。（4）考古发现了称量黄金的天平和砝码。只有当黄金作为货币，需要分割时才会用到天平和砝码。

两种观点各有不足。黄金货币论无法圆满地说明，在春秋战国至秦汉如此低下的商品经济基础上，黄金为什么会成为货币，并恰好在商品经济发展达到高峰的西汉中叶时又突然消失；黄金非币论最难以解释春秋战国至秦汉出现的大量关于黄金使用的记载，特别是对秦统一全国货币的令文，始终没有作出令人信服的阐述。

通过对马克思主义的学习，特别是《资本论》的学习。我认为，这时的黄金是货币，但不是贵金属意义上的货币，而是实物货币。

黄金是一种贵金属。据此，人们很容易形成这样的认识，即黄金作为货币，一定是一种贵金属意义上的货币。这种前提性的错误，致使黄金货币论者始终难以回答非币论者的质问。其实，贵金属黄金作为货币，并不是一开始就是一种贵金属意义上的货币。在人类社会商品交换发展的初期，它是作为一种实物货币的形式出现的，与同时充当货币的海贝、布帛、珠玉等商品在本质上并无差别。《史记·平准书》说："农工商交易之路通，而龟、贝、金、钱、刀、布之币共焉，所从来久远。"《盐铁论·错币第四》云："弊（当作'币'）与世易，夏后以玄贝，周人以紫石，后世或金、钱、刀、布。"这两段记载，是关于上古货币问题最具典型和价值的材料。在其所提到的货币品种之中，除刀币、布币、铜钱为金属铸币外，其余龟、贝、紫石（即珠玉）之属，均为实物货币。黄金与它们同时被作为货币论及，这并不是偶然的，说明黄金与龟、贝、珠玉等都是没有本质区别的实物货币。

正因为黄金是一种实物货币，它比之于金属铸币铜钱更为落后。所以，随着商品经济的发展，它一定要让位于更为先进的铜钱。这是不以人们的意志为转移的经济规律。至西汉中叶，在社会经济全面发展的基础上，商品交换空前繁荣，达到一个历史的高峰。在这种情况下，黄金这种实物货币再也适应不了商品交换的发展，于是便被铜钱所排挤而退出了流通领域。关于这一点，五铢钱制度确立和黄金使用的消失同时发生于这一时期，这本身即说明二者之间有着某种必然的因果关系。所以，西汉中叶以后黄金使用的突然消失，并不意味着黄金不是货币。它从一个侧面有力地说明，黄金是一种实物货币。

类似的例子历朝历代还有很多。通过上述先秦三个历史问题的分析，我们不难看出，在中国古代史研究中，如何准确运用马克思主义理论分析和研究具体的历史问题时，还是会存在对马克思主义理论的理解和运用不准确的问题，存在着理论指导与具体问题分析的结合不科学的问题。对此，需引起我们的注意，切实解决好中国古代史研究中的马克思主义理论的科学指导问题。

三

历史研究必须坚持马克思主义的指导地位，这是中国历史学繁荣发展的根本保证。坚持马克思主义的指导地位，这是由马克思主义理论的科学性决定的。马克思主义通观人类历史，深刻揭示了人类社会发展的基本规律，特别是辩证唯物主义和历史唯物主义的基本原理，为我们打开社会、打开世界、打开未来提供了科学的钥匙，是颠扑不破的真理。在我们认识社会和改造社会、认识世界和改造世界的过程中，只有坚持马克思主义的指导地位，才能确保沿着正确的方向前进。

坚持马克思主义的指导，这是由我国史学研究长期实践检验所得出的基本结论。自马克思主义传入中国以来，历史学的科学性得以真正确立，马克思主义史学兼容并包、兼收并蓄，取得前所未有的硕果。新的历史条件下，我们要更加自觉地在历史研究中坚持马克思主义的指导地位。

一是坚持马克思主义指导地位，要在学习和理解马克思主义理论上下功夫。马克思主义理论博大精深，非下一番苦功夫是难以理解和把握的。我们既要立足于人类历史大视野，又要立足马克思主义中国化的角度深入学习和理解。首先，要立足"两个结合"深入学习和理解，切实将马克思主义与中国实际相结合，与中国传统优秀文化相结合，在研究中国历史、研究中国文化中全面把握和发展马克思主义。其次，要抓好学习理解运用的系统性。要将如何看待马克思主义、如何坚持马克思主义、如何运用马克思主义、如何发展马克思主义作为一个有机的整体，一体认识，系统把握。这是马克思主义中国化的内涵所在和本质要求。任何一方面出现偏差，都会影响到坚持和发展马克思主义。再次，要大力推进马克思主义时代化。要根据新的时代要求，着力推进马克思主义理论创新和实践创造，不断展现马克思主义的生机与活力。

二是坚持马克思主义指导地位，要在具体的历史条件下理解和运用马克思主义。恩格斯曾经指出："我们自己创造着我们的历史，但是第一，我们是在十分确定的前提和条件下进行创造的。其中经济的前提和条件归根到底是决定性的。"[①]同样的道理，对马克思主义理论的理解和运用也要放在具体的历史条件下。本文中，我们举了先秦三个历史问题的例子，意在说明：如果不顾历史条件，只是机械照搬或理解马克思主义，那难免会出现问题。在理解和运用马克思主义上，一定要完整准确理解马克思主义所蕴含的基本立场、观点和方法，切忌生搬硬套和寻章摘句，那样只会削足适履，最终歪曲或背离了马克思主义。这方面的教训是很多的，20世纪五六十年代我国史学研究中就出现过一些严重问题，值得我们深刻反思。

三是坚持马克思主义指导地位，不能以简单的线性思维对待历史。历史是复杂多变的。正因为复杂多变，历史丰富多彩；正因为复杂多变，历史充满着智慧和启迪。前述关于先秦黄金货币性质的判定，长期以来就充斥着简单线性思维的惯式。我们要坚持具体问题具体分析，把握好历史发展的阶段性，避免将不同阶段的问题简单看待，始终洞悉历史的本质，让历史恢复它的本来，不断揭示和呈现最真实的历史。这正是历史研究的目标追求和价值所在。

总之，中国古代史的研究将进入一个全新的阶段。在这个新的阶段，坚持马克思主义的指导，是我们每一位研究者

①《马克思恩格斯选集》第四卷，人民出版社，1995年，第477页。

的理论自觉和行动自觉。相信在马克思主义指导下，中国古代史研究一定会迎来更加辉煌灿烂的明天！

（本文系据2022年5月在中央党校学习班上的交流发言稿整理而成）

中国道路：中国历史研究的时代命题

鉴古知今，经世致用，是中国史学研究的优良传统。自太史公提出"通古今之变"后，古往今来社会的发展变化成为一代代史家力图探寻的核心命题。回顾20世纪以来中国历史研究的历程，研究视野不断扩大，研究领域不断拓展，研究问题林林总总，但总有一个基本问题贯穿始终，这就是对中国道路的研究与探索。可以说：中国道路，就是当代中国历史研究的时代命题，也是我们构建中国特色历史学学科体系、学术体系、话语体系应该把握好的一条基本主线和基本立足点。

一

二十世纪中国史学界对中国道路的探索，以近代中国社会的转型为背景而展开。近代以来，中国面临人类数千年之大变局，正是在这种情况下，中国向何处去这一问题历史性地摆在了国人的面前，无数仁人志士开始了对中国道路的不懈探索。科学救国、实业救国、教育救国等主张不断出现，洋务运动、戊戌变法、辛亥革命等运动相继展开，却无一不以失败而告终。十月革命一声炮响，给中国送来了马克思主义。马克思主义使"历史破天荒第一次被置于它的真正基础上"。①以李大钊、瞿秋白为代表的中国先进知识分子，成为马克思主义的接受者和积极宣传者，他们以唯物史观为工具，开始了在马克思主义指导下研究中国历史的尝试。1924年，李大钊《史学要论》由商务印书馆出版，标志着中国马克思主义史学的萌芽。李大钊等人既是马克思主义史学研究的先行者，也是中国革命的先行者。因此，中国马克思主义史学的发展过程，也天然地成为早期知识分子将马克思主义理论与中国实际相结合，对中国发展道路进行探索的过程。

马克思主义的传入，既开辟了中国道路探索的新纪元，又使史学研究的科学地位得以确立。由此开始，中国道路的探索成为中国史学科学化的时代命题和核心追求。

这突出地体现在20世纪二三十年代关于中国社会性质和社会史的大论战中。中国社会史大论战的出发点，就在于如何认识和改造中国社会。正如这场论战的重要参与者郭沫若所说："对于未来的待望逼迫着我们不能不生出清算过往社会的要求。古人说：'前事不忘，后事之师。'认清楚过往的来程也正好决定我们未来的去向。"②中国社会史大论战不仅是一次史学论战，更是一场关系中国前途的大论战，它集中体现了中国史学研究者对中国向何处去这一问题的深度关

---

①《马克思恩格斯选集》第三卷，人民出版社，1995年，第335页。

②郭沫若：《中国古代社会研究》，上海书店出版社，1989年，《自序》第1页。

切，体现了马克思主义史学理论与实践相结合的时代特点。通过中国社会史大论战，唯物史观迅速占据主导地位，马克思主义在史学研究中的指导地位从此空前确立起来。

与此紧密相连，马克思主义史学研究又进一步推动了社会实践，指引着中国革命道路的探索走向成功。1939年12月，毛泽东同志发表《中国革命和中国共产党》一文，以历史唯物主义为工具，科学分析了中国的历史与现状，指出了中国社会的主要矛盾，系统阐明了新民主主义革命的对象、任务、动力、性质、前途和转变等一系列问题。《中国革命和中国共产党》作为新民主主义革命的纲领性文件，构建了"普遍世界理论和中国具体情况相结合"的革命道路。这篇光辉文献，将史学界对中国道路的探索上升到党的理论创新的高度，成为党的理论创新的重要组成部分。正是这种基于中国道路的历史探索，使这一时期的史学研究与马克思主义中国化相得益彰。

二

1949年，社会主义制度在中国建立起来，标志着马克思主义在指导中国道路探索方面的巨大胜利，也带来了马克思主义指导地位的全面确立。随着中国共产党由革命党转变为执政党，如何在一穷二白的新中国建设和发展社会主义，成为当时面临的重要问题，也对历史研究提出了新的要求。

1951年7月，中国史学会在北京成立，陈翰笙认为，这"表现着中国真正史学工作已在开始进行。……马克思指示了社会发展的基本规律，也便是为真正的史学铺平了一条大道。"①1954年2月，郭沫若在《历史研究》发刊词中强调："马克思、恩格斯从人类历史中发现了历史发展的规律，奠定了辩证唯物主义和历史唯物主义"，并呼吁"就请从我们所从事的历史研究工作这一门科学方面努力达到实际的成果，来进行马克思列宁主义的深入的学习吧"。②

以马克思主义理论为指导，20世纪五六十年代，史学界开始了被称作史学"五朵金花"问题的探讨。中国古代史分期问题、中国封建土地所有制形式问题、中国封建社会农民战争问题、中国资本主义萌芽问题、汉民族形成问题，这五个重大问题的探讨虽然研究内容各不相同，但都着眼于中国历史时期政治、经济、社会、思想的重大变化，并探寻这些变化与现象背后的深层原因，揭示其性质与意义。由此，还引发了对中国封建社会长期延续原因、亚细亚生产方式、历史主义与阶级观点、历史人物评价等系列理论问题的大讨论。这些讨论总体上都聚焦于社会形态的研究，其实质就是对中国道路的探索，对中国社会发展规律的探讨。其中涉及的核心问题就是："五种生产方式说是否适用于中国社会？""中国的普遍性是什么？""中国的特殊性是什么？"等等。这也必然引发我们在实际研究中自然而然地去思考诸如"史学

①中国史学会秘书处编：《中国史学会五十年》，海燕出版社，2004年，第7页。

②郭沫若：《开展历史研究，迎接文化建设新高潮——为〈历史研究〉发刊而作》，《历史研究》1954年第1期。

研究究竟是论从史出还是以论代史？""中国的情况能否与国外特别是欧洲情况相类比？"等问题。

"五朵金花"的讨论，既是中国历史学界面向时代重大问题、聚焦中国道路开展的一场学术大讨论，同时又远远超越了史学研究本身的意义。从一开始，它就是一场马克思中国化的大讨论，其大大深化了人们对中国古史的认识，推动了马克思主义史学研究的具体和深化，从而在整体上提高了中国历史研究的科学水平。与此同时，这些讨论也使得中国历史研究在相关资料挖掘、问题意识培育等方面达到前所未有的高度，初步构建起新中国古代史的学科体系、学术体系、话语体系。

但从另一方面看，这一时期史学发展也出现过严重偏差，主要体现在研究领域教条主义的盛行和史学研究的泛政治化。教条主义的倾向使历史研究沦为给经典论断做注脚，大量研究不是基于历史事实的结论，而是基于历史法则的阐释，往往纯粹就理论谈论理论，流于空洞。更为严重的是，受政治上左的错误影响，史学求真求实的传统被打破，产生以阶级斗争为纲的"文革"史学和影射史学，造成史学研究成为阶级斗争的工具，出现了严重偏差，从本质上违背了马克思史学的要义。

无独有偶，这一时期的中国道路探索也发生了极大偏差。以对新编历史剧《海瑞罢官》这一历史问题的批判为导火索，中国开始了长达十年的"文化大革命"，使党和国家遭到中华人民共和国成立以来最严重的挫折和损失，也使中国特色社会主义道路的探索几乎进入死胡同。历史研究和中国道路的探索同时出现问题，更清楚说明了历史研究与现实社会的同频共振，也体现了史学研究与中国道路探索之间的紧密联系。

三

改革开放以来，马克思主义中国化进入了新的阶段。最主要体现在随着马克思主义理论与中国实践的进一步融合，中国特色社会主义道路的探索成为时代主题，史学研究也呈现出新的发展趋势。

1978年5月11日，《光明日报》以特约评论员名义发表了《实践是检验真理的唯一标准》一文。这既是一篇引发中国社会大变革的理论文章，也为史学研究注入了新的动力。真理标准大讨论所掀起的思想解放运动，对党内存在的教条主义等进行了清扫，重新确立了实事求是这一党的思想路线，也成为历史研究的重要原则。

《实践是检验真理的唯一标准》再一次确定了马克思主义中国化的原则就是将马列主义理论与实践结合起来，并空前凸显了实践在认识和改造世界中的决定性作用。正是在这种思想大解放中，中国开始了探索中国特色社会主义道路的反思与实践。1982年9月1日，邓小平同志在党的十二大上正式提出了建设有中国特色社会主义道路的说法。

史学是时代的晴雨表。实事求是、放眼世界也成为这一时期史学研究的重要取向，给中国历史研究带来一个新的发展高峰。研究范围日益扩大，研究成果大量问世，研究方法多元化，研究议题多样化成为显著特征。一方面中国史学研究加快走向世界，另一方面西方史学理论也大量进入中国史学研究领域，在给史学研究带来繁荣的同时，也使史学界产生了忧虑。葛兆光就说："如今的中国，几乎已是欧美各种新理论的实验场。"种种情况使中国史学研究者更加清醒认识到：中国历史研究要走向世界，不能人云亦云，而是要走自己独特的道路。在全面深刻理解历史唯物主义前提下，中国史学研究者从具体史料出发，日益深入历史事实中去探寻具有中国特点的历史发展道路，提出了一系列新观点，并正在构建具有自身特色的史学理论体系。可以说，这一时期中国的历史研究，开放包容中体现着创新，困境危机中孕育着变革。

站在今天的角度回望过去，20世纪80年代以来，尽管国外特别是西方各种史学理论大量涌入，但中国史学始终在兼收并蓄中探寻着中国道路，史学领域的马克思主义中国化也在探索中不断前行。虽然曾出现所谓的"史学危机"，但从探索中国道路的角度来讲，这种"史学危机"主要是由于经济社会快速变化，导致历史研究跟不上中国道路探索的形势需要，难以及时回答发展变化中的重大问题所产生的，实际上反映了人们对史学研究难以跟上快速变化和发展的时代的种种忧虑。而正是这种忧虑和广大史学工作者为摆脱这种忧虑而做出的努力，使中国史学获得了新生。

四

回顾20世纪史学走过的历程，我们可以清晰地看到，历史研究始终与时代发展同频共振，是理论性与实践性的统一体。历史是仍然活着的昨天，它奠定了现实发展的基础，也昭示着历史前进的方向。中国史学界对中国道路的探索，既极大彰显了中国史学研究的时代价值，也为中国史学研究自身注入强大的生机与活力。

当前，中国特色社会主义道路的探索与实践进入新阶段，迫切需要史学工作者与时俱进地研究新情况、解决新问题。这是所有史学工作者义不容辞的使命和担当。哈佛大学本杰明·艾尔曼教授曾指出："开辟中国未来的关键，就在于开启中国历史。"因为，"文明的复兴，正仰赖于唤醒历史，而历史学家所担负的正是联系现在与过去的唯一中介，因而在中国崛起的进程中，历史学家们是最有资格，也最应该成为积极的一员的"。①可以说，中国道路的研究，既是中国历史研究的时代命题，也是中国历史研究的时代责任。

今天的中国，正经历着我国历史上最为广泛而深刻的社会变革，并日益走向世界舞台的中心。习近平同志强调："新时代坚持和发展中国特色社会主义，更加需要系统研究

①王学典：《从反思"文革"史学走向反思改革开放以来的史学》，载《把中国"中国化"：人文社会科学的近期走向》，上海人民出版社，2017年，第125页。

中国历史和文化，更加需要深刻把握人类发展历史规律，在对历史的深入思考中汲取智慧、走向未来。"

当前，我们要提高学术站位，站在探索和走好中国道路的高度，重新审视我们的研究，围绕中国道路找研究方向、研究前沿、研究任务，推出时代需要的新思想、新观点、新成果。

一是要认真学习贯彻落实习近平总书记在哲学社会科学工作座谈会上的重要讲话精神，立足中国道路的探索，加快构建中国特色历史学的学科体系、学术体系、话语体系。习近平总书记强调："要按照立足中国、借鉴国外，挖掘历史、把握当代，关怀人类、面向未来的思路，着力构建中国特色哲学社会科学，在指导思想、学科体系、学术体系、话语体系等方面充分体现中国特色、中国风格、中国气派。"中国历史源远流长，史学工作者必须坚持马克思主义指导地位，发扬我国优秀史学传统，把握好历史主线与历史大势，努力探究中国历史发展的特点和内在逻辑，提出具有主体性、原创性的理论观点，"通古今之变，成一家之言"，构建具有中国特色的历史学学科体系、学术体系、话语体系，为我们进一步坚定道路自信、理论自信、制度自信、文化自信提供历史根据。

二是要认真学习贯彻落实习近平总书记关于历史思维的重要论述精神。"欲知大道，必先为史。"习近平总书记反复强调："历史是一面镜子。""历史是最好的老师。"历史"是前人的'百科全书'。""历史是最好的教科书，也是最好的清醒剂。"中国特色社会主义进入新时代，史学研究者更要不断深化对自身历史责任感和使命感的认识，树牢历史思维，把握历史大势，认清历史主流，借鉴历史经验，着力打通历史与现实的联系，把史学研究与中国特色社会主义生动实践紧密地结合起来，积极为党和人民述学立论、建言献策，通过把握历史，服务当下，走向未来。做好历史的人，干好历史的事，继续书写好新的历史，让历史启示来者，让历史告诉未来。

三是要认真学习贯彻落实习近平总书记关于历史研究的重要指示和批示精神。习近平总书记在致第二十二届国际历史科学大会的贺信中指出："历史研究是一切社会科学的基础。"他强调："每个国家、每个民族都有自己的发展历程，应该尊重彼此的选择，加深彼此的了解，以利于共同创造人类更加美好的未来。历史学家在这方面可以并且应该发挥积极作用。"这为我们指明了方向，也提出了新的任务。在致中国历史研究院成立的贺信中，他再次强调："重视历史、研究历史、借鉴历史是中华民族5000多年文明史的一个优良传统。"当今世界正处于百年未有之大变局，这给史学研究者提出了新的重大时代课题。如何继承和发扬我国史学优良传统，如何坚持马克思历史唯物主义的指导并彻底肃清历史虚无主义等思潮的影响，真正做到"立时代之潮头，通古今之变化，发思想之先声，推出一批有思想穿透力的精品力作"，这是摆在我们面前并值得深思的重要问题。每一位史学研究者，都要自觉弘扬传统，勇担使命，积极融入当代中国社会的伟大生动实践之中。

新时代，新使命，作为新时代的史学研究者，我们要有鲜明的时代担当，立足中国，关怀人类，努力使史学研究把握时代脉搏，回答时代之问，充分体现出中国特色、中国风格、中国气派，加快构建中国历史学的学科体系、学术体系和话语体系，讲好中国故事，传递中国价值，为开创新时期中国特色社会主义道路更加光明的前景做出历史学的新贡献。

（本文系2019年12月23日在中国历史研究院主办的首届全国史学高层论坛上的主旨发言）

在把握历史中走向未来

我们党历来有重视历史的优良传统。中国特色社会主义进入新时代，更加凸显了重视历史、学习历史、研究历史、借鉴历史的重要性。习近平总书记反复强调全党特别是领导干部要加强对历史的学习和把握，要提高历史思维，意义重大而深远。我们要将这一要求放在中国历史长河中、当下中国社会伟大实践中、未来人类历史进程中这三个维度下加以认识和把握。

站在历史与未来的高度，习近平总书记对历史的重要性和历史思维作了全面而又深入系统的论述。这些论述，既深化了对历史本质的认识，又对历史唯物主义的一些基本观点进行了新的阐释。第一，进一步突出了历史的人民性。历史是由人民创造的，人民始终是推动历史进步的根本力量。任何时候，我们都要尊重人民、依靠人民。我们党的历史，就是一部团结和带领人民推进中国特色社会主义的奋斗史。第二，进一步突出了历史的实践性。历史的过程就是实践的过程。实践无止境，历史无尽期。正是人民群众的实践活动，赋予历史巨大的生命力。第三，进一步突出了历史的鲜活性。历史并不是僵化的，并不是一成不变的。历史是丰富多彩的，是复杂多样的。我们不能将复杂多样的历史简单化、机械化。第四，进一步突出了历史的发展性。历史是一个连续不断的过程，昨天的现实就是今天的历史。我们要尊重历史，不能割断历史，更不能否定历史。第五，进一步突出了历史的现实性。历史与现实永远相通，现实是历史的延续和发展。第六，进一步突出了历史的未来性。回顾历史不是为了回到过去，而是为了走向未来。历史预见着未来，历史昭示着未来。我们从历史走来，必将走向更加美好的未来。

很显然，习近平总书记的历史思维具有三个明显特征。一是实践思维。历史重在实践。一部人类社会史，就是一部实践史。实践出真知，实践是检验真理的唯一标准。我们的一切工作，要经得起实践的检验，经得起历史的检验。二是发展思维。历史重在发展。要抓住发展这个关键，以新的发展书写新的历史。三是未来思维。历史重在未来。要站在未来高度看待历史，要总结历史经验教训，少走弯路，避免犯战略性、颠覆性错误。正是因此，历史思维与战略思维、辩证思维、创新思维、法治思维、底线思维相关联，共同构成了一个科学的思维体系。同时，也正因如此，习近平总书记的历史思维既是马克思主义哲学的方法论，又是当前推进中国特色社会主义的重要行动指南。

历史既是人类的实践活动，又是人类的共同记忆。史贵在"实"。历史是人类实践活动的真实记录与反映，历史是客观的。任何人不能忘记历史、不能抹杀历史。忘记历史就等于忘记过去、迷失自我；史贵在"通"。历史是不断发展变化的过程，"变"是历史最大的特征，以"变"才能求

"通"。正是在这个意义上，我们要"通古今之变"；史贵在"明"。历史中蕴含着规律，蕴含着大势，饱含着经验与教训，从历史中我们可以明理明智，得到教育和启迪。习近平总书记多次强调："历史是一面镜子。""历史是最好的老师。"历史"是前人的'百科全书'。""历史是最好的教科书，也是最好的清醒剂。"把握历史、服务当下、走向未来，这就是历史思维。

提高历史思维，指导实践和推动实践，要求我们尊重历史、创造历史。中国特色社会主义进入新时代，要求我们要始终不忘初心、牢记使命，自觉肩负起中华民族伟大复兴的历史使命，继续书写好新的历史。为此，第一，把握历史大势。要善于从纷繁复杂的历史现象、历史事件中找出历史规律、历史大势。要切实增强透过历史现象看本质的能力和把握历史大势的能力，抓好历史的机遇，用好历史的机遇，坚定信心、振奋精神，朝着"两个一百年"的目标和中华民族的伟大复兴而不懈努力。第二，认清历史主流。历史的发展并非一帆风顺，前进中难免遇到困难和问题，难免经历挫折。但历史始终向前发展，潮流势不可挡。我们要认清历史主流，保持战略定力，自觉跟上时代步伐，融入时代，立时代之潮头，干前无古人之伟业。第三，借鉴历史经验。中华民族在长期发展过程中，形成了丰富的治国理政经验，形成了具有强大生命力的优秀传统文化。这些是先哲留给我们的宝贵财富，闪耀着智慧的光芒。古为今用，我们要加以继承和发展，走出一条属于自己的独特发展之路，为全人类贡献中国智慧、中国方案。第四，客观评价历史。马克思主义告诉我们：人们都是在既定的历史条件下创造了自己的历史。我们不能苛求前人，求全责备。要尊重历史，不断深化对自身历史责任感和使命感的认识，做好历史的人，干好历史的事。让历史启示来者，让历史告诉未来。

（本文初拟于2019年2月24日，部分内容刊于《光明日报》2019年3月3日《历史是最好的教科书·历史思维三人谈》）

从静止式、平面式研究到动态式、立体式研究

问：林教授，您好！我们知道您出生于一个普通的农民家庭，但是在1991年您25岁的时候，就以优异的成绩获得博士学位，成为云南省最年轻的博士学位获得者，这是非常不容易的，那么能不能首先给我们讲讲您的求学经历？

答：好的，我出生在云南省曲靖市城东大约十几公里远的一个小山村。那里是一个半山区，地方较为闭塞，在当时与外界的联系并不是太多。我家是一个普通的农民家庭，家里世代务农，没有出过什么读书人。这样的生活环境使我小时候对外面的世界根本不了解，也没有什么大的理想，一辈子能在村里面当个民办老师，就是我当时最大的抱负。根本就没有想到后来能考上大学，然后在大学里面成为一名老师。

在我六岁的时候，我被送到了村上的学校里开始读书。在简陋的乡村学校里，我读完了我的小学和初中，一直到1979年考到我们当地一个公社的社办高中，之后又转学进城到了曲靖五中，考上了云南大学。这才走出那个小山村，慢慢地接触到外面越来越广阔的天地。

　　进入云南大学读书之后，有了较好的学习知识的条件。当时我有个模糊的认识，认为读书重于考试，考试成绩只要过得去就行了，但一定要学会自己读书。所以在这一时期，我阅读了大量的书籍，这些书对我后来都产生了重要的影响。其中的一本书是胡如雷先生的《中国封建社会形态研究》，这本书理论性很强，有宏观的视角，日本学者对它评价很高，称之为中国封建主义政治经济学。我对这本书反复读过，也对它的优点进行了学习，这对我后来搞经济史研究时从整体上把握传统中国的经济结构、经济形态和社会发展起了很大作用。这一时期我还读了大量政治经济学的书，这使我在后来的研究工作中形成了一种重视理论学习的思维意识，为我的研究与学习奠定了一定的理论基础。后来，我在研究中经常自觉地把许多问题上升到理论层面进一步地分析和挖掘，就与这有相当大的关系；此外还有傅筑夫先生的书，他的《中国封建社会经济史》《中国古代经济史概论》《中国经济史论丛》等，我在这一时期都仔细读过并做过大量笔记。傅筑夫先生的著作是把西欧封建社会经济发展的模式和结构运用到中国经济史的分析和研究上，因此在很多问题的认识上，我并不太同意他的观点。但我认为在当时，真正在对中国经济史的整体认识的基础上建立起一个完整的理论构架体系来说，傅筑夫先生是做得很好的。当然，这个理论构架体系受当时的时代所限，是建立在西欧经济史的理论和观点之上的。因此我当时萌发了一个想法，想通过对傅筑夫先生的著作作注的形式，对他的观点进行评说与分析。于是当时结合自己所看的书，对傅筑夫先生的封建社会的典型形态说、春秋战国资本主义萌芽说以及商周之际领主制的产生等问题，都根据自己的认识写了一系列读书笔记。我记得硕士研究生面试的时候，李埏先生问我是否写过什么东西，得知我在读书的过程中写了一些读书笔记后，就叫我拿一篇给他看看，我找了一篇读傅筑夫先生书的过程中写的读书笔记给他，过了几天，他请系上的老师叫我去他家。我到了之后，他从书房把我的笔记拿出来给我，然后对我说了一句话：你要有长期在这个地方读书的准备，你今后要留校。

问：那么在进入硕士研究生阶段之后，您的经历是怎样的，又是怎样走上史学研究的道路的呢？

答：进入硕士研究生阶段之后，主要是通过我的导师李埏先生对我的引导和训练，我开始慢慢地走上了史学研究的道路。

刚进入硕士研究生阶段的学习时，我的精力主要是放在明清经济史的研究上面，因为我本科毕业论文选取的就是明清苏松地区重赋问题的研究，所以刚读研究生时，也想沿着这个方向做下去。过了一段时间后李先生找我谈话，他说：中国的很多历史问题秦汉时期更为关键，这一时期奠定了中国后来两千多年历史发展的基础。于是在李先生的鼓励下，我从明清转向了秦汉，阅读了《史记·货殖列传》《汉书·食货志》《盐铁论》，以及部分先秦时期的史料。其中还有一件重要事情，就是我花了大约半年的时间阅读了关于亚细亚生产方式的大量研究成果。当然如果从现在来看，亚细亚生产方式到底是一种什么样的生产形态，它能不能成立还是一个问题。但在当时，这一学习对我进一步开拓自己的思维起了重要的作用。在对秦汉经济史有了较好的认识基础之后，我又再一次转向了唐宋经济史。因为导师李先生毕竟是唐宋史的专家，而且云南大学经济史中最强的也是唐宋经济史。就这样我在读研究生时，一开始在明清这一时段上花了一些时间，在秦汉上又花了一些时间，表面上看这浪费了大量的时间和精力，实际上恰恰对我的研究起了重要的作用。我后来为什么会考虑中国古代史的体系与主线这样一些宏观性的问题，就与那一时期我在时段上有广泛的涉及，对一些问题有宏观的认识有关。

　　转到了唐宋经济史的研究后，李先生首先指导我先去读唐宋的基本史籍，一开始主要是侧重于宋代的。从《宋史纪事本末》入手，再读《通鉴纪事本末》，之后是《建炎以来朝野杂记》。在阅读了这些纪事本末体史书的基础上，我建立起了对唐宋特别是宋代发生的重大事情的一个轮廓性认识。之后又进一步读《宋史》《长编》《建炎以来系年要录》，并辅之以大量的宋人文集和笔记小说，就这样慢慢地进入了唐宋史研究的领域，也积累了大量的史料。

　　当时在阅读史料的过程中，李先生对我有严格的要求：一是读任何一本书，看到帝王的年号，都要注出公元纪年，即使是重复出现也每次必注。这样就能够对年号、年代了然于心，知道史料的前后顺序和事件的因果关系；二是凡是遇到书中有古地名，一定要对照中国历史地图集，一一查出今地名注出；三是凡是遇到书中提到宋代人物的别号、字号，也全部要把人名查注出来。当时这几项每一项都用一个小楷本记下来，李先生一星期检查一次，从不间断。同时，李先生还交代了一项工作：当时他认为我的字写得很差，决定对我进行严格的练字训练。这主要是叫我写小楷，而且是将古文功底的训练和练字结合在一起进行。当时他叫我买了《古文观止》的上、下册以及大量的小楷本，将《古文观止》从头开始一篇一篇地抄，每星期检查一次，而且要一个字一个字地检查，看看这个字写得好不好，抄了理解得如何等。当时我住在研究生楼的六楼，李先生那时都七十多岁了，还经常跑上楼到我的宿舍去检查我学习的情况，这令我非常感动。

在那个时候，李先生的精力还很好，当时我们每星期至少可以见一次面。见面除了检查我看书和练字的情况外，主要就是谈话，谈看书的过程中有没有发现一些问题以及你对某些问题的看法。我体会下来，这样的谈话比课堂上那种师生一对一的教学起到的作用更大。这种谈话以启迪思维，以思想的交流和碰撞为核心内容，它与简单地以传授知识为目的的课堂教学有着明显的区别。对于做学术研究来说，这种思想的交流与思维的启迪，比知识的传授更重要。在和李先生谈话的过程中，很多思想的火花在交流碰撞中出现，并对我后来提出一些问题起到了直接的作用。可以说李先生对我的指导，就是在一次又一次的谈话过程中形成的一次又一次的思想的启迪。

随着我读书的进一步深入，李先生又要求我写读书札记，训练我做学问的基本功。他要求我读书札记每星期至少写一篇，多则写三到四篇，每星期送他检查一次。最使我感动的一件事就是我在博士论文的后记上提到的：有一次先生要去复旦大学讲学，临行前一天他叫我把写的读书札记送给他看，我就在那天晚上几篇一并送了去。我原想他第二天一早就要去讲学，起码要等讲学回来才会批阅札记。但没有想到，第二天早上6点多钟还没去飞机场之前，他就叫人让我去他家一趟。原来他为了不影响我看书的进度，已经连夜把每一篇札记从标题到标点符号都一丝不苟地批改完了，而且后面还附上了他的修改意见。这件事情让我印象非常深刻，我当时想，要是还不能把书读好的话，就真的对不起李先生了。直到今天，我都还留着当时的这些札记和读书笔记，作为一种珍贵的纪念。也正是因为当时写了大量的札记，后来我工作虽然很忙，但每年还是能够不断地发表文章，其中很多文章都是基于原来的这些读书札记形成的。

通过李先生对我的引导和训练，我在读硕士生这一段时间里，不管是《宋史》《长编》等唐宋的基本史籍，还是唐宋笔记小说和重要人物的文集，主要的我基本已经读过了。在读书的过程中也写了一些文章，李先生看后给予了充分的肯定。因此，在我上硕士二年级时，李先生就对我说，我可以不需要参加考试，直接攻读博士学位。经过他的推荐，学校组织了一个专家小组，对我进行答辩和考察，同意了我直接攻读博士学位的申请。博士毕业之后，我就留在了云大工作。

问：您在进入研究领域以来硕果累累，提出的很多观点都在学界引起了广泛关注，这使您成为一位在中国经济史研究领域有影响力的青年学者。那么，请问您是怎样看待您这些年来从事经济史研究工作的经历的？

答： 应该说，我是从1986年考到云南大学的专门史（经济史）专业读研究生后，才慢慢地开始经济史的研究工作的。那么从1986年到现在，已经整整20年，这20年我大约可把它分为两个阶段。

从1986年到1991年是第一个阶段，这个阶段包括了我的硕士生和博士生学习阶段。这个阶段我概括了一下我个人的特点，主要就是"学而不思"：这个阶段我在学习上确实非常刻苦，当时经常放弃周末甚至国庆、春节的休息时间去看书，去找资料，所以当时李英华教授称我为"星期七"，意思就是对我来说从来没有星期天。那段时间看的书非常丰富，在我的印象中，当时凡是云南大学图书馆里能够找得到的关于经济史的书，不管是中国的还是外国的，都基本上借出来看过了。在看书的过程中也做了大量的笔记，积累了大量的资料，我后来的研究主要就是基于那个时期积累下来的资料而进行的。但那个时期也有个缺陷，就是虽然自己的知识面宽了，但知识的系统性还很不够。那时对如何找到一个基准点使自己的知识系统化思考得不多，对构建自己的知识体系还没有清晰的认识，所以在那个阶段，我对知识的学习多少带有一些盲目性——认为凡是与经济史甚至古代史相关的就广泛阅读，不管是中国的还是世界的，这是我后来深深感觉到的不足。由于缺乏知识的系统性，那一时期自己虽然也写了一些文章——到博士毕业时差不多发表了20来篇文章，但是，自己现在回过头看时是不满意的，认为真正有价值和水平的并不是太多。所以我后来常讲一句话："只有系统的知识，才能最大限度地发挥它应有的作用。"就是针对自己的这种不足而言的。但这个阶段的重要性在于它使我奠定了良好的知识基础，同时积累了大量的研究资料，使我对经济史、古代史，甚至历史理论等相关问题的学术史和学术动态有了较全面的把握，为后来的研究紧跟学术前沿奠定了基础。所以现在每谈到一个相关问题时，我都可以说出这个问题研究到现在有了哪些成果，哪些学者的研究值得注意，主要就是在这一时期打下的基础。

1991年博士毕业后到现在，可以划分为第二个阶段。博士毕业以后我就留校工作了，当时我在学院和系上的安排下，同时担任了中国经济史教研室秘书、专门史（经济史）博士点工作室秘书、李埏先生的学术秘书、研究生秘书和历史学学位分委员会秘书，被老师们戏称为"五大秘书"，结果是忙得一塌糊涂，没有时间坐下来静心学习。但是这一时期，有几件重要的事情对我影响很大。

一件事情是整理李埏先生的学术成果。李埏先生是我国著名经济史学家，是云南大学经济史学科的创建人。我作为李先生的学术秘书，一个任务就是系统地整理李先生的学术成果。在这个过程中，主要的事情就是整理了李先生的《宋金楮币史系年》，和龙登高博士一起编辑李先生的学术文集《不自小斋文存》，协助李先生修改他主编的《中国古代土地国有制史》和整理他的《唐宋经济史》，以及整理李先生上世纪三四十年代发表的一系列文章等等，还有就是撰写李先生的学术传记。目前，《宋金楮币史》《不自小斋文存》《中国古代土地国有制史》等已先后出版，《唐宋经济史》已改写为《唐宋商品经济史》，正等待出版，学术传记也写就初稿。这些工作在当时是许多人不愿意干的，但正是这个，使我有机会对云南大学历史学科，至少是经济史学科几十年来形成的学术成果进行了系统地、进一步地学习，使自己基础知识得到了进一步充实。而且在整理的过程中，我始终注意总结经济史学科的治学经验，特别是李先生的研究思路和治学经验，从而使自己思维能力得到了提高和完善。

在这一时期，还有件事情对我的影响比较大。就是上世纪90年代中期，迫于经济上的压力，我跟有关部门合作，开展了一些对于社会现实问题的研究。由于我来自农村，我一直有一种乡村情结，喜欢搞乡镇、农村问题的研究。当时正值云南省评选出了一批省级"百强乡镇"，于是由我牵头，约请了几位朋友，利用这个机会编写了一套"云南乡镇系列丛书"。同时，我还搞了许多关于农村水利建设、水利经济的研究，出版了《市场经济下的中国乡镇水利》，以及关于我家乡的《曲靖地区水资源保护与开发利用研究》《曲靖水利经济研究》《南盘江治理与开发研究》《陆良水利史》等研究成果。这次经历的重要性就是，它使我在具备了一定的经济史知识的背景下，进一步深入到农村去，将研究与实地的考察、观察结合起来。虽然在当时，搞这个研究的最初目的是缓和一下经济压力，但实际上我确实是非常地投入。每到一个地方不仅仔细地调查与了解情况，还系统地看了大量当代社会研究的重要成果。这次社会问题研究从1993年持续到1996年，前后大约三四年的时间，虽然也占用了我大量的时间和精力，对我的专业研究产生了一定的影响。但正是这件事情，使我在研究过程中将历史与现实有效地沟通起来，使自己学会了思考，而且善于观察，善于思考，对提升自己的思维，把握学术前沿起到了相当重要的作用。这使我想起了张荫麟先生在《中国史纲》序言中讲的一句话："'知古而不知今'的人不能写通史。"意思是说对于研究历史的人，如果对现实社会没有充分的理解和把握，是不可能研究和写出一部好的通史的。所以在这个过程中，我思考得出的一个体会就是：从来就没有脱离现实和社会发展的学术研究，历史学也是如此，现实永远是历史研究的出发点和归宿。

这个阶段的遗憾在于，由于行政事务和社会工作较多，占用了我绝大部分的时间，用李先生的话说，就是"90%的时间被耗掉了，学术研究的时间不足10%"。所以我把自己这一阶段的特点概括为"思而不学"，就是虽然自己思考问题的水平得到了提高，但是没有时间坐下来好好地学习。这使我在这一时期虽然做出了一些研究，但总体上来说，还是没有达到自己期望的那个境界和水平。

《论语》中说："学而不思则罔，思而不学则殆。""学"和"思"是科学研究相辅相成的两个方面。对我来说，"学而不思"和"思而不学"，可以作为我个人对我20年来治学经历的一个总的概括。

问：您太谦虚了。那么这两个阶段中，您认为哪一个阶段对您学术研究的影响更大呢，为什么？

答：这两个阶段中，前一阶段主要是打知识基础，后一阶段主要是提高思维认识水平，两者都较为重要，但相比而言，应该说第二阶段思维能力的提升，对我的学术研究产生了决定性的影响。

对于学术研究来说，思维是非常重要的，所以哈佛大学有一句名言："一个成功者和一个失败者，不在于他的知识和经验，而在于他的思维方式。"第二个阶段对我的意义正是在于它提升了我的思维能力，使我看问题具有了一定的预见性，而且使我的研究具有了一定的深度。这个时期思维方式的变化具体体现在我的学术研究上就是：我感觉自己过去的历史研究还只是一种平面式、静止式的研究。所谓平面式、静止式的研究，指的是发现了一个问题，然后找资料来分析，发表一篇或多篇文章来解决这个问题，然后下一步再找另一个问题，又找资料分析，撰写文章来解决它，如此循环往复。

但是在这一时期，思维能力的提升使我的研究在纵向上沟通了历史与现实的联系，在横向上沟通了经济史和政治史、思想文化史等的联系，自己在思考和研究问题时也就能够前后相顾、左右相维，学术研究开始树立起一个较为宏大的历史视角。从而使我的研究由过去平面式、静止式的研究转向一种立体式、动态式的研究。在思维能力提高的情况下，通过不断地反思和自我调整，自己有效地避免了过去研究问题时见子打子，以及下的结论带有一定偏颇性等研究中的不足，对许多问题的研究也具有了一定的预见性。举例说：

第一个就是关于我国东西部经济发展不平衡问题的研究。大家都知道，中央是在1996年时明确提出了西部大开发这个问题，一时之间，历史时期我国东西部发展不平衡问题的研究成为一个学术热点。但是1994年，我在一次与李埏先生的谈话中就意识到了这一问题的重要性。那次我在和李先生聊天时就谈到，为什么中国人有一些习惯性的说法，比如：为什么说买"东西"而不说买"南北"，为什么问你是"南方人"还是"北方人"，而不问你是"东方人"还是"西方人"？看来这是有其特定的历史渊源的。从这个我开始意识到历史上东西部发展的不平衡问题，必将会成为一个学术研究关注的热点问题。于是在1994年，我就申请了一个课题，名为"历史时期中国东西部发展不平衡问题研究"。后来，学术研究的发展和社会的发展已经证明了这一点，这件事极大地增强了我对学术研究的信心。

再一个就是关于云南构建国际大市场的研究。20世纪90年代，学术界和社会上正在大力提倡加强西南地区五省七方的经济协作，构建一个以成都、重庆、昆明为支点的西南区域大市场。但是我通过对云南历史发展的考察，认为古代云南并不存在所谓的"丝绸之路"。与其说存在一条"丝绸之路"，不如说存在一条"贝币之路"更加准确。因为古代云南用的贝币，根据青岛海洋科学研究院的分析结果，80%来自今天的马尔代夫群岛。东南亚、南亚的海贝自从春秋战国大量流入云南以后，就作为主要的货币流通，一直延续到明清时期云南废贝行钱，时间长达两千多年。而且，云南贝币的进位方式，与中原内地的进位方式迥异，中原是十进位制，而云南是十二进位制，东南亚也是十二进位制。这种情况充分说明：云南与东南亚自古以来就是一个经济区，就是一个货币流通区。那么从历史的角度来看，21世纪云南的市场发展，就必须考虑与东南亚、南亚共同建立一个国际性的区域大市场，这是历史的必然性决定的。于是在1999年，我撰写发表了《从历史发展看21世纪云南国际大市场的构建》，其中所提出的观点和理论今天已经得到历史的说明和检验。

当然，还有就是关于"三农"问题的研究。我们知道，中央是在2002年一号文件中提出"三农"问题的，学术界也是从那个时候起开始明确地提出历史时期"三农"问题的研究。但是，1999年云南大学成立中国经济史研究所，我担任第一任所长时，我就在关于研究所发展的会议上谈道：从历史来看，"三农"问题非常重要，很快会成为学术研究的热点。当时我还建议在学校成立一个"三农"问题研究中心，挂靠中国经济史研究所，但这一想法未能实现。但就是从1999年我招进来的博士生开始，我就把他的博士论文题目定为"宋代乡村若干问题的研究"。从那时起，我们便有计划地开始了历史时期"三农"问题的研究，这使得云南大学成为国内较早开展"三农"问题研究的机构之一。而这一判断也被近年来"三农"问题研究的日益趋热所证实，又一次给了我很大的信心。目前，在历史时期"三农"问题的研究方面，我除了较系统地研究了中国古代的"富民社会"外，还以茶叶经济为切入点，集中研究了唐宋以来的山区开发及其相关问题。

问：通过您的介绍，我们了解到思维能力的提升确实是学术研究向前发展的重要推动力量。您在学术研究中多有发明创见，我想这也与您在思维方式上有着许多值得我们学习的地方不无关系。那么能不能请您给大家介绍一下您主要的学术观点？

答：思维能力的提升对我的研究从原来静止式、平面式的研究转向立体式、动态式的研究，起了相当大的作用。这个我体会最深，即随着思维水平的提高和学术研究预见性的增强，自己研究的层面得到了提升。在这个过程中，我结合自己的研究，也提出了一些学术概念和体系：

一个就是在1997—1998年这段时间，提出了"历史哲学意义上的商品经济史研究"这个学术观点，受到了学术界的重视。自上世纪八十年代中后期到九十年代中期，中国经济史学界讨论的一个重要问题就是地主制与商品经济的关系问题。地主制与商品经济到底是一个什么样的关系，当时的看法很多，有的学者说是对立的关系，后来有的学者又说是补充的关系。但我从历史哲学的高度上看，商品经济的发展恰恰是地主制的基础和前提，二者有着紧密的内在联系。离开商品经济的发展也就没有地主制的发展，商品经济一直是地主制发展和变迁的一个推动力量。记得在1998年李文治先生90华诞学术研讨会上，我集中地表述了这一观点，受到一些学者的肯定。目前结合这方面，自己正在撰写《商品经济与传统中国社会变革》一书。

再一个就是这一时期，自己结合货币史的研究，明确提出了与"丝绸之路""陶瓷之路"相对应的学术概念"钱币之路"。认为在中外文化交流史上，不但存在着"丝绸之路""陶瓷之路"，还存在一条"钱币之路"。这里所讲的"钱币之路"，主要包括铜钱之路、纸币之路、白银之路、金银币之路、贝币之路，等等。于是，我在1999年发表了《钱币之路：沟通中外关系的桥梁和纽带》一文，受到了学术界的重视。有的学者认为这一概念的提出，拓宽了中外关系史的研究视角。目前根据这一研究，正在撰写专著《钱币之路》，纲目已经确定，相当一部分内容也已写完，但由于太忙，至今未全部完稿。

但最重要的，就是在研究的过程中，我提出了中国古代"富民社会"的学术概念和体系。认为唐宋至明清的中国社会是一个"富民社会"，并以这一理论为基石，来反观中国古代史的主线和体系。

问：您近年来一直提倡要把"富民社会"作为理解整个中国传统社会演进变化的重要一环，对中国传统社会的阶段性发展做出新的阐释。那么，您认为这一理论在您的学术研究中处于什么地位？您是怎样在研究中开始关注和发现这一问题的？

答：古人说："学贵自成体系。"那么，如何成体系就成为我们需要关键考虑的一个问题。过去有人说：只要你选择一个领域、一个问题，不断地研究下去，发表了数十篇文章，积累起来你的研究就形成体系了。原来我也对此确信不疑，但后来通过自己的研究实践，我发现学问要成体系，关键是要有自己的理论基石。就像马克思撰写《资本论》一样，《资本论》之所以成为传世的不朽名著，他的整个体系和观点都是建立在劳动价值论这一理论基石之上，可以说，劳动价值论就是整个《资本论》理论学说的基石，离开这个基石，《资本论》就不可能成为体系。古人讲不能搞无主无根之学问，这就强调了基石的重要性。

我本人在随李埏先生做唐宋史的研究的过程中，也非常重视理论，注意在研究中构架自己的理论体系。在从事唐宋史研究以来，我一直关注的一个重要问题就是唐宋变革问题，但之前我主要是从"历史哲学意义上的商品经济史研究"这一角度对唐宋变革进行考察。在阅读唐宋史料的过程中，一次我读到李冗的《独异志》，其中有一目讲到"至富敌至贵"。我读到这里敏锐地觉察到：如果说这个时期出现了财富力量和政治力量一起，共同规定着社会的发展，那么毫无疑问这是一个划时代的事件，也说明唐宋时期确实是中国历史上一个巨大的转折时代。因此我开始考虑，是不是这个时候社会的力量对比发生了改变，社会结构发生了重大变动。沿着这个思路，我发现了一条线索：从中唐以来，财富力量在不断地崛起，并在社会发展当中起到了巨大的作用。因此，从上世纪九十年代中期开始，我就开始一直关注唐宋财富力量的崛起与社会变革的联系。所以到1999年台湾大学邀请我去参加宋代社会文化史学术研讨会的时候，我准备的会议论文就是《唐宋时期财富力量的崛起与社会变革》。但在当时，我的认识水平和我的研究主要还是局限于考察财富力量本身的崛起上。随着看书和思考的进一步深入，我产生了一个问题：财富力量崛起以后，到底是什么人代表着这个财富力量。我沿着这个思路进一步扩大研究范围，查阅相关史料，结果发现在唐宋史籍中频繁地出现"富人""富民""富室"等相关词汇。同时，我又请我的一位研究生帮我在河北大学宋史研究中心的检索系统上进行检索，统计这些相关词汇出现的频率。最后等资料从各方面汇总起来以后，我开始坚信：唐宋时期财富力量崛起之后，出现了一个新的社会阶层，这就是"富民"阶层。这个阶层是财富力量的化身和代表，如果说财富力量与政治力量共同规定着唐宋以来中国社会的发展，也可以进一步说，"富民"阶层的崛起极大地改变了中唐以来整个中国传统社会的发展结构。后来我看了毛泽东的《中国社会各阶级的分析》以及一些学者写的关于中国近代社会的一些文章，又回过头去学习了邢铁老师对宋代户等制度的研究成果和王曾瑜先生的研究成果等，就真的发现了邢铁老师所说的那个问题：现代中国对地主、富农、中农、贫农、雇农的阶级成分的划分和宋代的五等户制度有一种对应性的关系。这就使我坚定了一个认识："富民"阶层奠定的中唐以来的社会结构一直延续到解放前。进而我意识到："富民"阶层的崛起，是解构中唐以来传统中国社会发展与变迁的一把关键性钥匙，是一个值得研究的重要问题。因此从那时起，我有计划地开展了对"富民"阶层的研究。

但在当时，我对是否存在一个"富民社会"还没有清晰的认识。只是发现了这样的一个"富民"阶层，并发现这个阶层是主导唐宋以来中国传统社会发展与变迁的一把关键性钥匙。那么进一步我就问，它既然是关键性的一把钥匙，它的关键性作用到底表现在哪些方面？在研究唐宋社会变革和写作《唐宋社会变革论纲》的过程中我发现："富民"阶层的崛起，使租佃契约关系在唐宋社会中全面确立起了它的主导地位。为什么租佃契约关系在中唐以前就有，但直到这时才全面确立起它的主导地位来呢？这正是与"富民"阶层有关，因为富民只有财富而没有特权，因此在剥削关系上，他们不能抑良为贱，只能采取经济契约的关系，而租佃契约关系正是这样的一种经济契约关系。于是随着"富民"阶层的崛起，租佃契约关系迅速在全社会中推广开来，成为一种主导性的经济制度，并日益影响到社会的各个方面。租佃契约关系的确立是当时唐宋社会经济关系变革的结果，也是当时最有效率的制度选择与制度安排。这使我隐约感觉到，唐宋社会或许可以称为一个"富民社会"。后来我和浙江大学包伟民老师他们一起编写《宋代制度史研究百年（1900—2000）》的时候，我便有目的地选择撰写《宋代土地制度研究评述》，想把百年来宋代土地制度研究的成果系统地看一下，通过对土地制度研究成果的了解，检验自己的认识。在完成这一工作后，我更加坚信了自己的认识。同时在这个过程中，我注意到宋代社会出现了一种崭新的经济思潮即保富论，并发现了保富论与经济转型的关系。后来我把研究的范围扩大到明清后，也同样发现了许多相关的史料。这个时候，我更感到唐宋以后整个中国传统社会的变迁肯定与社会阶层的变化有关，也进一步坚定了我把中唐以来的社会识别成一个"富民社会"的判断。正是在这种情况下，我指出在唐宋以来的中国传统社会中，崛起了一个新的社会阶层即"富民"阶层。"富民"阶层崛起之后，迅速在中国社会发展成为一种基础性的中间力量，决定了中国社会的稳定和发展，唐宋至明清的中国社会是一个"富民社会"，并以"富民社会"作为研究的理论基石，反过来重新解构唐宋社会变革。我认为所谓唐宋社会变革，既不是中国封建社会从前期向后期的转变，也不是中国由中世向近世的转变，而是由汉唐的"豪民社会"向"富民社会"的转变。

同时，我以"富民社会"为理论基石，对中国古代史的主线与体系也进行了重新解释，并在今年的《中国经济史研究》第2期上发表了《中国古代"富民社会"的形成及其历史地位》，在《史学理论研究》第2期上发表了《中国古代史的主线与体系》，指出中国古代社会经历了上古三代的"部族社会"，到汉唐的"豪民社会"，再到唐宋以来的"富民社会"，并最终向着"市民社会"发展的这样一个完整的历史阶段，从而使自己对中国古代史有了一个整体性、体系性的把握。这也使我的研究领域从单纯的经济史研究逐渐转向了乡村社会史和中国古代史的研究。

问：那么，今后您对"富民社会"这一理论体系有着什么样的研究计划呢？

答：到目前为止，我所做的工作还只是初步地提出了"富民社会"这样一个学术问题。为了推进这一问题的研究，我接下来计划通过和老师同学们的讨论，进一步加强对"富民社会"的具体研究，在今年内出版一本《中国古代富民阶层研究》；并在年底之前举办一次小型的中国古代"富民社会"学术研讨会，邀请国内有研究的专家到会讨论，然后将会议论文汇总，出版一本"富民社会"研讨的学术文集。

而就我本人的研究计划来说，我打算遵循从微观到宏观，再从宏观到微观，之后又上升到宏观这样两个回合的研究，初步建立起"富民社会"的理论体系。我现在已经做的第一步工作，就是和谷更有合著出版了《唐宋乡村社会力量与基层控制》这本书，书中提到的乡村社会力量，我在书上明确指出就是富民。这主要是一个微观认识，是在对基本史料分析的基础上，提出富民的重要性；第二步就是结合自己对唐宋社会变革的研究，上升到宏观，在"富民社会"的理论视野下重新解构唐宋社会变革，对唐宋社会的变革做出一种新的阐述，现已完成了《唐宋社会变革论纲》，正等待出版。为什么要在"富民社会"的理论视野下来写作《唐宋社会变革论纲》这本书呢？这主要就是因为我看到，"富民"阶层崛起以后，在中唐以来社会中奠定的社会结构一直延续到了近代。解构了唐宋社会变革，既解决了原来的一个重要学术难题，又对我今后在研究中认识明清乃至近代史起到很大作用；在这个工作完成后，我现在再次回到微观，正在做一个课题《10到19世纪"富民"与中国乡村社会变迁》，这个课题的主要目的就是要搞清楚"富民"阶层崛起之后，作为乡村中的主要力量，到底对中国的乡村社会结构产生了什么影响，使乡村社会关系和社会控制方式发生了什么变化，于是我再次回到微观对它进行系统地研究；这个工作完成了之后，我要进行的第四步工作就是再次上升到宏观，进行一个课题《中国古代"富民社会"研究》。这将是一个综合性、宏观性地研究，要研究整个"富民社会"的结构、运作机制以及"富民社会"如何向"市民社会"转变等问题。在研究的过程当中，我将对中国社会发展的一些特质和根本性的特点、有无资本主义萌芽的出现以及中国近代化的动力等重要问题进行新的阐释。

当然，这个研究计划完成之后，并不代表我对"富民社会"研究的结束，而恰恰只是一个开始。再接下来我要做的，就是以"富民社会"为理论基石，以我提出的这样一种从上古三代"部族社会"，到汉唐"豪民社会"，到中唐以来的"富民社会"并最终向着"市民社会"演变的中国古代史发展的新主线和体系，写一本新的中国古代经济史教程。在新的中国古代经济史教程完成之后，又要以这个为核心，再写一部多卷本的中国古代史，分为"部族社会"一卷，"豪民社会"一卷，"富民社会"一卷，从"富民社会"到"市民社会"的转型一卷，从而最终把"富民社会"构建成一个较为完善的体系。

当然，这个体系能不能成立，还存在哪些问题，都有待于大家的共同研究和批判。但现在令我受到鼓舞的是，越来越多的学者开始重视到这个问题。我的《唐宋乡村社会力量与基层控制》出版后，梁太济先生给我来信说他认为这是一项"极富学术意义的创造性研究"；赵世超先生在给我的来信中也认为这是一项"会产生深远影响的有意义的"研究；华东师大的章义和教授告诉我，他在日本时，也曾听提出过"豪族共同体"观点的谷川道雄先生说起过我的"富民社会"观点。我和谷川道雄先生素不认识，他竟然注意到我的这一观点，这无疑对增强我研究的信心起到了重要的鼓舞作用。另外，还有像西南大学搞社会救济史研究的学者张文，他也认为这个问题非常重要，在他的论著中讲到富民；还有刁培俊他们对富民问题也都在研究。我觉得这个问题研究下去，对解构中国传统社会还是会具有重要作用的。

问：这确实是一项极富学术意义的创新性研究，相信它会产生深远的学术影响。那么，在这些年的学术研究中，您感受最深的是什么？能不能给刚刚进入历史研究的后来者提一点建议？

答：我本人也是一个刚刚跨入历史科学殿堂的学习者和研究者。在学术研究的过程中，我感受比较深的有以下几点。

一个是学术研究一定要有思想性。但是思想性要怎么体现出来呢？我认为主要要通过对研究成果的时代特点的揭示来体现，通过对历史深层规律和趋势的认识和把握来体现。每一部传世的不朽经典都闪耀着时代的光芒，历史研究也必须把握住时代的特点。否则，你的学问就只能停留在历史的表层，也就谈不上有什么思想性。

再一个就是对于学术研究来说，什么是一项最有价值最有水平的研究成果呢？原来我想的是只要提出了一个新的认识，解决了一个问题，就是有价值的成果。但是后来通过对"富民社会"的研究，我感觉到：最有水平的研究不仅只是解决一个问题，而是在解决已有问题的过程中又提出新的问题，能够将学术研究进一步推向深入，这才是最有水平的研究成果。当然，我自己由于水平、能力各方面的限制，不可能做到这一点，但这个应该是我们努力的目标和方向，也是中国古代史研究在当今不断升华和拓展的必然要求。

另外，我还想强调理论的重要性。我很重视理论，重视对经验的总结和对思维的提升。我认为：一个学科理论研究水平的高度决定着该学科发展所能达到的高度，同理，个人理论水平的程度基本决定了个人研究所能够达到的高度。所以，我在担任云南大学历史系主任和历史文化学院院长时，就经常在会议上强调，老师和同学们都要重视理论的学习，重视历史哲学的学习。同时，这些年我一直坚持为本科生、硕士生和博士生长期讲授《历史研究法》课程，其中一个重要目的，就是通过教学相长，促进自身理论水平的提高。在这方面，目前我已经与李杰教授撰写了一本《历史哲学视野中的中国古代社会》，今年要出版。在这本书中，我主要是以中国古代的"富民社会"为理论基石，对中国古代史进行新的思考。我也希望历史学习和研究者不要忽略理论的学习。

问：我们知道您在从事科研的同时，也一直从事着历史教学工作。2001年您还获得过全国模范教师奖章和教育部霍英东全国优秀青年教师奖，那么，作为一个一直没有脱离教学一线的教师，您是怎样看待当前的历史教学和历史教学改革的？

答：这些年在从事研究的同时，我一直从事着历史教学工作，也一直在思考历史学的教学改革。在这一过程中，我确实发现当前的历史研究和历史教学还存在着不少问题。这使我想起了钱穆先生1937年时说过的一句话，钱穆先生说："今日中国处极大之变动时代，需要新的历史知识为尤亟。……而今日之中国，却为最缺乏历史知识，同时最需要整理以往历史之时期。"

当今的中国，正处在一个社会大转型的时期，这给历史学教学带来了新的冲击，也提出了新的要求。如何推动历史教学研究的改革，进一步推进学科建设和人才培养，已经成为我们必须思考的一个问题。这个时候，我们首先要搞清楚的几个问题就是：我们需要教给学生什么样的知识？当今社会需要什么样的知识？学生需要什么样的知识？我个人觉得，当今的社会正处在一个知识大爆炸、信息大爆炸的时代，知识和信息的产生、传播太快，一个人就是再有能力和精力，也不可能穷尽所有的知识。所以在这种情况下，我们一定要把对学生的培养从单纯地注重传授知识，转变到注重对学生思维和能力的培养上来。对历史学科来说，所谓的进行素质教育，就是要教给学生一种历史思维，一种历史智慧，历史学科培养的核心就应该是思维教育和智慧教育。只要学生具备了基本的历史思维和历史智慧，他们就能够根据自己的需要和自身发展，选择性地学习知识，构建适合自身特点的知识体系。这样，历史教学的改革和我们的人才培养才能够真正落在实处，符合社会的需要。而当前，在这一方面最重要的就是培养创新性的人才。中央曾经指出：创新是一个民族进步的灵魂，是一个国家兴旺发达的不竭动力。那么在历史学科的发展中，也就应该大力提倡创新，培养创新性的人才。有的人可能认为，现在在学校里提倡的创新只有以后从事科研和教学工作时才会有用，而从事其他工作未必用得上。其实，创新的过程就是一个思维和能力的培养过程。只有具有创新思维和能力，才能在工作中做出创新性的业绩。我最近的讲座之所以选择"研究思维的培养"这一主题，并正在撰写《历史研究中的科学思维》这一文章，主要就是基于这一考虑。

在历史教学手段和教学方法的改革上，总的来说就是要适应这一趋势，改变传统的灌输式的教学方式，大力开展导读式、研讨式教学，使学生参与整个教学的全过程，形成教师与学生的互动和互相启发，在这一过程中教育和培养人才，从而达到培养历史思维和历史智慧的目的。2005年在上《中国古代史研究》的时候，我曾经带着学生讨论了一次，最后将讨论的情况记录下来，在《历史教学问题》上发表了《中国古代的"富民"阶层》一文，正是这种改革的一个教学实践。同时，在教学手段和教学方法的改革上，还应该充分重视教研室的作用，加强教研室在科研和教学中的作用，为老师们提供一个良好的交流教学和科研的平台，通过老师们对教学的交流和探讨，实现教学手段和教学方法的革新，适应社会发展和历史学教学研究的需要。

（主持人：谢谢您接受本刊的采访！）

（本文系《历史教学》编辑部对笔者的学术专访，刊于《历史教学》2006年第10期）

中国古代"富民社会"研究的由来与旨归

中国古代"富民社会"研究是我和我的学术团队近二十年来重点研究的一项课题。唐宋以来，中国社会兴起了一个新的"富民"阶层，这是唐宋社会发生的深刻社会变革。"富民"作为一个社会阶层一经崛起，就迅速发展成为社会的中间层、稳定层和动力层，使得唐宋及以后中国传统社会具有了与以往显著不同的历史特征，形成了一个新的"富民社会"。

"富民社会"这项研究，既是我们在对中国传统社会形态、历史演进研究中开展的一个新问题、新领域研究，同时又是我们立足于这一新问题、新领域的研究，试图进一步对中国传统社会形态进行的一种新阐释，是我们对中国传统社会的演进变化，特别是经济关系和阶级关系进行的再认识与再研究。

一

中国古代"富民"阶层和"富民社会"的研究，最早源于20世纪90年代中期。当时，在围绕"唐宋社会变革"这一重大学术命题探寻唐宋社会的重大变迁时，我发现财富力量的崛起成为影响唐宋社会变革的一股重要力量。最典型的就是唐人李冗的《独异志》中有一条"至富敌至贵"的记载：

> 玄宗御含元殿，望南山，见一白龙横亘山上，问左右，曰："不见。"令急召元宝。问之，元宝曰："见一白物横在山顶，不辨其状。"左右贵人启曰："何臣等不见，元宝独见之也？"帝曰："我闻至富敌至贵，朕天下之主，而元宝天下之富，故见耳。"①

这段史料引起了我极大的注意，其中的"富"无疑代表了当时社会中的经济力量，尤其是指货币力量；"贵"则指政治力量。换句话说，所谓"至富敌至贵"，就是经济力量崛起，成为与政治力量同等重要的一股社会力量。而且这话出自帝王之口，可以想见当时政治上层对这种现象的切身感受。这在古代社会，应该说是历史发展的一个重大转折。因此，"至富敌至贵"的出现有着划时代的历史意义。进一步看，中唐以后两税法的实施，其税制原则"人无丁中，以贫富为差"②，第一次以法律的形式肯定了当时日趋严重的贫富分化。从此以后，以财产税为主的赋税制度取代了以人头

①[唐] 李冗：《独异志》卷中，中华书局，1985年，第46页。
②[后晋] 刘昫等：《旧唐书》卷118，《列传第六十八·杨炎》，中华书局，1975年，第3421页。

税为主的赋税制度，成为唐朝中期以后中国古代赋税制度的基本准则，这无疑是财富力量的崛起使然。

那么，财富力量何以会崛起？通过对史料的梳理，我们发现，中唐以来财富力量崛起这一现象的背后，实际上是一个新的社会阶层的崛起，而这一社会阶层，就是"富民"阶层。

"富民"，在史料中又被称作"富室""富家""富户""富人""富姓""多赀之家"等，某些情况下还可称为"大姓""右族""望族""豪族""兼并之家"等。"富民"作为一个社会人群和群体的称谓，古已有之。但在唐宋时期，关于"富民"的史料大量出现于史籍。这逐渐引起了我们对这一问题的高度重视。在对唐宋时期的"富民"史料进行进一步梳理和全面系统分析的基础上，我们认为，这并非仅仅是一个新的社会群体的出现，而是一个新的社会阶层的崛起。

对于"富民"群体是否是一个新的社会阶层，学术界一直持有不同看法，也有一些学者提出过质疑和意见建议①。这些都给予了我们重要的启发。但是，把"富民"这一群体放在整个社会变迁的大视野下看待，我们有充分的理由肯定，"富民"就是一个新的社会阶层。

第一，"富民"是社会分层的结果。唐宋时期，随着社

①参见李振宏《国际视野：中国古代史研究的路径选择》（《古代文明》2018 年第 1 期）、王曾瑜《论中国古代士大夫及士风和名节———以宋朝士大夫为中心》（《河北学刊》2011 年第 1 期），张邦炜《宋代富民问题断想》（《四川师范大学学报》2012 年第 4 期）等。

会经济的发展，社会流动显著加快，"贫富无定势"①，贫富关系处于经常性变化之中，户等制从九等户制转向五等户制，新的社会群体和名称不断见诸史籍。凡此均说明，唐宋时代是一个社会大分层的时代。置于这样的时代背景下来看，作为拥有财富和良好文化教育而又没有政治特权的一个群体，"富民"无疑是社会流动和社会分层的结果，而它又反过来进一步促进着唐宋的社会流动和社会分层。离开社会流动、社会分层，就没有"富民"的崛起，也没有"富民"的成长壮大。

第二，"富民"迅速成为中国社会经济关系和阶级关系的核心，产生了重大而深远的社会影响。有的学者在与笔者交流时指出，"富民"虽然是一个新的社会阶层，但它到底在社会中有多大的比例？如果占比不大，那"富民"阶层对社会的影响应该也不大。事实上，考虑一个社会阶层的影响，不应该单纯地看它的人数和规模的大小，而应该看它在社会经济关系和阶级关系中的地位。经济学中有一个帕累托定律，又被叫作"二八定律"或"关键少数法则"。由意大利经济学家帕累托发现，在任何特定群体中，重要的因子往往只占较少的部分（20%），而不重要的因子往往占多数部分（80%），因此，只要能控制好这具有重要性的少数因子，就可以控制全局。

宋代以来，"富民"阶层人数虽然并不一定占多数，但

---

① ［宋］袁采：《袁氏世范》卷 3《治家·富室置产当存仁心》，中华书局，1985年，第62页。

确实发挥了关键性的作用。北宋苏辙曾指出,富家大姓"州县赖之以为强,国家恃之以为固"①。南宋叶适也曾论述道:"富人者,州县之本,上下之所赖也。"②因此,朱熹就告诫说:"乡村小民,其间多是无田之家,须就田主计(讨)田耕作。每至耕种耘田时节,又就田主生借谷米,及至秋冬成熟,方始一并填还。佃户既赖田主给佃生借以养活家口,田主亦藉佃客耕田纳租以供赡家计,二者相须,方能存立。今仰人户递相告戒,佃户不可侵犯田主,田主不可挠虐佃户。"③这些都反映"富民"已成为社会经济关系和阶级关系的核心,成为国家统治的基础,离开"富民",社会就将失去赖以维系的根基。所以,宋人吕大均说:"为国之计,莫急于保民。保民之要,在于存恤主户,又招诱客户,使之置田以为主户。主户苟众而邦本自固。"④这里讲的"主户",相当大程度上就是我们所说的"富民"。可见,在唐宋社会中,"富民"确实成为整个社会经济关系和阶级关系的核心,对社会的稳定、经济文化的发展,以及国家的基层控制都起到了关键性的作用,成为整个社会稳定的中间层和发展与进步的巨大推动力量。

①[宋]苏辙:《栾城集》(下)卷8《杂说九首·诗病五事》,上海古籍出版社,1987年,第1555页。

②[宋]叶适:《叶适集·水心别集》卷2《民事下》,中华书局,1961年,第657页。

③[宋]朱熹:《晦庵先生朱文公文集》卷100《劝农文》,朱杰人等主编:《朱子全书》第25册,上海古籍出版社,2010年,第4626页。

④[宋]吕大均:《民议》,《宋文鉴》卷106,中华书局,1992年,第1477页。

第三，"富民"在唐宋以来的中国社会中，一直显现出强劲的成长性。这种强劲的成长性，集中体现在国家对其的依赖越来越大，甚至成为国家进行基层社会控制的重要力量。如宋代的衙前、里正等役，主要就是由"富民"担任。《宋史·食货志》载："役出于民，州县皆有常数。宋因前代之制，以衙前主官物，以里正、户长、乡书手课督赋税，以耆长、弓手、壮丁逐捕盗贼，以承符、人力、手力、散从官给使令；县曹司至押、录，州曹司至孔目官，下至杂职、虞候、拣、掏等人，各以乡户等第定差。"[①]宋代，衙前、里正之职役通常为一等户承担；耆长之职役一般由第二等户承担；弓手、壮丁、承符、人力、手力、散从官职役则通常由第四、五等户承担。[②]"富民"成为差役特别是重要差役的主要承担者。

到元代，虽然经过了朝代更替，但"富民"的成长并没有因为朝代的更替而受到影响。由于元王朝以马上得天下，不谙中原制度，政令不齐，反而为"富民"阶层的发展提供了宽松的环境，使得"富民"阶层继续承袭唐宋以来的发展之势，得以赓续和壮大。明人于慎行就说："元平江南，政令疏阔，赋税宽简，其民止输地税，他无征发；以故富家大族役使小民，动至千百，至今佃户、苍头有至千百者，其来

①［元］脱脱等撰：《宋史》卷177《食货上五》，中华书局，1977年，第4295页。

②漆侠：《中国经济通史·宋代经济卷》，经济日报出版社，2000年，第510—513页。

非一朝夕也。"①到了明代，设立粮长制度，以"土田多者为粮长，督其乡赋税"②，又设立里甲制度，"一里之中推丁粮多者十人为之长"，"管涉一里之事"③。正是以"富民"阶层为依靠对象，明代在江南地区建立起了由粮长、里甲构成的"以良民治良民"的基层控制体系。正是因为"富民"阶层在社会中日益重要的作用，国家对"富民"产生了越来越大的依赖性。这种状况，一直持续到清代。清人黄中坚根据他的观察，直接指出："今之承事于官者，率富民也。"④可以说，历宋、元、明、清，"富民"一直是国家赖以依靠进行基层控制和治理的重要力量。这既集中体现了"富民"的成长性，又充分说明"富民"确实代表了新的社会发展方向。

二

作为一个新的社会阶层，"富民"阶层对中唐以来社会的影响，无疑是全面的和深刻的：

第一，全面性。中唐以来，"富民"阶层对社会的影响

①［明］于慎行：《谷山笔麈》卷12《赋币》，中华书局，1984年，第139页。

②《明太祖实录》卷68洪武四年九月丁丑，（台北）"中央研究院"历史语言研究所，1966年，第1279页。

③《明太祖实录》卷135洪武十四年正月丙寅，（台北）"中央研究院"历史语言研究所，1966年，第2143页。

④［清］黄中坚：《蓄斋集》卷1《限田论》，北京出版社，2000年，第102页。

是全面性的影响。具体说来，在唐宋以来的中国传统社会中，例如乡村社会经济关系和阶级关系的发展变化、国家对乡村社会的控制、乡村社会的内在发展动力与农村经济的发展、乡村文化教育的发展与兴盛、宋代衙前里正和明代粮长制的出现、宋代"地方精英"阶层和明清"士绅社会"的形成乃至宗族势力的发展，甚至诸如明代苏松地区重赋这些特殊的经济现象，实际上都与"富民"阶层有关。叶适强调："小民之无田者，假田于富人；得田而无以为耕，借资于富人；岁时有急，求于富人；其甚者，庸作奴婢，归于富人；游手末作，俳优伎艺，传食于富人，而又上当官输，杂出无数，吏常有非时之责而无以应上命，常取具于富人。"[1]这表明"富民"是社会经济关系和社会阶级关系的核心。张守说宋代"中上之户稍有衣食，即读书应举，或入学校"[2]，表明作为中上户的"富民"是推动乡村文化教育发展的重要力量。宋代以"富民"充当衙前、里正，明代以"富民"充当粮长，表明"富民"是国家控制乡村的重要力量。可以毫不夸张地说，"富民"是国家对乡村实施统治的重要力量，是社会进步的主要推动力。正是因为"富民"的这种全面性的影响，只有系统地对"富民"进行研究，才能真正理解唐宋以来中国社会特别是乡村社会的发展与变迁。

第二，深刻性。"富民"阶层的崛起，引起了中唐以来

---

①［宋］叶适：《叶适集·水心别集》卷2《民事下》，中华书局，1961年，第657页。

②［宋］张守：《毗陵集》卷3《论措置民兵利害札子》，上海古籍出版社，2018年，第36页。

社会经济关系、阶级关系的巨大变化，特别是推动了唐宋以来契约租佃关系主导地位的确立，同时引起了国家乡村治理方式和治理结构的重大调整。契约租佃关系自秦商鞅"废井田，开阡陌"、民得买卖土地以后就已经出现，但一直没有在社会中占据主导位置。"富民"的兴起，为契约租佃经济关系的进一步发展提供了新的条件。因为"富民"与"贫民"都是国家的编户齐民，他们之间不能抑良为贱，只能结成平等的契约租佃经济关系。这是一种最佳的关于土地生产经营的制度安排与选择。杨万里《诚斋集》载："某之里中有富人焉，其田之以顷计者万焉，其货之以舟计者千焉。其所以富者不以己为之而已，以人为之也。他日或说之曰：'子知所以居其富矣，未知所以运其富也。子之田万顷，而田之入者岁五千，子之货千舟，而舟之入者岁五百，则子之利不全于主而分于客也。'富人者于是尽取其田与舟而自耕且自商焉，不三年而贫。何昔之分而富，今之全而贫哉？其入者昔广而今隘，其出者昔省而今费也。"①这位富者没有选择租佃制经营，也就没有选择最有效的制度安排，结果导致经营的失败。可以说，契约租佃制是"富民"阶层最佳的制度选择。

而从基层治理来看，明代初期建立的粮长、里甲制度，根本上就是一种依靠粮长、里长等乡村"富民"阶层实行"以良民治良民"的基层控制模式。官府选用"富民"阶层

---

①［宋］杨万里：《诚斋集》卷63《与虞彬甫右相书》，《景印文渊阁四库全书》第1160册，（台北）商务印书馆，1983年，第601页。

充当粮长、里长，实施对乡村基层的控制，既可以发挥他们在乡村中固有的权威，更好地实施乡村控制和赋税征收；又可以通过粮长、里甲制度，将"富民"阶层纳入官府主导的组织框架之中，以加强对"富民"阶层的制约和控制。因此，粮长、里长等"富民"阶层可以视为政府在基层社会的"包税人"或"代理人"①。正是充分利用和依靠"富民"阶层，明初在江南等地建立起了以里甲制度为核心的"以良民治良民"的乡村秩序。如日本学者小山正明所言，正由于粮长制度和里甲制度的实施，明代乡村社会形成了粮长—里长户—一般农民三种乡村等级身份序列，这一序列又是与乡村统治系统，即赋役征收机构重叠在一起的。②以里甲组织为基础，粮长、里甲构成了明初江南地区完整的基层组织体系。"富民"阶层对社会影响的深刻性可见一斑。

正是因为"富民"阶层在中唐以来中国社会中的巨大影响，我们才断言，随着"富民"阶层的崛起，中唐以来的中国社会形成了一个有别于汉唐社会的新社会，这个社会就是"富民社会"。

---

①高寿仙认为，明朝的乡村控制策略可以理解为一种"经纪体制"，粮长、里长类似于政府的"包税人"和"承包人"，参见高寿仙《明代农业经济与农村社会》，黄山书社2006年，第169页；夏维中也将乡村富户视为国家在基层"代理人"，认为地主富民是国家权力通过里甲组织实现乡村统治的阶级基础，参见范金民主编：《江南社会经济研究·明清卷》，中国农业出版社，2002年，第812—813页。

②[日] 小山正明：《明代的粮长》，刘俊文主编《日本学者研究中国史论著选译》第6卷，中华书局，1993年，第182页。

近年来，我们一直致力于构建中国古代"富民社会"的理论体系。何谓理论体系？我们认为，大凡理论体系，都是由若干重要学术论断所构成。学术论断不同于一般的学术观点和认识，它具有统摄性、引领性、指向性，它往往会开辟学术研究新的领域。

通过对唐宋以来"富民社会"的深入研究，我们提出了五个有关中国古代"富民社会"理论体系的学术论断：（一）"富民"阶层是唐宋以来中国古代社会的新兴阶层；（二）"富民"阶层一经兴起便迅速成为中国古代社会的中间层、动力层和稳定层；（三）"富民"与国家的关系是唐宋以来中国社会最核心的关系；（四）"士绅社会"是中国古代"富民社会"的最高阶段，也是最后阶段；（五）中国传统社会依次经历了上古的"部族社会"、秦汉魏晋的"豪民社会"、唐宋以来的"富民社会"，并最终向着"市民社会"演进的历史进程，这一社会演进即为中国古代史的新体系。

如何开展好中国古代"富民社会"理论体系的研究？我们确定了这项研究的"四部曲"，即"微观——宏观——微观——宏观"的四个研究步骤。

第一步，从微观研究入手，深入研究"富民"阶层的崛起、特征和历史作用，指出"富民"阶层是唐宋以来中国社会兴起的新阶层。现主要完成《中国古代"富民"阶层研究》和《唐宋乡村社会力量与基层控制》等成果。第二步，从微观上升到宏观，以"富民社会"为理论基石对"唐宋社会变革"这一学术命题进行新的阐释，指出这场变革就是从汉唐的"豪民社会"走向中唐以来的"富民社会"。现已完成《唐宋社会变革论纲》等成果。第三步，再次从宏观回到微观研究，通过个案解剖和具体考证，重点研究"十至十九世纪'富民'与乡村社会变迁"。第四步，再从微观研究上升到宏观研究，对中国古代"富民社会"进行整体性研究。

我们将一本"学贵自成体系"旨要，突破断代史研究局限，开展跨时段研究，将中唐以来到清代的中国社会作为一个完整的历史阶段进行研究，分析其变迁过程，系统揭示中国古代"富民社会"的形成、特征和历史地位。

三

作为一项突破断代史研究局限的贯通性研究，中国古代"富民社会"理论体系的研究，力图从以下几方面对中国传统社会进行再认识。

第一，力图对中国传统社会的历史主线进行再认识。马克思主义唯物史观认为，人民群众是历史的创造者，是推动社会进步的决定性力量。对于传统社会来讲，编户齐民的演变是社会发展的重要基础，"民"的演变始终是中国历史发展的一条主线。通观中国古代，"民"并非一成不变，而是先后经历了从先秦依存于部族到汉唐出现"豪民"、唐宋以来"富民"崛起、近代以来逐渐形成"市民"的历史进程。还要特别指出的是，在中国传统社会的研究中，汉唐时期，大家已经充分注意到"豪民"阶层的兴起，在近代，大家也已经注意到"市民"阶层的兴起。而对处于其间的"富民"阶层，我们还没有引起足够的重视。对许多历史问题认识不清，就与我们对"富民"阶层缺乏足够认识有关。

第二，力图对中国传统社会的经济关系和阶级关系进行再认识。经济关系和阶级关系是整个社会中最主要的社会关系，决定着社会结构乃至社会形态。"富民社会"下的经济关系与阶级关系，既有对抗的一面，又有依赖的一面。以往，我们往往强调其对抗的一面，而很少注意到另一方面。试以《水浒传》的记载为例，取材于北宋宋江起义的《水浒传》里记载：庄客多拥立庄主来对抗封建官府。按照我们以往的观点，庄主奴役和剥削庄客，庄客应该起来反抗庄主，为什么反而会拥立庄主为王来对抗官府呢？宋神宗时御史中丞邓绾在上奏中说："富者所以奉公上而不匮，盖常资之于贫。贫者所以无产业而能生，盖皆资之于富。稼穑耕锄，以有易无，贸易其有余，补救其不足，朝求夕索，春贷秋偿，贫富相资，以养生送死，民之常也。"[1]这生动揭示了贫富之间相互依存的一面，也说明进一步科学准确认识中国传统社会的经济关系和阶级关系，仍是我们面临的重要课题。

第三，力图对中国传统社会发展的历史阶段进行再认识。中国传统社会的演进发展呈现出明显的阶段性。如何对其进行阶段划分？有的基于历史发展法则进行划分，有的基于历史事实进行划分。我们主张基于历史事实进行划分。基于中国古代"富民社会"的研究，我们认为，中国传统社会经历了上古的"部族社会"、汉唐的"豪民社会"、宋元明清

---

[1]［宋］李焘：《续资治通鉴长编》卷269，神宗熙宁八年冬十月辛亥，中华书局，1995年，第6605—6606页。

的"富民社会"，并最终向近代"市民社会"演进的历史进程。这既是中国传统社会的历史阶段，也是中国古代史的新体系。

为实现对中国传统社会进行再认识的目的，在具体的研究中，我们着力推动历史研究从平面式、静止式的研究转向一种立体式、动态式的研究，将在研究中力求体现"三性"：

一是历史的变化性。

历史的最大特性就是变化性。没有变化，就没有历史。中国古代"富民社会"这项研究，同样必须揭示历史的变化性。从"富民"阶层的发展变化来看，唐宋时期，经营农业致富的"富民"无疑占大多数。而到明清时期，经营工商业起家的"富民"则越来越多，影响也越来越大，以致有不少学者认为明清出现了"市民"阶层。其实，大家所引述的那些所谓"市民"，从根本上来讲还是"富民"。从"富民社会"的发展变化来看，随着"富民"阶层对政治权力和社会权力的获取，逐渐形成了一个"士绅"阶层。所谓"士绅"，主要就是依靠其取得的文化权力和政治权力，在基层社会中发挥了重要影响的"富民"群体。从根本上说，"士绅"的来源和基础就是"富民"。著名历史学家费正清认为："中国的士绅只能按经济和政治的双重意义来理解，因为他们是同拥有地产和官职的情况相联系的。……他们构成以地产为基础的家族阶层。"[1]"士绅家族之所以能不断主宰农民，不仅

---

[1] [美] 费正清著，张理京译：《美国与中国》（第四版），世界知识出版社，1999年，第33页。

靠其拥有土地，而且由于这样一个事实：士绅中间主要产生出将来可以被选拔为官吏的士大夫阶级"[1]。随着"士绅"阶层的出现，有学者指出，明清形成了一个"士绅社会"[2]。我们认为，"士绅社会"是"富民社会"的最高阶段，同时也是其最后阶段。这些都需要我们进一步研究，揭示其变化。

二是历史的复杂性。

不理解历史的复杂性，就很难真正地理解历史。中国古代"富民社会"这项研究，其复杂性尤其要引起注意。比如从"富民"阶层的社会角色来看，由于它是社会的中间层，这个阶层上通官府，下联百姓，有时可代表官府，有时又代表百姓，这个阶层与国家的关系，既有矛盾，又有依赖，始终处于博弈过程之中。唐宋以来的历次改革，主要着力点就是调整国家与"富民"阶层的关系。又比如，从"富民"阶层的社会形象来看，既有"长者"型，又有"豪横"型，如何评价其社会作用，就需要以历史眼光加以客观认识。所以，只有揭示历史的复杂性，我们才能够还原真实的历史。

三是历史的鲜活性。

历史是鲜活的，因为历史永远与现实相通。唐宋以来"富民"阶层的崛起和"富民社会"的形成，给中国传统社

---

①［美］费正清著，张理京译：《美国与中国》（第四版），世界知识出版社，1999年，第33页。

②［加］卜正民著，张华译：《为权力祈祷：佛教与晚明中国士绅社会的形成》，江苏人民出版社，2008年，第21页。

会带来深远影响，其所引起的经济关系和阶级关系的变化，甚至影响了近代中国社会。当代中国社会划分阶级，主要划分为五等。这不禁使我们想到了宋代的五等户制。当时，乡村主户也按照土地资财被分为五等。上户通常指一、二等户，有时也包含三等户，称为"上三等户"，属于地主和富农。三等户在多数情况下被认为中户；四、五等户则称为下户，属于一般农户及少地而需佃种部分土地的农户。[1]这与近代划分阶级时的地主、富农、中农、贫农、雇农序列颇为类似。由此，我们可以说，"富民"阶层的兴起，实为解构唐宋以来中国社会变化的一把关键性钥匙，这也进一步凸显了"富民社会"研究的重大理论意义。

最后，要特别强调的是：对中国古代历史发展进行历史阶段划分与社会形态划分，是两个完全不同的概念，尽管二者之间具有某种联系。我们今天对中国历史发展阶段的划分之所以存在重大分歧，其中一个重要原因，就是没有分清这是两个不同的问题。如果我们将其混在一起，就很难讲得清楚。

个人以为，对历史阶段进行划分，可各展其说，进行多元化实证研究。但对社会形态进行划分，则需要我们回到马克思主义原典，准确把握好马克思主义关于社会形态的理论，把握好历史唯物主义的基本原理，结合中国历史发展的

---

①参见王曾瑜《从北朝的九等户到宋朝的五等户》，载《中国史研究》1980年第2期；梁太济《两宋的户等划分》，载《宋史研究论文集》，浙江人民出版社，1987年。

实际，提高学术站位，去科学准确揭示历史发展的中国道路。这是中国历史研究的时代命题。

（本文刊于《湖北大学学报（哲学社会科学版）》2020年第1期）

深入推进哲学社会科学理论创新

　　新中国成立以来，我国哲学社会科学坚持以马克思主义为指导，不断兼收并蓄、推陈出新，取得丰硕的研究成果，其成绩有目共睹。然而，时至今日，也仍然存在着原创性不够、研究跟不上形势发展需要、缺少精品力作和学术大师等问题。这些问题，归结起来，就是我们研究的理论创新不足。这是构建中国特色哲学社会科学必须予以高度重视并着力解决的关键问题。

　　习近平总书记强调：社会大变革的时代，一定是哲学社会科学大发展的时代。当代中国正经历着我国历史上最广泛而深刻的社会变革。这是一个需要理论而且一定能够产生理论的时代，这是一个需要思想而且一定能够产生思想的时代。我们要用发展着的理论指导发展着的实践。对广大哲学社会科学工作者寄予了殷切期望。

　　不仅如此，总书记还深刻阐述了创新的重大意义、创新的内涵与要义，为哲学社会科学理论创新指明了方向。学习和贯彻总书记的重要讲话精神，就是要按照总书记的要求，立时代之潮头、通古今之变化、发思想之先声，着力推进哲学社会科学理论创新，做理论创新的担当者、理论创新的实践者、理论创新的创造者。

第一，推进理论创新，必须树立大视野。创新是永恒的主题，创新的本质在于超越。任何理论创新，都是在人类已有认识基础上的创造，视野决定着我们的高度，视野决定着我们能走多远。"坚持不忘未来、吸收未来、面向未来。"既是一种工作要求，更是一种宏大的视野。没有大视野，很难融通古今，很难中外并蓄。

树立大视野，要在"融通"上下功夫。我国古代史学家司马迁说："究天人之际，通古今之变，成一家之言。"重在"究"，贵在"通"，求其"变"，成其"言"。即强调了"融通"的重要性。我们要善于融通马克思主义的资源、中华优秀传统文化的资源、国外哲学社会科学的资源。在具体的研究工作中，首先，要实现知识的融通。知识不论分属何种领域和门类，在本质上都是人类智慧的结晶。融通知识就是创新知识。其次，要实现学科的融通。既要重视哲学社会科学各学科的融通，也要重视哲学社会科学与自然科学的融通。再次，要实现人的融通。既要使哲学社会科学工作者与人民融通在一起，又要使社会各阶层、各群体融通在一起，使理论创新活力全面迸发。

第二，推进理论创新，必须树立问题意识。问题是时代的声音，发现问题等于解决了问题的一半。如果没有问题意识，我们很难跟上时代的步伐和把握时代的脉搏，我们很难回答中国特色社会主义伟大实践中的重大理论问题和实践问题。实践无止境，创新无止境。我们要以我们正在做的事情为中心，从我国改革发展的实践中挖掘新材料、发现新问题、提出新观点、构建新理论，厚植理论创新的土壤，充分体现理论创新的时代性和创造性，从而将精深的理论创新变成生动的实践创造。

树立问题意识，要在理论基石上下功夫。理论基石是理论之根、理论之魂。马克思主义之所以博大精深并焕发出强大生命力，就在于其确立了理论的两大基石——唯物史观和剩余价值学说。没有理论基石，就难以成其为理论。我们发现问题，就是要去发现理论基石；我们解决问题，就是要去解决理论基石。理论基石解决好了，我们就能构建起理论的大厦。

第三，推进理论创新，必须树立责任意识。从来就没有脱离时代、脱离社会、脱离人民的理论创新。只有胸怀祖国、胸怀人民、胸怀社会，理论创新才会有源源不断的动力。"为天地立心，为生民立命，为往圣继绝学，为万世开太平"是中国传统知识分子的使命和担当。广大哲学社会科学工作者，要继承和弘扬这一使命和担当，牢固树立责任意识，将自己的研究与社会需要、人民需要紧密地联系在一起；牢记责任和使命，在担当与开拓中创新理论，在创新理论中完善自我。

树立责任意识，要在理论自觉上下功夫。任何理论都不可能是停止不变的。常人说："思想之树常青。"理论的生命力就在于发展、在于创新。所以，推进理论创新，不能墨守成规，不能因循守旧，需要每一个创新的主体有高度的理论自觉，不断提升自己研究的境界、研究的层次，使自己的研究更具思想性、更具理论性，从而真正产出一批具有前沿性和理论高度的精品力作，为构建中国特色哲学社会科学作出应有的贡献。

（本文系2016年5月20日在云南省委宣传部学习贯彻习近平总书记在哲学社会科学座谈会上重要讲话精神时的发言）

坚持以人民为中心的研究导向

2016年5月17日，习近平总书记在哲学社会科学工作座谈会上发表重要讲话，讲话立足中国特色社会主义的伟大实践，深刻分析了我国哲学社会科学面临的形势，明确了哲学社会科学的根本定位，提出了哲学社会科学发展的战略任务，指明了繁荣发展哲学社会科学的方向。总书记的讲话，视野宏大，内容丰富，思想深刻，是指引我国哲学社会科学繁荣发展的纲领性文献。

总书记在讲话中强调，我国哲学社会科学要有所作为，就必须坚持以人民为中心的研究导向。总书记的讲话深刻阐述了我国哲学社会科学的根本属性、力量之源、学问之基、为学之道，充分体现了党的性质和宗旨。既为哲学社会科学研究指明了路径和方向，又对哲学社会科学研究工作者提出了新的更高的要求。

学习贯彻总书记重要讲话精神，推进哲学社会科学实现新的创新，对广大哲学社会科学工作者特别是高校哲学社会科学工作者而言，要从以下几个方面做好工作：

第一，要旗帜鲜明地坚持马克思主义在我国哲学社会科学领域的指导地位。马克思主义从诞生之日起，就始终坚持人民群众是社会物质财富和精神财富创造者的唯物史观，以实现人类解放和人的自由全面发展为主题，特别关注人类命运和人的自由、发展问题。哲学社会科学的主要任务之一就是解决人的世界观、人生观和价值观问题。可以说，人是马克思主义的出发点和归宿，人民性是马克思主义的基本属性，也是中国哲学社会科学研究的基本属性。只有应用马克思主义的立场、观点和方法指导哲学社会科学，才能把握好中国哲学社会科学发展的方向；只有旗帜鲜明地坚持马克思主义在我国哲学社会科学领域的指导地位，中国的哲学社会科学才会有灵魂、有生命，才能真正有所作为。

第二，哲学社会科学研究要面向人民、面向社会。人民群众是历史的创造者，社会发展的推动者，人类文明的谱写者。因此，人民既是哲学社会科学研究工作的主体对象，也是哲学社会科学研究的终极目标和要求。要推动哲学社会科学创新，就必须遵循"一切为了群众、一切依靠群众，从群众中来，到群众中去"的基本路线，牢固树立人民意识、开放意识、创新意识，面向人民，融入社会，开放研究，充分尊重人民的主体地位和首创精神。只有这样，哲学社会科学才能有生存的土壤和发展的源泉，才能从人民群众的伟大实践中汲取智慧、营养和思想，才能具有强大的吸引力、感染力、影响力、生命力。

第三，哲学社会科学研究要跟上时代发展的需要。在党中央的坚强领导下，我国哲学社会科学取得了重大发展，但也存在跟不上时代发展的需要，创新能力不足的问题。从来就没有脱离时代、脱离社会、脱离人民的哲学社会科学，一切有影响的哲学社会科学研究成果都是时代和社会的产物。没有强烈的时代感，哲学社会科学研究就没有生命力，就不可能真正做到创新。只有准确把握时代脉搏，融入时代发展，跟上时代步伐，才能充分认识规律，尊重规律，提出新的认识、新的观点和新的思想，从而体现哲学社会科学研究的科学性、战略性、前瞻性、引领性，产出大批精品力作。

第四，哲学社会科学工作者要强化社会责任感和历史使命感。"为天地立心，为生民立命，为往圣继绝学，为万世开太平"是中国传统知识分子的历史使命和担当。每个哲学社会科学工作者都是社会中的一部分，其最重要的属性是社会属性，而非自然属性。只有与社会紧密联系，自觉将个人的科学研究融入社会，并从社会中汲取源源不断的动力和灵感，才能充分发挥其价值和作用。因此，在新的历史时期，哲学社会工作者要把社会责任感放在首位，要胸怀人民、胸怀社会、胸怀祖国，自觉提升思想品格和道德修养，主动融入中国特色社会主义建设的伟大实践，做真学问、做大学问，才能产出无愧于人民、无愧于社会、无愧于时代的精品力作。

第五，要改革和完善哲学社会科学评价体系。评价体系对哲学社会科学工作具有指向性作用，关系到哲学社会科学工作者的价值判断和行为选择。当前，我国哲学社会科学还存在重数量轻质量，重发表轻应用，有专家缺大师的状况，这与哲学社会科学评价体系不健全有很大的关系。因此，要进一步改革和完善哲学社会科学评价体系，坚持"实践是检验真理的唯一标准"，让人民来评价，让社会来评价，让实践来评价，引导广大哲学社会科学工作者树立人民意识、创新意识、精品意识，努力产出经得起人民检验、实践检验、社会检验和时间检验的优秀成果。

云南大学是一所地处祖国西南边疆的综合性大学，我们将深入学习和贯彻习近平总书记重要讲话精神，进一步加强哲学社会科学学科体系、学术体系、话语体系建设，不断推进知识创新、理论创新、方法创新，着力提升学校哲学社会科学创新能力，为构建中国特色哲学社会科学做出应有的贡献。

（本文系2016年5月在全国教育系统学习贯彻习近平总书记在哲学社会科学座谈会上重要讲话精神时的发言）

学术研究必须回答时代命题

"为天地立心，为生民立命，为往圣继绝学，为万世开太平"，历来是中国知识分子的使命与担当。这种使命与担当，决定了我们的学术研究必须关注社会，回应好时代命题。

什么是时代命题？时代命题就是时代的方向、时代的声音、时代的脉搏、时代的责任、时代的担当，它是我们整个时代社会发展中的重大关键性问题，关乎社会的发展和人类的命运，也关乎学术研究的生命力。

回顾近代以来的中国学术史，一批又一批有理想有担当的知识分子、一代又一代的爱国学者坚持学术报国和教育报国，紧跟时代步伐，把握时代脉搏，及时回答了一个又一个时代之问，在中国学术史上书写了精彩华章。这既给我们留下了大批珍贵的学术财富，又给予了我们宝贵的历史启示。今天，面对中华民族伟大复兴和世界处于百年未有之大变局这两个大局，一个又一个时代之问现实地摆在我们面前，迫切需要给出科学准确的结论。

站在新的历史起点上，我们要深入贯彻落实习近平总书记在哲学社会科学工作座谈会上的重要讲话精神，按照总书记"立时代之潮头、通古今之变化、发思想之先声"的要求，进一步提高学术站位，努力回答好时代命题，做好学术研究，为时代提供更多的精品力作。

一、回答时代命题是哲学社会科学工作者的职责所在

马克思早就说过："哲学家们只是用不同的方式解释世界，问题在于改变世界。"从事哲学社会科学研究，就是要以自己的研究融入时代、融入国家，并将改变这个世界作为自己的目标追求。因为，作为改造世界的重要武器，哲学社会科学的发展只有与社会实践紧密结合起来，紧跟时代步伐，回应时代关切，发出时代声音，才能真正做到根植实践、来自实践和指导实践，从而有效彰显哲学社会科学研究的价值与意义。

在当今世界正处于百年未有之大变局的背景下，一个重要的时代命题更加突出地摆在了我们面前：中国与世界。中国与世界关系如何、世界如何影响中国、中国如何改变世界？这些重大问题，每一位学者都不能回避，都要认真去思考、去研究并拿出有价值的成果。

时代是出卷人，我们是答卷人。习近平总书记指出："这是一个需要理论而且一定能够产生理论的时代，这是一个需要思想而且一定能够产生思想的时代。我们不能辜负了这个时代。"我们应该牢记总书记的嘱托，珍惜这个时代和机遇，自觉肩负起历史责任，回答好时代之问。

二、重点回答好中国道路这一时代命题

当前，我们成功开创了中国特色社会主义道路。但是，中国特色社会主义道路不是一蹴而就的。近代以来，无数仁人志士为探索中国道路付出了艰辛的努力甚至是生命的代价。我们党团结和带领全国各族人民，经过艰难探索，成功开创了中国特色社会主义的道路。

与时代同步伐，与国家民族同命运。中国道路的探讨一直是20世纪中国学术研究的时代命题。以历史学为例，20世纪二三十年关于中国社会性质和社会史的大论战，不仅是一次史学论战，更是一场关系中国前途的大论战，集中体现了中国学者对中国向何处去这一问题的深度关切。到了五六十年代，史学界的"五朵金花"大讨论，本质上也是在集中探讨马克思主义中国化和中国道路的问题。再到1978年《光明日报》刊发的《实践是检验真理的唯一标准》这篇文章，这既是一篇引发中国社会大变革的理论文章，也是历史研究领域的关键性文献，进一步推动了中国学者探索中国特色社会主义道路的反思与实践。

当前，中国特色社会主义进入新时代，对哲学社会科学研究也提出了新的要求。我们不仅要清楚中国道路的过去与现在，更要把握中国道路的未来。如何回答好中国道路这一时代命题，应该成为哲学社会科学研究的重点和主线。建设有中国特色的哲学社会科学，最根本的就是要回答好中国道路这一时代命题。

三、如何回答好时代命题？

1.坚持马克思主义的指导地位

马克思主义对中国道路探索的科学指导，已经为近代以来中国革命与建设的实践所充分证明。马克思主义是中国革命的指导思想和中国道路探索的指路明灯。可以说，正是马克思主义的中国化，开创和成就了百年中国道路的探索历程。因此，我们要坚定不移地以马克思主义来指导我们的学术研究和社会实践，进一步推进中国特色哲学社会科学的创新发展。

2.提升研究质量

回答时代命题需要思想和智慧。这就要求我们在中国道路的探索中出思想、出智慧。因此，哲学社会科学工作者要回答时代之问，就要真正把做出真学问作为一种价值追求，甚至一种生活方式，提倡坐冷板凳、下苦功夫、下真功夫、做真学问，拿出精品力作，以扎实的学术研究为中国道路的探索做出贡献。

3.改革评价体系

学术研究的健康发展，需要良好的环境。这就要求我们切实按照破除"五唯"的要求，不唯论文、帽子、职称、学历、奖项，重品德、重贡献、重水平、重实绩、重能力，构建新的学术评价体系，维护和保障学者在科研活动中的主体地位，激发学者研究探索的主观能动性，充分发挥他们在学术活动中的自主作用，积极推动引导哲学社会科学研究高质量发展。

我们相信，在全体学界同仁的努力下，广大哲学社会科学工作者必将以更大的热情和精力，投入研究，创新实践，在实现中华民族伟大复兴的中国道路探索征程中做出新的更大贡献。

（本文系2020年6月10日在《光明日报》创刊71周年座谈会上的发言）

自觉肩负起社会科学普及的责任

哲学社会科学是人们认识世界、改造世界的重要工具，是推动历史发展和社会进步的重要力量。党的十八大以来，我省哲学社会科学普及事业快速发展，为提高各族人民的科学文化素质、推动哲学社会科学发展发挥了积极的作用。在全面建成小康社会的新时代，需要哲学社会科学工作者进一步肩负起社会科学普及的责任和使命，不断强化研究成果的传播意识、创新成果普及的方式，提高研究能力和成果普及水平。

坚持以马克思主义为指导，推进马克思主义中国化时代化大众化

坚持以马克思主义为指导，这是当代中国哲学社会科学区别于其他哲学社会科学的根本标志，必须转化为我省哲学社会科学工作者高度的理论自觉、坚定的政治信念、科学的思维方法。在新时代，持续推进马克思主义中国化时代化大众化，既是哲学社会科学工作者的重要任务，也是哲学社会科学工作者的重要使命。因此，广大哲学社会科学工作者要

深入研究阐释习近平新时代中国特色社会主义思想，深化对马克思主义中国化最新成果的研究阐释，推动用习近平新时代中国特色社会主义思想凝聚共识，用发展着的理论指导新的实践。

坚持以人民为中心，推动哲学社会科学创新

人民观点是历史唯物主义的基本观点，人民立场是马克思主义的基本立场，历史是人民群众创造的。对此，每一位社会科学工作者都必须牢记于心并内化为思想自觉和行动自觉。人民群众永远是哲学社会科学创新的力量之源。哲学社会科学一旦脱离了人民，也就脱离了社会、脱离了时代，会变成无源之水，从而最终枯竭。人民群众永远是理论的实践者和理论的检验者。任何一种思想和理论，如果解决不了群众的思想问题和实际问题，就不会为群众所接受，也不会变成群众的自觉行动。所以，我们要树牢人民的主体地位，尊重群众的首创精神，在人民群众的伟大实践中去推进哲学社会科学创新。

坚持问题导向，推进研究成果转化应用

我省哲学社会科学工作者要坚持以问题为导向，不断增强哲学社会科学服务国家和云南发展战略、服务经济社会发展的能力和水平，从广阔的社会变革和宏大的实践创新中发现新问题、提出新观点、构建新理论。必须走出书斋、

走出象牙塔，走进大众、走进生活、走进社会，更好地服务社会。突出社科普及的思想性、引领性、民族性、时代性和实践性，建立起完善的大众化、社会化、经常化的社科普及工作机制，充分发挥新媒体、新业态、新科技的作用，借助各种载体开展形式多样、生动活泼的社科普及活动。

坚持科学精神，在普及传播中实现价值

作为社科工作者，一定要坚持科学精神，勇于追求真理、追求卓越，厚植家国情怀，服务人民。当代中国哲学社会科学的繁荣，一方面体现在高水平研究成果的不断涌现和学术思想、学术观点、学术方法、学术话语上能力和水平的提升；另一方面体现在全民族哲学社会科学素质的提高。因此，哲学社会科学研究和哲学社会科学普及犹如鸟之两翼、车之四轮，是理论与实践结合的最佳平台，也是实现哲学社会科学成果转化应用的重要途径。社科工作者要积极从事哲学社会科学普及工作，在哲学社会科学的普及和传播中实现自身价值，以深厚的学识和修养赢得社会尊重，以高尚的人格魅力引领社会风尚，自觉践行社会主义核心价值观，做马克思主义的坚定信仰者、先进思想的倡导者、学术研究的开拓者、党执政兴国的坚定支持者和忠实实践者。

总之，一切有理想、有抱负的哲学社会科学工作者都应该立时代之潮头、通古今之变化、发思想之先声，切实肩

负起中国特色哲学社会科学繁荣发展和科学普及的历史责任。

（本文刊于《云南日报》2020年1月9日）

努力开创社科普及工作新局面

今年是云南省社科联成立60周年，首先我代表云南大学向省社科联表示热烈的祝贺。社科联作为党领导下的学术性人民团体，60年来，始终牢牢坚持正确的政治方向和学术导向，围绕中心、服务大局，着力推动社科工作在传承中创新发展，为云南省改革开放和社会主义现代化建设作出了重要的贡献。

2011年，我兼任省社科联的副主席，自此参与社科联的工作，见证了省社科联10多年来的发展变化。10多年来，省社科联坚持以习近平新时代中国特色社会主义思想为指导，持续深入学习习近平总书记关于哲学社会科学的重要论述，立足于"联"的功能，充分发挥党和政府联系社会科学工作者的"桥梁"和"纽带"的作用，成为"社会科学工作者之家"，在推动、发展和繁荣我省哲学社会科学方面发挥了重要作用。

先谈几点比较深刻的体会。

一是云南省社科联在推进中国特色社会主义理论和习近平新时代中国特色社会主义思想的研究方面，发挥了引领示范作用。省社科联在国内较早建立了中国特色社会主义理论体系研究中心，组织全省的广大学者深入开展中国特色社会主义理论和习近平新时代中国特色社会主义思想的研究，产生了许多在全国具有重要影响的学术成果，极大地推进了习近平新时代中国特色社会主义思想在高校的"三进"工作。

二是云南省社科联团结带领广大社会科学工作者全面融入和服务云南高质量发展。这10年来，省社科联紧扣省委省政府的中心工作，服务中心、服务大局，围绕省委省政府关心的一些重大理论问题和实践问题，进行了深入系统的理论阐释和实践探索，为省委省政府决策发挥了重要的支撑和保障作用。这一点成效非常明显，也得到了省委省政府的充分肯定，得到了社会各界的广泛认可。

三是云南省社科联团结带领广大社会科学工作者，有力地推动了云南哲学社会科学的高质量发展。省社科联通过组织开展社会科学高水平科研平台建设、智库建设、创新团队建设，有力地推动了我省哲学社会科学的队伍建设、学术研究、智库体系建设的进展，搭建了完整的哲学社会科学发展的体系，有效地激发了全省哲学社会科学的创新潜能，10年来在我省哲学社会科学方面也产生了一批优秀的哲学社会科学科研成果，成绩来之不易，也是有目共睹。

四是云南省社科联在推动哲学社会科学普及化方面作出了突出的成绩和贡献。通过"云岭大讲堂""社科专家基层行"，有力地推动了哲学社会科学走入社会一线、走入基层、走入人民群众之中，推动了哲学社会科学的普及，真正实现了哲学社会科学在普及中提高、在提高中普及，也受到了人民群众的好评，使哲学社会科学根植于人民之中、根植于实践之中，成绩是非常突出的，影响也是很深远的。

这几项工作在全国都非常有特点、有示范性，走在了全国前列。正是上述体会和感受，所以说，10多年来，省社科联作为一个党领导的学术性人民团体，立足于"联"的功能，充分发挥了桥梁纽带作用，成为"社会科学工作者之家"，有力地推动了云南省哲学社会科学的发展繁荣。

接下来，再就我省社科普及工作谈几点意见。

今天，中国发展进入了全新的时代。这是一个社会科学大繁荣大发展的时代。社科联要团结组织广大社会科学工作者，深入贯彻习近平新时代中国特色社会主义思想和习近平总书记在哲学社会科学工作座谈会上的重要讲话，切实肩负起繁荣发展哲学社会科学的责任，把党的创新理论、方针路线政策普及到广大人民群众之中，凝聚起亿万群众的智慧和力量，共同推进中国特色社会主义事业。这是我们社科联的职责，也是我们每一位社会科学工作者义不容辞的责任与义务。

一是深化对社科普及工作的认识。哲学社会科学是人们认识世界、改造世界的重要工具，是推动历史发展和社会进步的重要力量。社科普及工作是党的重要工作。早在延安时期，毛泽东同志就十分重视哲学社会科学的普及工作，他特别强调："要让哲学从哲学家的课堂上和书本里解放出来，变为群众手里的尖锐武器。"党的十八大以来，哲学社会科学普及事业快速发展，为提高各族人民的科学文化素质、推动哲学社会科学发展发挥了积极的作用。在全面推进社会主义现代化国家建设的新征程中，需要哲学社会科学工作者进一步肩负起社会科学普及的责任和使命，不断强化研究成果的传播意识、创新成果普及的方式，提高研究能力和成果普及水平。

二是坚持"提高"与"普及"并重。在延安文艺座谈会上，毛泽东同志提出了"在普及基础上提高，在提高指导下普及"的著名论断。社科普及工作和提高工作是不能截然分开的，只有提高才有高质量的普及。哲学社会科学工作者要坚持问题导向，不断增强哲学社会科学服务国家和云南发展战略、服务经济社会发展的能力和水平，从广阔的社会变革和宏大的实践创新中发现新问题、提出新观点、构建新理论。必须走出书斋、走出象牙塔，走进大众、走进生活、走进社会，加强直面人民群众需要的提高，从而更好地服务社会。

三是坚持以人民为中心。改变世界的，最终是思想。人民是历史的创造者。人民需要组织起来，人民需要理论武装和理论指导。实现了人民群众的科学理论武装，我们就能够将党的精深理论创新转化为生动的实践创造。马克思强调："理论一经群众掌握，也会变成物质力量。"所以，要坚持以人民为中心，既要推动哲学社会科学理论创新，更要将这种理论创新成果普及到人民群众之中去。要树牢人民观点与人民立场，紧扣人民需要，开展理论创新和社科普及。在这一过程中，每一位社科工作者都要始终心系人民，回应人民关切，让理论创新获得源源不竭的动力。同时，在社科普及中，要贴近人民、贴近生活，用人民群众听得懂的语言和人民群众喜闻乐见的方式，去宣传和传播科学理论和时代声音，让人民群众真切感受到理论的力量，让理论的力量转变为改造社会和改造世界的力量。

四是进一步创新社科普及方式方法。要突出社科普及的思想性、引领性、民族性、时代性和实践性，建立起完善的大众化、社会化、经常化的社科普及工作机制，充分发挥新媒体、新业态、新科技的作用，借助各种载体开展形式多样、生动活泼的社科普及活动，采取通俗易懂的语言、群众容易理解和接受的形式，注重从群众的实际生活、身边变化切入，把"讲道理"与"讲故事"结合起来，切实增强社科普及工作的吸引力、感染力。

我相信通过这些工作，我们社科联的社科普及工作一定会得到新的提升，云南省哲学社会科学也会发生新的变化，形成"云南品牌"，传递"云南声音"，讲好"云南故事"，为云南的高质量发展作出社科联新的贡献。

（本文系2022年8月25日在云南省社科联成立60周年座谈会上的发言）

三

谈读书的涵义

同学们刚刚跨进大学之门，我们常说的一句话就是：我们读书来了。那么，摆在我们面前的首要问题就是："读书，我们要读什么？"很显然，我们来读大学，并不仅仅是局限于上好规定的几门课程和读好那几本专业书。大学的教育，重在人的全面发展，云南大学的人才培养目标就是要培养一流人才。这不仅要求我们要读懂"有字之书"，更要读懂文字背后的"无字之书"。这里，我想和大家一起探讨一下读书的几个关键问题，深刻地理解读书的涵义。

一、读懂时代

历史在发展，时代在进步。任何一个人总会打上时代的烙印。人的社会性，事实上很大程度是体现在时代性上。因此，一个人，要有所发展进步，就要跟上时代、融入时代。

那么，什么是时代？时代是社会发展的特定阶段，既是一个时间概念，更是一个社会概念。

作为一个社会概念，时代就是历史强音，时代就是使命召唤，时代就是发展潮流。在历史强音中，蕴含着社会前进的基本方向，我们要把握好历史前进的未来；在使命召唤中，凝结着人民的期盼与社会的责任，我们要认识大势所趋和民心所向；在发展潮流中，汇聚着来自人类实践的经验共识，我们要守正创新，跟上时代的步伐。

因此，读懂时代尤为重要。读懂时代，就是要深刻理解和把握好时代大势、时代声音、时代责任、时代精神、时代要求。

一是要读懂时代大势，就是要理解好历史走势和发展趋势。党的二十大报告指出：经过长期努力，中国特色社会主义进入了新时代，这是我国发展新的历史方位。"中国共产党和中国人民正信心百倍推进中华民族从站起来、富起来到强起来的伟大飞跃。改革开放和社会主义现代化建设深入推进，实现中华民族伟大复兴进入了不可逆转的历史进程。"这就是时代大势。我们面临的新时代，既是近代以来中华民族发展的最好时代，也是实现中华民族伟大复兴的最关键时代。在这个百年未有之大变局的时代，为实现中华民族伟大复兴的中国梦而奋斗，是同学们人生难得的际遇。大家应倍加珍惜，做新时代的奋斗者和追梦人。

二是要读懂时代声音，就是要把握时代主题、时代问题和时代课题。马克思说："问题就是时代的声音。"习近平总书记指出："每个时代总有属于它自己的问题，只要科学地认识、准确地把握、正确地解决这些问题，就能够把我们的社会不断推向前进。"新时代，建设社会主义现代化强国和实现中华民族伟大复兴的时代课题已经摆在我们面前，时代呼唤我们成为中国特色社会主义事业的建设者和接班人，成为担当民族复兴大任的时代新人，这就是时代的声音。同学们要立志为社会主义现代化强国建设和中华民族伟大复兴而刻苦学习、努力奋斗。

三是要读懂时代责任，就是要牢记初心使命。中国共产党的初心使命是：为中国人民谋幸福，为中华民族谋复兴。教育的初心使命是：为党育人、为国育才。同学们要深刻领会党的初心使命和教育的初心使命。在党的二十大报告中，习近平总书记强调："青年强，则国家强。当代中国青年生逢其时，施展才干的舞台无比广阔，实现梦想的前景无比光明。"我们要响应总书记的号召，切实担当起强国的时代责任。从自我做起，从现在做起。同学们正处在学习的黄金时期，学习是大家的首要任务。希望大家珍惜宝贵时光，正如云大校歌所言，努力求知，努力求新，努力求真，用知识改变自我，贡献社会。

习近平总书记强调：时代是出卷人，我们是答卷人，人民是阅卷人。每个时代都有它的时代之问，身处这样一个伟大的时代，同学们一定要深刻理解并回答好时代之问。

四是要读懂时代精神，就是要传承和弘扬好我们党伟大的精神谱系和优秀品质，不断赋予其新的时代内涵，并从中获得巨大精神动力。中国共产党人从一成立起，就形成了"坚持真理、坚守理想，践行初心、担当使命，不怕牺牲、英勇斗争，对党忠诚、不负人民"伟大的建党精神，这是我们的力量源泉，我们要传承和弘扬好这一伟大精神。同时，要坚持守正创新、改革创新，在新的历史时期踔厉奋发、勇毅前行，展现新时代青年人的精神风貌，做出新时代青年应有的贡献。

五是要读懂时代要求，就是要把握好党需要我们做什么和如何做。在党的二十大报告中，习近平总书记指出："广大青年要坚定不移听党话、跟党走，怀抱梦想又脚踏实地，敢想敢为又善作善成，立志做有理想、敢担当、能吃苦、肯奋斗的新时代好青年，让青春在全面建设社会主义现代化国家的火热实践中绽放绚丽之花。"这是总书记的殷殷期待，也是时代的要求。我们要把时代要求落实到每个人的思想和行动之中。

历史是一条奔流不息的大河，生生不息。时代体现着历史，历史塑造着时代，这是人类社会的规律。今天这个时代，是一个快速发展的变化时代，各种新问题、新情况、新现象层出不穷。大家要保持对新生事物的敏感性，但不可一味追求时髦。"时代"与"时髦"一字之差，但内涵和意义却完全不同。一味追求时髦容易迷失自己。我们要增强透过现象把握事物发展本质的能力，不为时髦所困，始终把握时代前进主流，做时代发展的坚定者、奋进者、搏击者。

二、读懂社会

有人说：社会本身就是一所大学。这句话很有道理。那么，社会就是一所大学的含义究竟是什么？这所大学与我们现在所上的云南大学究竟有什么区别和联系？大家便不能不思考这些问题。

如何理解"社会本身就是一所大学"呢？这句话内涵十

分丰富，不同的人可以从不同的角度去理解。从教育的角度去看，我认为它至少包含这样几个方面。一是强调教育的目的。这就是洞悉世事，学会做人。古人云："世事洞明皆学问，人情练达即文章。"二是强调教育的社会性。这就是告诫我们，人永远不可能也不可以脱离于社会。我们要融入社会、立身社会、贡献社会。三是强调教育的实践性。我们要在融入社会中去检验所学所思，在社会实践中去开阔眼界，在社会实践中去历练人生，在社会实践中去获得动力。正是在这个意义上，教育即生活。

那么，如何读好社会这所大学呢？第一，要将认识社会和理解社会作为必修课。哈佛大学校长德鲁·吉尔平·福斯特说：走出去了解整个世界是孩子们的必修课。请大家注意，这是必修课，而不是选修课，而且是一定要学好的必修课。这门课修得如何，对我们的人生影响很大。第二，要根据社会现实需要完善我们的学习计划。我们在大学里的学习，并非机械式的学习，即安排你学什么，你就机械地去做，而是要通过我们对社会的准确理解，弄清楚我们到底要学什么以及如何去学。第三，树牢走向社会的意识。我们虽然生活在校园之中，但我们不能封闭在校园之中。要随时了解社会、思考社会，将社会生活作为人生最为厚重的哲学之书来阅读。在这方面，近些年来，为推动师生走出校园，走向社会，我校实施了"理解中国"育人计划并正在推进融合教育，希望同学们积极参与。第四，要善于向人民群众请教和学习。广大人民群众中蕴含无穷智慧和力量。我们虽然是大学生，但是要甘当小学生，向各方面学习。

接下来谈谈，我们要从社会这所大学读懂什么？

一是读懂生命意义。很多人经常将生命意义看成一个哲学问题或宗教问题，而实际上，从读懂社会的角度而言，更应将其作为一个社会现实问题看待。作为社会现实问题看待，生命就是一种存在，而且不仅是个体存在，更重要的是一种社会存在。因此，读懂生命的意义，就是要敬畏生命，珍惜生命。更为重要的是，要通过生命创造美好，赋予生命以社会价值和社会意义，让地球因生命而充满生机、世界因生命而幸福和谐、人类因生命而赓续不断。还要进一步强调的是，我们每个人都要注意自我灵魂世界的净化和修为，生命因灵魂而伟大，生命因灵魂而更具有社会意义。所以，育人必先铸魂。

二是读懂人生哲理。社会充满着人生哲理，人生哲理给人以智慧和启迪。人生哲理既包括人生的经验教训，更有看待事物的观念态度，还有处人为事之道，涉及人与人、人与社会、人与自然等众多方面。对我们而言，要努力做到：一是理性看待事物和问题，求真求实；二是尊重规律，按规律办事；三是向上向善，让人生在平凡中彰显不凡。

三是读懂社会责任。社会是个人成长发展的大舞台，社会既给我们每个人的发展带来了机遇，也带来挑战，更注入了动力。社会的运行就如一部万千精密部件组成的大机器的运行，在这部大机器中，每一个人都是一个重要部件，起着重要作用。只有每一个部件都发挥出作用，整部大机器的运行才会越来越快越来越好。因此，每位青年学子都要向雷锋同志学习，当好革命的一颗螺丝钉。读懂社会责任，就是要树立螺丝钉意识，发扬螺丝钉精神，当好一颗合格的螺丝钉。不论什么时候、什么岗位，都做到知责于心、担责于肩、履职尽责。

四是读懂前行目标。每个人最重要的就是要有明确而有意义的前进目标，并且瞄准这个目标不断努力。表面上看，我们的前行目标是自己确定的，而实际上，人们是依据社会的发展和客观条件，经过思考而确定的。所以，社会是我们人生前行目标的源头。个人前行目标不能脱离社会发展方向，社会的需要、时代的需要就是我们前行的目标。每一位青年人，都应有这样的思想和境界。

三、读懂人生

人生是什么？人生是一个朴实而深刻的字眼；是一段为自己而创造的过程；是一个个让自己发光发热的瞬间；是一本深沉而厚重的书。人生这本书，你既是作者也是读者，无论你愿意与否，你都需要书写，都需要阅读。因此，读懂人生实为我们每个人面对的大问题。当然，要读懂人生，必须深刻理解人生。那么，怎样理解人生？我想，至少应该注意人生所具有的这些特性。

（一）人生的方向性

人生是有方向的。没有方向的人生是迷茫的。荷马史诗《奥德赛》中有一句至理名言："没有比漫无目的地徘徊更令人无法忍受的了。"无论你多么意气风发，无论你多么足智多谋，无论你多么勤勉努力，如果没有一个正确的方向，你就会迷失自我，就会走上弯路甚至歧路。作为青年学子，大家正处在人生最重要的十字路口，选择正确的人生方向，决定你未来要走的路，决定了你能走多远，走到哪里。

习近平总书记告诫我们：要系好人生第一粒扣子。这就是人生的方向问题。每一代人都有一代人的际遇，都有一代人的责任。只有融入时代，才能选择正确的人生方向。当前，我国发展进入了新的历史方位，中国特色社会主义进入了新时代。面对世界百年未有之大变局，把好自己的人生方向十分重要。我们要坚定不移听党话、跟党走，立志做中国特色社会主义事业的合格接班人和堪当民族复兴大任的时代新人。这就是我们的人生方向。

（二）人生的丰富性

人生是丰富多彩的。只有丰富多彩的人生才是精彩的人生。人生如果一成不变，不愿尝试、不愿挑战、不愿创新，那人生必然将变成乏善可陈、简单重复的过程。

人生的丰富性在于我们热爱生活。因为，生活是五彩斑斓的，而且没有彩排，只有直播。人生的丰富性在于我们承认多样性和尊重差异，以更加开放和包容的心态去看待世间万事万物。人生的丰富性在于人间真情和无疆大爱。无论是工作还是生活，多一分真情和关爱，就会多一分温暖和感动。古语说："众人拾柴火焰高。"先贤言："智者抬人，愚者互踩。"人生本来多姿多彩，是因为我们没有正确处理好而变得单调乏味。

（三）人生的实践性

人生贵在实践。人的一生就是一个不断实践的过程。我们知道，很小的孩子不会言语，面对陌生的世界，只能用眼睛去看、用手去触摸、用嘴去感知、用身体去尝试，这就是人类最本能的一种实践。正是这种不停地实践与尝试，我们知道了饥饱冷暖、知道了酸甜苦辣、知道了得失对错，从而长大成人。实践本质上就是一个学习的过程，而且是检验和思考学习的必经阶段。没有实践，人生梦想就会成为海市蜃楼。

实践更是提升人生体验的必然要求。因为，人生要通过实践的历练，才能开阔眼界、提升思维。孟子在《生于忧患，死于安乐》中讲道："天将降大任于斯人也，必先苦其心志，劳其筋骨，饿其体肤，空乏其身，行拂乱其所为，所以动心忍性，曾益其所不能。"通观古今，大凡成功人士，必是勇于实践之人。可以说，人生需要历练，历练才能使人成长，历练铺就成功之路。

要读懂人生，还有几个问题很重要。一是要不断赋予人生社会意义。人是具有社会属性的，人首先是一个社会的人。一个人的人生是否有意义，根本上就是要看他对社会做出了什么贡献，能否为社会所接受并认可，这就要求我们要不断地赋予人生社会意义。二是要把握好人生的主动权。人生的道路是自己走出来的，人生充满了选择，选择权始终属于自己。面对选择时，我们不禁会衡量自己：想干什么？能干什么？会干什么？选择不一样决定前途和命运不一样，放弃自己的选择权就放弃了人生。在选择人生道路时，我们不能脱离时代发展，不能脱离社会现实，不能脱离自身实际。三是珍惜时光。人生就是在与时间赛跑。时光对每个人都是公平的。但是有的人能够把有限的时间变得充满无限可能，有的人却只会虚度光阴。某种程度上，珍惜时间就是珍惜人生。四是正确面对逆境与顺境。人生当中并非一帆风顺，都不可避免地面对逆境。逆境往往能够激发一个人的斗志，使人在顽强拼搏中坚持下来。但是身处顺境而初心不改、矢志不渝地努力奋斗更不容易。因为当一个人处在顺境的时候，机会太多，受到的诱惑太多，有可能迷失自我。我的导师李埏先生曾对我说，能在顺境中坚持下来的人，才是真正的了不起。因此，我们既要不怕逆境迎难而上，更要理性看待顺境泰然处之，这才是人生之道。

四、读懂自我

托克维尔说："人生的最终价值在于觉醒和思考的能力，而不止在于生存。"自己是谁？这个问题看起来不成为问题，但却是最难回答的问题。其实，我们很多人最不了解的就是自己，最读不懂的也是自己。很多人往往忙着去读别人，批评别人，但就是忘记了批评自己，读懂自己。读懂自己最重要的就是要内省，古人早就强调内省的重要性。孟子强调："君子深造之以道，欲其自得之也。自得之，则居之安；居之安，则资之深；资之深，则取之左右逢其源。故君子欲其自得之也。"这就是提醒人们，要反思自我，反思自我就是进步，就是成长。我个人以为，读懂自己，要从以下三个方面来思考。

（一）认识自我

教育的目的就是发现人和塑造人。发现人，认识自我非常重要。认识的制高点是自我认识。从哲学层面讲，自我认识就是主观自我对客观自我的认识和评价，这既是人对自己及其外界关系的认识，也是认识自己和对待自己的统一。从实践层面讲，认识自我是一个艰难而又曲折的过程，只有在经历人生的过程中反思人生，才能找到自我和认识自我。认识自我既是非常关键，又绝非易事。古人说："人贵有自知之明。"一个"贵"字，道尽了自知之不易。

那么，如何认识自我呢？科学哲学家卡尔·波普尔曾经说过："任何时候我们都是自己认识框架的囚徒。"换言之，任何人都会形成思维定式，而一旦形成思维定式又不注重改进自己的思维方式的话，我们就把自己束缚起来了。所以，人与人最大的差别在于思维方式。从这个意义上而言，打破自我思维定式，是认识自我的关键。这也就是说，认识自我需要提升我们的自我认知能力。而要提升自我认知能力，一是需要丰富的知识。哲人一再告诫我们：知道得越多，越能发现自己的无知。这其中，特别要尊重常识，常识并不是简单的知识，而是基本的道理和丰富的经验。二是要有勇于自我革命的意识和精神。一位哲人曾经说过：世界上最难和最容易的事是什么？答案就是，最难的事是认识自己，最容易的事是指责别人。这句话颇为值得深思。

在实际生活中，认识自我至少还包含两个方面的认识：一是既正确、全面认识自己的特点和长处，树立信心，又客观、准确认识自己的不足和劣势，补短求新；二是正确认识自我与社会、个人与集体的关系。每个人都身处在一个集体或社会之中，认识自我首先要把自己置身于一个集体中去，明确地知道个人的成长离不开集体，自我的人生价值主要在于对社会的贡献。《论语》中言："吾日三省吾身。"只要善于不断反思和总结，人们一定能够认识自我。

（二）完善自我

完善自我就是改造自我。人都是有缺点的。正视缺点、改正缺点就是自我完善的过程。我们都熟悉著名的水桶理论，一个桶最终能装多少水，不是由最长的那块板子决定，而是由最短的那块板子决定。发现自己的短板在哪里，是完善自我的开始。所谓的补齐短板，就是弥补自己的缺点，提升自己的能力素质水平，从而支撑起人生达到新的高度。因此，我们要学会反思，通过反思找出自己的差距和不足，努力去改正，才能达到一个新的境界，成就一个更完善的自我。哈佛大学有一段著名的语录："你改变不了环境，但你可以改变自己；你改变不了事实，但你可以改变态度；你改变不了过去，但你可以改变现在；你不能控制他人，但你可以掌握自己；你不能预知明天，但可以把握今天；你不可能样样顺利，但可以事事尽心；你不能延伸生命的长度，但可以决定生命的宽度。"

时代在发展，社会在进步，自我完善也需要不断发展。对自我的反思不是静止和一成不变的，需要用动态的思维和发展的观点来审视自己。人生总是处在不同的阶段、不同的环境，需要从不同的角度来衡量自己、要求自己、提高自己。反思自己切忌以自我为中心，要学会多角度看待问题和换位思考，反思才会有意义。同时，要清楚地知道自己的缺点和不足仅仅依靠自己是不够的。唐太宗李世民曾说："以铜为镜，可正衣冠；以人为镜，可知得失。"我们要善于沟通交流、善于借鉴学习，进而完善自己。

（三）超越自我

人生中最大的敌人不是别人，而是自己。人生重在超越，超越就是进步。自我往往很容易满足，从而归于平凡。平凡与成功之间的差距就在于对自我的超越。体育竞赛中最强调超越精神，一个世界纪录被打破通常就是在原有基础上的几秒钟或者几厘米的差距，但恰恰就是这么一个微小的变化，成就了世界冠军。唯有超越自我，才会不断达到新高度。超越自我是一个源于自我，却又追求不同于自我的艰难挑战，是对自己的否定之否定，是人生的一次次出发再出发。国画大师张大千曾说过一句话："山至高处人为峰。"

超越自我，首先要克服自我满足的心理。活了98岁的英国哲学家罗素说："人不能生活在回忆当中，不能生活在对美好往昔的怀念或对去世友人的哀念之中，一个人应当把心思放在未来，放到需要自己去做点什么事情上。"所以，人不能满足于过去的成绩，而应该面向未来，未来实在广阔，让人奋进不止。

超越自我还要有求新的意识。求新就是求变。今天这个时代，是一个创新的时代，创新重在超越。在此时代背景下，以求新实现自我超越显得更加重要。这里的"新"，主要是指新变化、新高度。只要我们每天都有新变化，不断达到新高度，那么，我们就一定会实现对自我的超越。

超越自我更重要的是脚踏实地从自我做起。对于每件事，都要认真对待，不马虎应付，从一点一滴做起，积跬步以至千里。超越自我，就是自我奋斗，要在奋斗中超越。

五、读懂学习

习近平总书记反复强调："我们党依靠学习走到今天，也必将依靠学习走向未来。"今天的社会是一个学习型社会，是一个人人都需要终身学习的社会。学习不仅对于国家和民族非常重要，对于我们每一个人来说，也非常重要。这充分说明了学习的极端重要性。对于个人来说，身处这样一个时代，学习已经融入了我们每一个人的生活、工作和成长之中，读懂学习是人生重要课题。

狭义地说，学习就是我们获取知识的行为，是大家通过内因、外因的交互作用来传授已知、开掘新知、探索未知的过程。同学们来到大学，就是来读书和学习的，但知识的学习并不是大学教育的全部内容。曾任耶鲁大学校长20年之久的理查德·莱文曾说："真正的教育不传授任何知识和技能，却能令人胜任任何学科和职业，这才是真正的教育。"所以，我们要真正读懂学习的内涵。

（一）学习是一种人生态度

联合国教科文组织的埃德加·富尔说："今天的文盲已不再是那些不识字的人，而是那些不懂得如何学习的人。"学习贯穿每一个人人生的全过程。如何看待学习是如何看待人生的重要问题。学习的人生就是充实的人生、发展的人生。只有通过学习，我们的人生才能更加丰富和更加充实，个人的人生才能与单位、与社会有机地融为一体。可以说，学习是个人融入单位和社会的渠道与桥梁。因此，每一个人都必须认真对待学习，牢固树立学习的意识。人生的变化，就是从学习开始的。只要有学习的意识，每天都会增加新知识，自己就会感觉到每天都在变化和进步，这就是人的成长与发展。这样说来，只要始终抱着化被动为主动、化消极为积极的学习态度，学习就会内化成为自身的需要，而不是外在的要求和驱使。因此，我们说，学习是人生态度。

（二）学习是一种生活方式

学习改变生活，生活因学习而更美好，所以，学习必然成为生活的重要组成部分，只不过是，我们每个人的认识程度不同而已。让学习成为一种生活方式，首先，要将学习作为生活中的大事、要事加以看待和安排；其次，要在生活中体悟学习，养成经常学习、处处学习的行为与习惯；再次，要将学习作为一种人生历练，历练品德、历练思想、历练行为，学会处人为世，学会经世之道。常言道：机会是留给有准备的人。这种准备，今天来说，主要就是学习的准备。

（三）学习是一种创新创造

当今时代，唯创新者进，唯创新者强。创新创造非常重要。如何创新创造？首先是学习。因为，学习是创新创造的基础和关键。当前，国家正在全面建设创新型社会。创新型社会与学习型社会是紧密地联系在一起的，是一个事物的两个方面。没有学习型社会也就不可能有创新型社会，创新型社会必然要求建设学习型社会。我曾多次讲过，延安时期是我们党历史上的一个创新高峰。这是一个全民创新的时代，人人创新的社会。这个时期，我们党把精深的理论创新转化为生动的实践创造，极大地推动了中国革命。何以如此？有一点是至为明显的。当时的延安社会，就是学习型社会。党中央号召大兴学习之风，学习风气非常浓厚。学习孕育了创新，学习成就了创造。由此可见，大家要整体把握和理解好学习与创新创造的关系。

为此，我们要抓好学习：

一是要做到勤于学。首先，要勤于挤时间。争取把各种零碎时间充分利用起来，每天都挤出一定时间来学习。其次，要坚持不懈。学习不可能毕其功于一役，要长期坚持，时时学、天天学，努力做到常学常新。再次，要刻苦勤学。学习历来不是一件轻松的事情。常言道："书山有路勤为径，学海无涯苦作舟。"要真正学有所得、学有所成，需要花大气力、下苦功夫。同时，要抛开功利、摒弃浮躁、锲而不舍、持之以恒。这样，我们必会学有所获、学有所成。

二是要做到善于学。学习要有方向、有重点、有计划。学什么、怎么学是每位同学要认真思考的问题。习近平总书记指出："没有正确方向，不仅学不到有益的知识，还很容易被一些天花乱坠、脱离实际甚至荒唐可笑、极其错误的东西所迷惑、所俘虏。"同学们要学会向书本学习，向实践学习，向他人学习。教育的目的是发现人和塑造人。我们要通过学习来发现自我、塑造自我。

三是要做到精于学。知识的海洋浩瀚无边，任何人穷其一生也不可能学尽所有的知识，一定要精于学。学习重在学懂弄通。我们要学深学透，不能心浮气躁、浅尝辄止、不求甚解。要正确处理好博和精的关系，一方面要学有所专，另一方面又要广博通达。读书为学，既要广博，又要专约，二者缺一不可。读书和研究都要有中心，广博是围绕着中心的广博，要围绕中心做到精深，要立足精深做到触类旁通。

这里，我还想就学习中的几个关键问题再作进一步强调：

一是要充分发挥自我的主体性作用。现在的社会是一个全民终身学习的社会，同学们是学习的主体，大家一定要树立自主式学习的观念。我们不能仅满足于被动地接受知识，被动地学习，而一定要发挥好自己的主观能动性，变"要我学"为"我要学"。大家要制订好自己的学习计划，通过学习，真正构建起自己完善的知识体系。这里，有一个如何看待自己专业的问题。我们都是在特定的学科和专业下开展知识的学习，但知识是有体系的，只有形成体系性的知识而非支离破碎的知识，才能最大程度地发挥它的作用。因此，同学们一定要不断反思、总结自己的知识体系还有哪些不足与缺陷，要通过学习构建起完善的知识体系。比如，我是学习和研究中国经济史的，但是却花了大量的时间去学习世界史，大量阅读欧洲经济史方面的研究著作。这样的知识体系，有助于我们站得更高、看得更远。

二是要高度重视并广泛阅读。书籍是人类进步的阶梯，阅读就是与智者对话、与大师对话、与历史对话、与未来对话。把握好这几点，你才能真正体会到阅读的作用。大家要通过阅读增加知识储备、开阔眼界思维、启迪心智。现在，同学们在学校里面学习，还觉察不到这些问题的重要性，毕业后进入社会面对具体问题时，往往会出现知识储备不够、思维能力跟不上、解决实际问题的能力不足等情况，这是我们很多毕业同学的普遍反映。所以，同学们一定要多读书、读好书。在读书过程中增加我们的知识储备，提升我们的思维能力和解决问题的能力。古人说："读书百遍，其义自见。"我们常讲：厚积薄发。什么叫厚积薄发？书读多了自然就会形成厚积薄发。阅读达到一定的量，自然会打开一个新的世界，让你上升到一个新的空间。读书少仍然是我们当前面临的一个普遍问题，要让阅读成为大家的学习习惯、生活习惯。因此，希望同学们要有一个自己的阅读计划，多读本学科、本专业和大家普遍认可的经典书籍。要是在四年的时间里，连本学科、本专业的经典书籍都没读过，以后的发展肯定会存在问题。但只读专业书也是不够的，特别是当今这个时代，科技革命迅猛发展，知识信息呈大爆炸之势，学习的方式随之改变，阅读显得更加重要。阅读之所以重要，正如前面所说：阅读就是一种对话。首先，阅读是与先哲的对话。先哲在书中已经告诉我们经验，给予我们启示。其次，阅读是与未来的对话。通过阅读，我们能找到走向未来的指路明灯。再次，阅读是与自我的对话。古人强调反省，反省就是与自我的对话。一个人如果不会与自我对话，那就有可能撞到墙壁都不会回头。对话本身就是学习，就是理解，就是启智。所以，无论是学习知识，还是提升思维能力，抑或涵养培育理想信念和道德情操，阅读都显得越来越重要。在我们学校建设一流大学过程中，我提出要推进阅读计划，就是要在全校形成阅读风气，人人都读书、读好书。

三是要着重培养和提升自己的思维能力。很多人经常强调，学会思考非常重要。这说明，决定人能否成功的关键，就是思维。大学阶段，我们每个人更多的是接受专业教育，这远远满足不了人全面发展的需要。我们要重视的是思维能力的培养。我们所学习和接受的知识，大多是按学科划分而形成的相对独立的知识体系。各学科、各专业之所以相通，靠的是思维相通。古人言："触类旁通。"就是强调思维的重要性。因为，思维具有渗透性和延伸性，可以超越已有知识而产生新知和想象。所以，对我们而言，学习的重要目的在于解决思维能力的问题。更为重要的是，学科融合强调培养学生多维度看待问题、分析问题和解决问题的思维能力与问题意识。同样的问题，从不同的角度去看，我们自然会得到不同的认识。多维度看问题，更容易全面认识和把握事物的全貌与本质。学科融合就是培养我们思考问题的整体性和全面性。在学校一流大学建设方案中，我们已将学生培养的重点从过去的知识传授转向三大能力的培养，即思维能力、认知能力、学习能力的培养。大家要加强这三大能力的提升。

四是要锻炼和培养自己的创造力。何谓创造力？美国科学院院士、创新理论的权威 Richard Foster 教授指出："创造力源于好奇心，是指能够连接过去从未被连接的观念、想法。"也就是说，创造力是知识、潜力、能力、品质等多种因素的结合，是一种吐故纳新的能力，能够承接过去，开拓未来。我们不难得出结论，创造力既基于知识，又高于知识。爱因斯坦说："创造力比知识更为重要。知识有局限，但创造力却可以穿越宇宙。"面对当今世界百年未有之大变局，迎接未来挑战，迫切需要我们具有这样的创造力。

五是要特别注重知识的转化和运用。知识不等于能力与素质，但可以转化为能力与素质。如何转化？最重要的就是实践，在于应用。中国有句古话："纸上得来终觉浅，绝知此事要躬行。"学了知识最主要的就是运用。朱熹说："为学之实，固在践履。苟徒知而不行，诚与不学无异。"要坚持问题导向，带着问题学，在学中解决问题，不断提高分析问题和解决问题的能力。学习的关键在于转化。只有实现了转化，我们才会更加深切地感受到知识的力量，也才会使知识像滚雪球一样，越滚越大。马克思说：劳动创造人。这就是说，人是在劳动的过程中创造出来和发展起来的。"实践出真知。"这句话强调的也是人要通过干事创业，才能增加新知新见，才能有成长进步。这是普遍的规律，也是我们应该记住的基本常识。所以，大家一定要在转化上下功夫。

当今世界正处于百年未有之大变局中。身处这样的大变局时代，一定要超前识变、积极应变、主动求变。如何应对这个大变局？最主要就是要靠读书、靠学习。作为新时代大学生，一定要高度重视读书和学习的问题。习近平总书记对青年学生寄予了厚望，他反复强调："学习是立身做人的永恒主题，也是报国为民的重要基础，梦想从学习开始、事业从实践起步。"作为新时代的大学生，我们要将学习作为终生课题，通过学习来增强本领、报效社会。

（本文写于2019年9月，后经过多次修改成稿并作专题报告）

谈对待知识的态度

　　大学是同学们学习知识的黄金时期。大学生的主要任务就是学习。因为人的成长是分阶段的，在每个特定阶段就应该干好这个阶段的事。如果没有干好每个阶段的事，我们的人生上就会留下一些空白。当然，现在是终身学习型的社会。虽然你可以先去干点别的事情，然后再来学习。但是，人的成长总是遵循着基本的规律，是有成长的阶段或成长的周期的。只有在每个周期把应该干的事情最大限度地干好，我们的每一步发展才会有坚实的基础。大学阶段的主要任务就是学习，我们一定要树立学习的意识，加强学习。习近平总书记强调："善于学习就是善于进步。"我们要珍惜时间，就像云大校歌当中所讲的，要珍惜时间，发奋学习，努力求知，努力求真，努力求新，用知识改变自己，用知识贡献社会。

　　在这里，我想给大家谈一下对待知识的态度。

第一，任何知识本质上都是人类文明与智慧的结晶，并没有高低贵贱之分

经常有家长和学生问我："读大学什么专业最好？"我每次都告诉他们："你感兴趣的专业就是最好的专业。"为什么这样说？就是因为，知识本质上都是人类文明与智慧的结晶。我们现在所说的物理学、数学、化学等各学科、专业的知识划分都是近代工业革命以来的产物。因为工业革命以来，人类的知识产生的速度太快，出现了知识大爆炸，一个人穷尽所有的精力时间都不可能掌握所有的知识。因此需要把知识进行分类，从而产生了学科和专业。简单地说，学科、专业就是知识的分类。我们今天让任何一个人回答一下孔子是什么专业的，亚里士多德是什么专业的？一定回答不出来。所以，学科或专业只是为了教育的需要产生的知识分类。知识本质上就是人类文明与智慧的结晶，没有高低贵贱之分。

第二，从来就没有无用的知识，只有我们掌握不了和不能为我们所用的知识

我是学历史的，曾经一度，不少人认为学历史无用，是"屠龙之术"。但培根说：读史使人明智。既然别人可以明智，而我们自己不能明智。看来，我们用不好，这不是知识本身的问题，而是我们自己的问题。应该说，作为人类文明

与智慧的结晶，从来就没有无用的知识。所以，我们要善于反思自我，为什么掌握不了这个知识？到底是知识的问题，还是自己的问题。如果把自己的问题当成知识本身的问题，那就永远起不到好的效果。

第三，知识如同矛盾一样，无时不在、无处不在，知识就在我们身边

通观人类进步与发展，知识永远与我们相伴。所以，我们要牢固树立随时随地都能增益新知新见的观念意识，不断增强学习的主动性，始终不断保持获取知识的能力，每天增加新的知识。要做学习知识的有心人，随时向老师学、向书本学、向他人学、向社会学，随时随地学习知识、积累知识。哪怕是开一个与己无关的会议，都要仔细去琢磨，今天这个会要解决什么问题？这个问题难不难？假如叫我主持，我怎么把所有人引导到我的思路上，把这个问题解决好。只要有这个意识，每天都在学习。到了你真正遇到这样的事，处理就十有八九不会差。有一天，我去开一个会，会议内容实在与我无关。但是我翻看参会人员名单，发现有一个人的姓我从来没见过，不会读。我就集中精力，当主持人介绍这个人情况的时候，我就仔细听听这个字怎么念，最后我就会念了。所以，我说今天我又增加的一个新的知识就是这个字。只要这样，我们每天的知识就都在增加。只要每天能增加新知新见，人的能力就会逐渐累积起来。我考大学之前没学过英语，高考录取后，我的英语成绩在全班72名同学中排

倒数第二名。我一看麻烦大了，于是买来了中学英语语法手册，一遍一遍地反复看，每一遍都做读书笔记，这样，我的英语语法就学得很规范。同时，为了增加单词量，我每天在十个手指头上用红笔各写一个单词。然后随时站着看一遍、走着看一遍、吃饭看一遍、睡觉之前看一遍……明天再换十个。通过这种方法，我的单词量猛增。到了大学二年级的时候，我们班几乎没有人英语比我好。到了考研究生的时候，我的英语成绩在全校只比一位外语系的同学低两分。当时老师拿了许多托福真题给我们做，我总是会考出一个相当高的分数，就连当时教我们的英语老师都感到惊奇。这件事对我学习知识启发很大，我越来越明白一点，知识就在我们身边，一定要有每天都增益新知新见的意识。只要每天都在增加新知识，我们每天就都在进步。

第四，只有系统的知识才能发挥应有的力量

也就是说，学科是有体系的，知识也是有体系的。这就要求我们在学习过程中注重知识的体系性，要学习系统完备的知识，而不是支离破碎的知识。我们在学习知识的时候要注意，到底每一个学科、每一个专业的系统知识是什么？我们在选课时基础课要学哪些？专业选修课要学哪些？通识课要选哪些？……通过选课和自学，努力构建一个符合自身特点的完善的知识体系。尤其是在今天知识大爆炸的背景下，我们要注重自身知识系统的更新，始终以新的知识丰富自己，始终走在知识的前沿。

第五，要善于不断将知识转化为自身的能力与素质

知识不等于能力与素质，但可以转化为能力与素质。如何转化？最重要的就是实践，在于应用。中国有句古话："纸上得来终觉浅，绝知此事要躬行。"如果我们能够将知识内化为自身的能力与素质，转化为实践的动力，就会感受到知识的力量，我们的知识也才会像滚雪球一样越滚越大。如果我们转化不了，那知识就永远是外在的，过一段时间没有使用就忘记了。所以，我们一定要善于不断将知识转化为自身的能力与素质。

总之，态度决定状态，认识决定行动。只要我们有对待知识的正确态度和科学认识，我们就一定会成为有知识的人，一定会感受到知识的力量，使知识积累的过程变成人的成长进步过程，在知识的增值中实现人的发展。

（本文写于2010年10月，后在多次与学生座谈时有所补充）

世界观与科学研究

世界观的问题是一个核心的大问题，世界观是人们关于客观世界的总看法。大家往往将其作为一个哲学命题看待，很少去认真思考它在我们科学研究中的作用。

其实，世界观与我们每个人的科学研究关系极大，甚至决定着我们研究的方向、路径和成就的大小。世界观是科学研究中实在的要素，并长期起作用，甚至主导和支配着我们的研究。

这样看来，对科学研究而言，世界观所起的作用是持久性的，是潜移默化的，需要我们自觉地加以重视。只有意识到这一点，我们才会感知到它的客观性、实在性，并自觉地用于指导我们的科学研究。

在科学研究中，世界观无疑会影响我们的研究观念，影响着我们研究理论、研究方法的选择和形成，影响着我们学术观点的提出和研究的创新。

在具体研究中，静止与发展、主观与客观、重点与一般、内因与外因等一系列观念性认识，会直接影响我们从什么样的角度、以什么样思维方式去发现问题、分析问题、解决问题。对这些问题的认识不同，认识程度不一，自然，我们对所研究问题的看法就不一样。

世界观还会影响我们每个人对科学研究的认知。有的人将科学研究仅看成是谋生的职业，有的人看成是生活的一部分，有的人看成是生命的重要组成部分。为什么会出现这种差异？这是我们对世界、对人生的不同认识所致。不言而喻，这种认识上的差异，会直接导致我们每个人的研究层次不同、境界不同，进而影响结果的差异。

世界观还影响个人的科学修为。"学海无涯"，科学研究需要不懈的努力与探索，需要科学的精神。目前，学术界存在的学术不端行为，某些人的狂妄自大、武大郎开店等情况，从根本上来说，还是一个世界观和人生观的问题。

所以，我们要重视世界观与科学研究的关系。在科学研究中，需要不断改造世界观并用于指导科学研究。

人是科学研究的主体，也是世界观改造的主体。科学研究也是一项实践，要注重处理好实践与认识的关系。

具体来说，为更好地推动我们的科学研究，需要我们深入思考以下几个问题并自觉融入我们科学研究的全过程：

一、人与客观世界的关系

客观世界总是发展变化的，始终在影响着人们的思维和意识。人是认识客观世界的主体。客观世界的发展和人的自我进步都需要我们自觉不断地去认识客观世界。正是如此，人们需要自身不断地传授已知、开拓新知、探究未知。而这正是科学研究的使命与任务。只有认识这一点，我们才会更加深刻地感受到科学研究的重大意义，更加深刻地感受科学的力量并自觉融入人的思想之中，从而激发人们发挥主观能动性，激发科学精神，激励人们不断开拓新知、探究未知，勇攀科学高峰。对每一位从事科学研究的工作者来说，要努力追求这样的境界，并实现人生与科学研究的完美统一。

二、人与自然的关系

人类生存、生活于自然界之中，人类生产生活的重要目的就是认识自然和改造自然。但是，人类认识自然和改造自然不是任意而为，而是建立在对自然规律认识和把握的基础上，做到人与自然的和谐。科学研究本质上就是一项认识自然和改造自然的活动。这要求我们一定要以认识自然界和客观事物的规律为研究的目标指向。这样，我们的科学研究才更具价值和生命力。这就要求我们每一位科学工作者，除了对自己的专业领域进行深入研究之外，还要下大力气研究学科的学术史和整个科学发展的科学史。只有这样，我们才能准确认识和把握科学的规律和事物的规律。在这个意义上，重视学术史和科学史，是我们科研工作者开展好科学研究的前提，也是我们每个人必须解决好的重大课题。这需要我们认真对待，绝不能忽视。

三、人与社会的关系

人是社会关系的总和，社会性是人最根本的属性。人不能脱离社会而生存。要搞好科学研究，必须全面深入地认识社会。只有充分了解认识现实社会，我们才能真正把握好时代的声音、现实的需要，从而将问题意识、问题导向更好地体现在自己的研究之中，更好地体现出研究的时代性。所以，在我们的科学研究中，我们一定要牢记：现实永远是我们研究的出发点和归宿。我们不能将自己的研究与现实社会隔绝开来，一定要了解社会、认识社会、融入社会。

四、人与人的关系

这是科学研究中需要我们经常注意并处理好的关系。人与人要相互信任、相互尊重，要善于学习别人的长处，时刻自我反省自身不足。只有理解和把握好人与人之间的关系，我们才会处理好继承与创新的新关系，才能在尊重、学习、汲取前人科学成就的基础上不断推陈出新，真正在前人的肩膀上实现突破与创新；只有理解和把握好人与人之间的关系，我们才会处理好个人与团体之间的关系，建立起良好的人际关系，实现团队的有效协作，发挥团队的作用，更好地推进科学研究的开展。

（本文系2015年7月云南省高校党委书记和校长专题研讨班学习总结的一部分）

关于创新的几点认识

创新是民族进步的基石，是时代发展的主题。党的十八届五中全会，将创新摆在五大发展理念之首，明确指出：必须把创新摆在国家发展全局的核心位置，不断推进理论创新、制度创新、科技创新、文化创新等各方面创新，让创新贯穿党和国家一切工作，让创新在全社会蔚然成风。毫无疑问，要推进创新，需要我们对创新问题进行深入认识、全面把握。兹对下列三个问题略谈管见。

一、关于创新驱动

纵观中外，人类发展历程中的创新，主要有经验主导型创新和科学主导型创新。这两类创新都对人类社会的发展产生了巨大的影响。

中国古代曾有很多科技发明，其中最为引人注目的当数四大发明。这些发明，曾使中国科技长期在世界处于领先地位。分析这些发明的源起及过程，它们多是在生产劳动实践过程中，经人们反复摸索总结，最终被创新出来并被广泛运用于生产、生活之中。它们以生产生活需要为导向，以经验总结为主要方式，可将其概括为经验主导型创新。

这一类创新，一方面与经济社会的发育程度密切相关，但另一方面，与人口的规模也有很高联系度。因为，人越多，生产活动就越频繁，劳动规模也越大，技术活动重复的次数就越多，因而技术被总结出来的几率就越高，创新程度也相应较大。特别是在科技革命发生前的古代社会，这种特征尤为明显。

近代科技革命以来，科学技术进步日新月异，科学主导型创新越发重要。我们可以看到，一些国家和地区，人口并不多，但因科学发达，创新能力非常强。例如，以色列就是这样。在此背景下，创新大国往往并不是人口大国，而是科学大国。这充分说明了科学对一国创新能力的决定作用。

与经验主导型创新相比，科学主导型创新基于科学发展的内在规律和科学突破，人们通过科学实验，将创新发现集中验证，大大加快了发明和创新的速度。同时，在科学的规范性、指引性的作用下，创新的程度也越来越高并往往出现重大科学发现。

回顾和总结历史，当前，我国实施创新驱动发展战略，既要重视经验主导型创新，也要重视科学主导型创新，要使这两类创新都要全面推进。这样，才能使全社会创新活力全面迸发。

推进经验主导型创新，就是要面向生产实践第一线，以技术创新为重点，全面提升全社会的技术创新能力，让新技术成为生产进步的重要动力，真正发挥科学技术第一生产力的作用。

推进科学主导型创新，就是要高度关注当今世界科学发展，着力加强基础科学的能力建设，确保我国在基础科学研究领域达到世界前沿水平，努力在重大科学发现上不断实现新突破，占领世界科学制高点。

从某种意义而言，科学主导型创新更加重要。因为，科学的重大发现和突破往往直接决定着技术创新，同时又巨大地影响着人们对自然界的认识以及对人类自身的认识。一个国家也好，一个区域也罢，一定要重视基础科学研究，不断加大投入，努力实现在基础科学研究的若干领域保持先进水平。这是核心竞争力的集中反映。

对于后发赶超的地区而言，要实现后发赶超，关键在科技。基础研究是应用研究的基础。没有基础研究整体水平的提升，应用研究难以持续取得突破。一定要重视并大力推进科学主导型创新。

二、关于理论创新

理论是行动的先导。我们党将马克思主义和中国革命具体实践相结合，实现了一次又一次理论创新。正是这种理论创新，指导中国革命一次又一次走向胜利。理论创新是我们力量的源泉。

创新的过程就是运用已有知识、经验、观念、方法等对事物和事物之间的内在联系不断得出新的认识的过程。从本质上来说，创新就是推陈出新，其最重要的特征就在于超越。也就是说，只要我们在已有认识上有所发现、有所进步，就是创新。所以，理论创新一定要求我们要有新思想、新方法。这是一个认识上的飞跃。

理论创新始于新观点的提出，新认识的发现，但绝不止于此。相比较而言，理论创新的创新程度大，其层次和高度更高。理论创新往往独树一帜，突破大、影响大。

要创新，关键在于有创新的思维。思维具有渗透性、延伸性，可以通过渗透，打通事物的内在联系；可以通过延伸，克服知识的局限性，产生灵感和想象力。在这一过程中，我们要注意经常打破固有观念和思维定式，不断突破固有观念和思维的束缚，真正做到解放思想，开拓创新。不仅如此，对于理论创新而言，要实现大创新，产生大成果，必须有大的思维格局。这种思维格局，诚如我国古代大史学家司马迁所说："究天人之际，通古今之变，成一家之言。"重在"究"，贵在"通"，求其"变"，成其"言"。也就是说，要有贯通古今、把握时代大势、洞悉历史变迁的大思维、大眼界。这对理论创新显得尤为重要。

要做到理论创新，必须寻找并确立起理论基石。任何一种理论，都有其理论基石。马克思主义理论之所以博大精深、焕发勃勃生机，就在于马克思确立了这一理论的两大基石——唯物史观和剩余价值学说。对此，恩格斯做了明确的阐释。这也为我们指明了理论创新的要义所在。

要做到理论创新，必须把握好理论体系这个关键。任何理论都是有体系的，都自成一体。理论的体系性是我们应该注意的大问题。何谓理论体系？具体说来，凡为理论体系都是由一系列具体论断构成。例如，中国特色社会主义理论体系就包括了一系列论断：1.社会主义的本质是发展生产力；2.社会主义以公有制为主体，多种所有制并存；3.我国仍处于社会主义初级阶段……这些都不是一般性观点，而是论断。每个论断都包含有丰富的内涵，具有极大的统摄性和指引性。所以，理论创新，必须着力构建起理论体系。

三、关于创新精神

创新是主体对客体的认识，主体的精神状态对创新过程起着至关重要的作用。社会环境影响着创新主体的认知和行为，但是主体的精神状态也是实在的因素。我们党在延安时期，理论创新进入一个全新的阶段，全社会创新力量全面迸发，这正是主体充分发挥创新精神的必然结果。

从创新主体的角度来讲，要有创新精神，需要有高度的社会责任感。每个个人都是社会中的一部分，其属性最重要的是社会属性，而非自然属性。每个人只有与社会紧密联系，才能充分发挥其价值和作用。只要每个人有高度的社会责任感，就会自觉地将个人的科学研究融入社会，并从社会中汲取源源不断的动力和灵感。

要有创新精神，需要有强烈的时代感。只有准确地把握时代的脉络，融入时代的发展，跟上时代的步伐，才能将主体自我融入时代的进步，才能充分认识规律，尊重规律，并在此基础上提出新的认识、新的观点和新的思想。没有强烈的时代感，科学研究就没有生命力，就不可能真正做到创新。所以说，创新并不是无本之木，无源之水，而是深深地根植于时代的发展之中。

　　要有创新精神，需要有对科学的热爱和执着的追求，真正从思想到行动，充分发挥主观能动性，做到知行合一。正是在这一过程中，创新主体也才能不断得到提高和升华，科学研究才能不断实现创新与突破。

　　（本文写于2016年5月，后刊于《社会主义论坛》2016年第6期）

谈标志性成果

在学界，大家通常会说到一句话：要产出标志性的成果。那么，什么是标志性成果呢？顾名思义，所谓标志性成果，就是集中反映着我们的学术水平和创新程度，标定着学术的高度和创新的高度。这是思维的高度、思想的高度、知识的高度。在今天强调创新的背景下，我们更应注重产出标志性成果，而不是追求科研成果的数量。

通常讲，标志性成果都是经得起时间和历史检验的重大成果。通过检视已有的诸多这样的成果，我们发现，标志性成果主要有三类：

一类是奠基性的成果。这类成果的产生，往往是开辟了学术研究的新领域，有的甚至催生了新的学科的诞生，从而为学术研究奠定新的基础。

一类是转折性的成果。这类成果的产生，往往会引起学术研究或学科发展的某种转向，使学术研究发生新的变化。

一类是里程碑式的成果。这类成果往往集已有研究的大成，将这一问题或这一领域的研究推向了一个新的高度，具有里程碑的意义。

需要说明的是，不论属于上述哪一类，大凡标志性成果，都有这样明显的特点：

一是标志性成果是具有学术创新的成果。创新为学术研究之生命，标志性成果总是提出了新的观点、新的思想，产生了新的知识和技术，有着重大的发现、发明和创造。离开创新，就谈不上标志性成果。

二是标志性成果是具有学术生命力的成果。学术的生命力来源于现实。标志性成果有着明确的问题意识和问题导向，根植于社会和现实之中，解决社会发展中的重大理论和实践问题。学术的生命力来源于思想。标志性成果总是充满着新知新见，充满着思想，以思想启迪着人们。这就是有思想的学术。正因如此，有的学者强调：我们需要有思想的学术和有学术的思想。学术的生命力来源于灵魂。很多标志性成果，往往融入着研究者的生命与价值追求，摒弃了功利的色彩，既体现着人类学术与技术的进步，又体现着人的精神高度。

三是标志性成果是指向学术未来的成果。创新重在超越。标志性成果总是解决了已有的问题，实现了对已有认识的超越。但是，最具价值贡献的成果，还不止于此。有的成果，不唯解决了已有的问题，更为重要的是，在解决已有问题的过程中又提出了新的问题。毫无疑问，这样的成果创新度最大、贡献度最高。因而，这类成果既立足于社会现实重大需求，又指向学术未来，引领我们不断去攀登学术的高峰。

那么，究竟如何才能产出标志性成果呢？有这样几点比较重要：

首先，要有深厚的学术积累。任何重大发现和发明创造，都不会是无源之水、无本之木，一定是建立在深厚的学术积累基础之上的。量变产生质变，这是一条基本的规律。只有学术积累深厚，才能产出标志性成果。我们要全面了解所从事的学术领域的学术史，不断积累相关的知识，努力开阔学术视野，提升研究的思维能力，这正所谓：厚积薄发。

其次，要树牢创新的意识。凡是标志性成果，都是具有创新的成果。创新是人类一项综合性的活动，意识决定行动和结果。创新既有赖于知识又必须超越知识。爱因斯坦曾说："想象力比知识更重要。"他还强调："大学教育的价值不在于记住很多事实，而是训练大脑会思考。"所以，我们要着力训练和培养创新思维，依靠创新思维去打开创新的大门，取得创新的成果。

再次，要关注和回应时代关切。要产出标志性成果，就需要我们面向时代、面向社会，不断增强社会责任感和使命感，立足于时代需要，抓住真问题，下真功夫，做真学问，真正产出经得起时间和时代检验的成果。

第四，要有科学的精神。学术研究既是一种研究实践，也是一种精神境界。大凡有着重大贡献的科学家，在他们身上，都有着强烈的科学精神。没有科学精神和科学追求，难以有大成就。我们要甘于坐冷板凳，心无旁骛，将学术研究作为一种事业和追求，在科学大道上不断求索。这样，我们才能够产生标志性成果。

这里，还有一个问题要稍做说明。当前，我们经常会讲一句话：依托大项目，产出大成果。标志性成果的产生，肯定与大项目有着一定的关联性。但问题在于：我们如何认识大项目。应该说，所谓大项目，并不在于其研究经费之大、参与人数之多、研究范围之广，而在于研究的创新程度之大、贡献之大、影响之大。我们一定要遵循科学研究的规律，经过科学的思考和论证，真正选准大项目，选好大项目。这才是问题的关键所在。

（本文写于2019年12月23日）

谈关键词

在写作学位论文和发表学术论文时，我们往往会被要求列出几个关键词。既然名之为"关键词"，那肯定是因为它起到关键的作用。但是，我们在阅读很多论文时，却会发现，不少人对关键词的问题并没有足够的认识，关键词的概括和提炼并不科学准确。

一般情况下，不少人都是简单地从论文标题中选出几个词组予以列出，以作关键词。这种简单做法，对有的论文标题来说，完全可以做到，但对有的论文标题而言，则就不好办了。我上课时常给同学们举一例：我有一本书标题名为《唐宋社会变革论纲》，请列出关键词。难道我们列"唐宋""社会变革""论纲"这三个关键词吗？显然这是不对的。我所列的关键词是"唐宋""社会变革""富民社会""古代史新体系"。

讲完这个例子之后，我们就可以讲讲什么是关键词？关键词之所以很关键，在于人们可以从关键词上得到重要的学术信息，可以一眼即了解到论文的主旨、观点，以及创新程度等诸多重要信息。

其一，关键词应该清楚表达论文研究和要解决的中心问题是什么。在《唐宋社会变革论纲》中，通过关键词，我们捕捉到的信息无疑是研究唐宋时期的社会变革问题。这是一个学术界长期探讨的老问题，那如何走出新路呢？

其二，关键词应该清楚地反映论文研究的基本思路和主要观点。在《唐宋社会变革论纲》中，我们并不是循着学术界已有的思路去研究唐宋社会变革问题，而是立足于中国古代"富民社会"的形成和发展，去考察唐宋时代中国传统社会的变革，提出重要的学术观点就是，唐宋时的中国社会是一个"富民社会"。

其三，关键词应明确地表达出论文的学术创新与贡献。在《唐宋社会变革论纲》中，这项研究中学术新意就在于，首次提出了"富民社会"的概念，并以"富民社会"为理论基石，重新解构唐宋社会变革，进而重新构建中国古代史的新体系。

当然，关键词要表达的信息还不止这些。它还可以表达研究的背景、研究的范式、研究的方法、研究的时代意义等等。但是，不论我们要表达什么和如何提炼关键词，关键词中应包含强烈的问题意识和学术创新意识，让人一目了然。

所以，关键词并不是简单地从标题中进行词组的抽取，而是需要提炼。关键词要起到关键的作用，一定要做到科学准确。

这里，附带说一下参引文献的问题。在写作学位论文时，我们常常被要求列出参引文献。在这方面，我们同样存在对参引文献重要性认识不足和不规范的问题。

其一，参引文献是学位论文的重要组成部分。很多情况下，人们往往认为参引文献的列出仅仅是研究工作的一个附带要求，或者说，参引文献是论文的附件。其实不然。有经验的研究者，往往会从你所列举的参引文献中，很快觉察到你对学术史的把握、你的学术视野，以及你的研究站位和研究起点等重要学术信息，并据此判定你这项研究的价值。

其二，要注重文献征引的类别。这其中，有的叫"参考文献"，这意味着，你做这项研究时参考过的文献都可以列出；有的叫"参引文献"，这既包括参考过的文献，更主要的是要列出引用文献；有的叫"引用文献"，这主要只列出文中引用过的文献。我们要根据文献征引的类别确定列举的范围，避免所列文献与标识的类别不一致。

其三，要做好文献列举的去粗取精、去伪存真工作。不论是哪一类文献，需要注意的是，参引文献并非列得越多越好。在实际工作中，有的会列尽可能多的文献，以示自己阅读的文献很多，有的会列出尽可能多的文献，以增加论文的字数。其实，这都没必要。有时，文献罗列过多就会导致极为庞杂，大家会认为你对这项研究并没有准确的把握。对于涉及的最基本、最重要的文献，一定要高度重视，在研究的过程中予以认真研读并加以列出。因为，从你列举的文献中，人们可以判断出你的研究基础是否扎实和你的研究是否跟上了学术发展的步伐。

总之，关键词也好，参引文献也好，这些在学术研究中很多人还不太重视的问题，实际上，它的作用很大、很关键，需要我们进一步引起注意，从每一个细节和环节做起，使我们的科学研究更加科学。

（本文写于2014年8月参加教育部历史学科教学指导委员会年会暨全国高校历史系主任联席会议期间）

四

开创新时代中国边疆学学科建设的新局面

党的十八大以来，习近平总书记多次强调历史研究的重要性。在致第二十二届国际历史科学大会的贺信中，他明确指出："历史研究是一切社会科学的基础，承担着'究天人之际，通古今之变'的使命。"①中国历史研究院的成立，是贯彻落实习近平总书记重要讲话和全国哲学社会科学工作座谈会精神的重大举措，必将极大地推动新时代我国历史研究的深入开展。首先，谨对中国历史研究院的成立表示热烈的祝贺！

中国是一个有着悠久历史的统一多民族国家，边疆治理历来是国家治理的重要内容。边疆地区地域辽阔、少数民族聚集、资源禀赋突出、战略地位重要。纵观中国几千年的历史，王朝兴衰与边疆治理紧密相关。习近平总书记强调："治国必先治边。"②在全面建成小康社会、实现中华民族复

---

① 《习近平致第二十二届国际历史科学大会的贺信》，《人民日报》2015年8月24日，第1版。

② 《依法治藏富民兴藏长期建藏　加快西藏全面建成小康社会步伐》，《人民日报》2015年8月26日，第1版。

兴的伟大历史进程中，加强边疆治理显得更加重要。新的形势和新的任务要求我们进一步加强边疆问题的研究。

回顾20世纪中国学术史，可以看到，在一代代学者的努力下，中国边疆研究取得了显著成就，一门新的学科——中国边疆学正在应运而生。当前，进一步加强中国边疆问题的研究，迫切需要着力推进中国边疆学学科建设。中国历史研究院的成立，为中国边疆学学科建设带来了新的机遇，我们要把握新机遇，迎接新挑战，努力开创新时代中国边疆学学科建设的新局面。

开创新时代中国边疆学学科建设的新局面，我们要认真学习贯彻习近平总书记在全国哲学社会科学工作座谈会上的重要讲话，着力推进中国边疆学的学科体系、学术体系和话语体系建设。大力开展学科意义上的边疆研究，以学科统摄和引领边疆研究层次和水平的提升，又以更高层次的实证研究来丰富学科的理论和方法。

第一，要着力推动从边疆史地研究到边疆学建设的转变

近代以来，我国边疆史地的研究形成了三次大的热潮。总体来看，研究的内容越来越广，历史与现实的联系越来越紧密，但始终没有实现由边疆史地研究到边疆学学科建设质的飞跃。这是制约当前学科发展和学术研究的重要因素。从中国边疆史地到中国边疆学的转变，绝不只是研究内容和研究范围的简单扩大，而是研究视野的转向、研究

思维的转变和研究范式的创新。实现这一转变，要在全面总结中国边疆史地研究历程基础上，大力开展学科理论与方法的创新。

第二，要确立起更加科学的历史观

中国边疆学学科建设，要坚持以马克思主义理论为指导，运用辩证唯物主义和历史唯物主义的观点分析和研究问题。在具体的研究工作中，首先，要进一步确立开放的历史观。过去，人们多把边疆地区看成是一个封闭、落后的区域，其实不然。很早以来，中国的边疆地区就是我国联系世界的桥梁与纽带，开放才是其最大的特征。如果要说是封闭的话，那也是在大开放体系下的局部区域、部分民族、一些部落村寨的小封闭，我们要研究的是如何解决"大开放下的小封闭"的问题。以开放的历史观重新看待边疆，我们就会获得对许多问题新的认识。其次，要进一步确立国际的历史观。长期以来，我们单纯地将边疆问题作为内部问题来看待，单向度认识和研究边疆问题。其实，边疆地区作为中国毗邻国外的前沿地带，从来都是受内外因素的双重影响。时至今日，国际因素对边疆地区的影响越来越大，以至于某种程度上，我们可以说，边疆问题就是国际问题。我们研究边疆问题时，要双向度看待边疆问题，要有国际视野，要大力推动边疆研究与国际问题研究的结合。再次，要进一步确立整体的历史观。边疆地区虽然是我国疆域中的一个特殊的地理单元，但切不可就边疆而研究边疆，应将其置于中国历史发展的整体进程中加以把握。在长期的历史进程中，我国的边疆一直处于不断的变化过程之中，这一方面增进了边疆地区的活力，另一方面也使边疆问题更加复杂。在此情况下，不从整体上看待边疆，势必得出不全面的认识。

第三，要推动学科交叉融合发展

边疆问题涉及历史、地理、经济、社会等众多人文社会科学乃至自然科学。中国边疆学本质上就是一门新兴的交叉学科。这里，我们要注意的是，交叉学科和学科交叉并非同一概念。前者主要指特定的学科建设，而后者则是指研究的方法。我们要通过学科交叉，实现边疆研究方法与理论的创新，从而推动中国边疆学这门交叉学科的建设。值得特别指出的是，不论中国边疆学学科体系朝哪个方向发展，但它都是源自边疆史地。也就是说，作为一门新兴的交叉学科，边疆史地研究始终是贯穿中国边疆学学科建设的一根基本主线。我们认为，边疆史地研究是边疆学的源，而不是流。我们要赋予边疆史地研究更加强大的生机与活力，而不是忽视边疆史地的研究。

云南大学是一所地处祖国西南边疆的综合性大学，历来重视边疆问题的研究和中国边疆学学科的建设。近年，我们组织出版了"中国边疆研究丛书"，培养了一批中国边疆学的硕士、博士，开展了构建中国边疆学学科体系的探索，在中国边疆学学科建设上取得了重要进展。但这些工作离形势发展的要求还有很大差距。我们将进一步加强与中国历史研究院的合作，共同谱写中国边疆学学科建设的新篇章。

衷心祝愿中国历史研究院取得辉煌成绩！

（本文系2019年1月3日在新时代中国历史研究座谈会暨中国历史研究院挂牌仪式上的发言，刊于《历史研究》2019年第1期）

共同推进中国边疆问题的研究

今天，学界同仁在这里汇聚一堂，隆重庆祝中国社科院中国边疆史地研究中心成立30周年。这是学界的一件盛事，受邀参加此次盛会，我感到十分荣幸。在此，我谨代表云南大学，对中国边疆史地研究中心成立30周年表示诚挚的祝贺！

中国是一个有着悠久历史的统一多民族国家，广袤的边疆地区是我国统一多民族国家的重要组成部分，历来在国家的经济发展、社会进步和政治稳定中占有十分重要的地位。边疆虽然是国家统治的边缘地带，但在国家的长治久安中却发挥着关键的作用，甚至成为国家存亡的决定性因素。纵观中国几千年的历史，王朝衰落往往最先体现在对边疆控制的萎缩和边疆的动乱上，而王朝的强大则往往与开疆拓土、边境安定繁荣联系在一起。因此，古往今来，历朝历代无不重视边疆问题的研究与边疆治理。历史一再启示我们，边疆问题不仅仅是一个历史问题，更是一个现实问题；不仅仅是一个学术问题，更是关系国家发展与社会稳定的政治问题。近代以来，随着近代国家的出现和边疆问题的凸显，边疆研究日益受到重视，并形成了中国边疆史地的几次大的研究热潮。在这一过程中，一些学者提出了"边政学""边疆学"等概念，极大地推进了边疆问题研究的开展。近年来，随着国际政治局势的变化和对边疆认识的深化，边疆问题再次得到了人们的广泛关注，边疆研究的内涵和外延也发生了深刻的变化。"战略边疆""利益边疆""信息边疆"等说法不断出现，适应时代的需要进一步拓展和深化边疆研究的内容，不仅是学术研究的必然要求，也是中国和平崛起的必然要求。钱伟长先生曾经说过："世界上没有任何一件东西是一成不变的，要注意其发展，要注意其变化，不重视发展和变化，任何一门学问都是不能进步的。"目前，构建一门与时俱进、具有中国特色的边疆学学科体系，在更高的层面和更大的范围上开展中国边疆问题的研究，越来越成为许多学者的共识。

中国社科院作为我国社会科学研究领域最高和最全面的国家级学术机构与综合研究中心，一直是边疆研究的重镇，更是引领边疆研究发展的主要力量。这在1983年中国边疆史地研究中心成立以来表现得尤为突出。中国边疆史地研究中心成立30年来，通过老中青数代学者的努力，不仅充分发挥自身的学科优势和团队优势，始终保持了在国内外边疆研究领域的领先地位，而且极大地推进了边疆学学科的建设和发展，为本学科的学术繁荣，为维护国家统一、民族团结和边疆地区的稳定与发展做出了突出的贡献。在20世纪80年代以来的这次边疆研究热潮中，中国边疆研究领域不仅硕果累累，而且其学术内涵及外延、研究的广度和深度都有了长足的发展，中国社科院中国边疆史地研究中心可以说是功不可没。特别是边疆中心坚持基础研究与应用研究并重的方针，形成了中国近代边界研究、中国古代疆域研究和中国边疆研究史三大研究重心，使得传统的边疆史地研究内涵进一步拓展。同时，中心先后启动了"东北边疆历史与现状系列研究工程""新疆历史与现状综合研究""北部边疆历史与现状综合研究""西南边疆历史与现状综合研究"等重点研究项目，以科研项目作为学科建设与发展的突破口，带动和培育了学术研究新的增长点，其中，对于疆域理论和边疆学学科体系的探讨，在学界起到了引领作用。中心创办的《中国边疆史地研究》等杂志，不仅成为展示边疆研究发展状况的重要窗口，也成为广大研究者进行交流碰撞、促进学科发展的重要平台。可以说，中国边疆史地研究中心成立以来的发展历程，是中国边疆研究不断取得进步的缩影；而中国边疆研究领域取得的累累硕果，也正是边疆史地研究中心同仁30年不懈努力的真实写照。

中国社会科学院中国边疆史地研究中心的30年，是与改革开放和时代同进步的30年。30年来，中国边疆史地研究中心通过全面加强建设，已在学术界树起了中国边疆研究和中国边疆学的旗帜，并发挥了引领作用。

作为我国西南边疆最早建立的综合性大学之一，云南大学也一直重视边疆问题的研究。长期以来，依托特殊的区位优势和资源优势，在方国瑜、尤中等老一辈学者的带领下，云大学人对边疆问题特别是西南边疆问题开展了持续不断地深入研究。在中国社科院边疆史地研究中心的引领下，在边疆史地研究中心各位专家及学界同仁的关心和支持下，通过将区位优势转化为学科优势，再将学科优势转化为人才培养的优势，云南大学边疆问题的研究与人才培养蓬勃发展，积累了深厚的学术基础，并呈现出旺盛的发展潜力。目前，中国边疆研究已经成为云南大学重要的优势和特色学科。研究人员集中分布在教育部重点研究基地"西南边疆少数民族研究中心"、云南省重点研究基地"滇学研究中心"，国际关系研究院，人文学院历史系、公管学院政治系等院系，拥有多个一级学科博士学位授权和博士后流动站，形成了较为完备的科学研究和人才培养机制。通过整合学校优势力量，围绕边疆民族的重大问题集中开展研究。同时，云南大学抓住"211工程"三期建设的契机，设立了"西南边疆史与中国边疆学"重点建设项目，从中国西南边疆史、中国与南亚东南亚关系史与中国边疆学研究三个方面，重点开展了边疆问题的研究和中国边疆学学科体系的探讨，并有计划地开展了整理西南边疆历史文献和档案资料，调查和保存边疆口述史料，翻译和介绍国外学者关于中国西南边疆研究的重要成果等工作。目前已出版有云南大学"中国边疆研究丛书"，正在进行的还有近代西南边疆档案整理和云南通志馆征集各县资料整理汇编等。我们希望通过对边疆资料的整理，为中国的边疆研究培养出更多的人才。在全力推进边疆研究和中国边疆学学科建设的进程中，云南大学义不容辞、责无旁贷地愿意贡献自己的一份力量。

在云南大学中国边疆研究的发展中，中国边疆史地研究中心给予了大力的支持，并在此基础上彼此形成了良好的合作基础。早在1996年，云南大学就与边疆史地研究中心联合组建了"中国边疆历史与社会研究云南工作站"。2006年，云南大学西南边疆少数民族研究中心又与边疆史地研究中心联合举办了第三届中国边疆史地学术研讨会，围绕中国疆域理论相关问题展开了广泛、深入地探讨。2008年，在边疆史地研究中心的推动下，中国边疆学专业在云南大学设立试点，成为云大历史学一级学科之下自主增设的二级学科，并开始招收博士研究生。以此为基础，云南大学先后聘请中国社科院的数位学者成为云南大学博士研究生导师，并举办了多次边疆学高层论坛，中国边疆史地研究中心的学者多次来到云大讲学和学术交流，为云南大学的学科建设和人才培养做出了重要贡献。2012年2月，中国社会科学院与云南省人民政府在京签署了战略合作框架协议书，引入中国社会科学院的智力支持，推进云南省绿色经济强省、民族文化强省和中国面向西南开放重要桥头堡战略的实施，实现云南省科学发展、和谐发展和跨越发展；以此为契机，云南大学与中国边疆史地研究中心的合作进一步深化。2012年10月，中国社科院与云南大学联合主办了"国际化视野下的中国西南边疆：历史与现状"学术研讨会，对我校中国边疆学的学科体系建设和青年人才培养起到了重要的推动作用。在"立足边疆、服务云南、面向南亚东南亚"建设宗旨的指导下，我校与中国社科院中国边疆史地研究中心围绕中国西南边疆研究、中国边疆学研究、南亚东南亚问题研究、中国面向西南开放重要桥头堡建设研究等学术主题，已经构建起科研协作和互惠共赢的学术交流平台，发展了良好的、持久的和稳固的合作关系。在今后的日子里，我们真诚地希望能够与中国边疆史地研究中心，继续本着"紧密合作、优势互补、互利共赢、共同发展"的原则，在国情调研、课题研究、咨询服务、学科建设、人才培养和国内外学术交流等领域开展更深层次的合作。

目前，中国边疆研究方兴未艾，中国边疆学学科体系的建设还任重道远，需要学界同仁的共同努力。中国边疆史地研究中心成立以来的30年，以发展凝聚力量，以实干形成合力，引导和组织学界在推进边疆研究的发展上取得了累累硕果。衷心祝愿中国边疆史地研究中心在今后的发展中再创辉煌，也祝愿中国边疆研究能够在学界同仁的合作努力下发展得越来越好！

（本文系2013年11月14日在首届中国边疆学论坛暨中国边疆史地研究中心成立30周年座谈会上的发言）

中国边疆研究的又一新起点

今天，我们在这里隆重举行中国社会科学院中国边疆研究所更名暨揭牌仪式，这不仅是中国社会科学院边疆研究领域的一件大事，而且是我国边疆研究学术史上的一件大事。它预示着我们的边疆研究迈入了一个开拓创新的新阶段。在此，我谨代表云南大学，对中国边疆研究所更名暨揭牌仪式的举行表示热烈的祝贺！同时，也借此机会，对中国社会科学院长期给予云南大学的关心支持与帮助表示衷心的感谢！

随着全球化进程的加快和我国"一带一路"倡议的实施，边疆研究的战略地位更加凸显，边疆研究前所未有地体现出它的时代性、现代性和国际性。这需要我们以新的视野和新的范式审视和研究边疆。中国边疆史地研究中心更名中国边疆研究所，带给学术界以新的思考、新的启迪。它使我们不由自主地去思考当下边疆研究的学科体系、思维范式等重大问题，同时也使我们进一步去思考边疆学人的社会责任。这些，都必然为我们的边疆研究注入新的活力。

同时，中国边疆史地研究中心更名为中国边疆研究所，更重要的是标志着中国边疆研究国家智库建设的正式启动。中国是一个边疆大国，建设边疆研究国家智库极为重要。当前，我们极为容易地看到科技对世界的改变，对人类的改变。其实，从根本上讲，改变世界的永远是思想。智库的重要性就在于，它出思想、出谋略。尤其是面对当今时代的快速发展、国情世情的扑朔多变，世界的不确定性和未知性已越来越突出地摆在人类面前。因此，人类更需要思想，更需要谋略，更需要我们超前识变，积极应变，主动求变。放眼世界，智库建设已经成为全球治理和国家治理中的重大课题。在此情况下，建设中国边疆研究国家智库应提到战略高度。在过去的三十多年里，中国社科院中国边疆史地研究中心在一批又一批学者的努力下，硕果累累，枝繁叶茂，作为一面旗帜，始终引领着中国的边疆问题研究。希望更名后的中国边疆研究所，组织和协调中国边疆研究的力量，共同肩负起建设中国边疆研究国家智库的责任。我们相信，走向更大舞台的中国边疆研究所，在未来一定会创造出更加辉煌的明天。

云南大学是地处祖国西南边疆的一所综合性大学。边疆研究一直是我们的学术传统和学术重点。在我校开展边疆问题学术研究和推进中国边疆学学科建设的进程中，始终得到中国社科院的关心、支持与帮助。2012年2月，中国社会科学院与云南省人民政府签署了战略合作框架协议，我们进一步加强了与中国边疆史地研究中心全面的合作并取得了一系列成果。今年1月初，习近平总书记考察云南时，对云南提出了新的定位，要把云南建设成为民族团结进步示范区、生态文明排头兵、面向南亚东南亚辐射中心。这给我们的边疆研究提出了新的任务。我们将进一步加强与中国边疆研究所的合作，加强智库建设，着力提升研究水平，共同谱写中国边疆研究的新篇章！

（本文系2015年5月29日在中国社会科学院中国边疆研究所更名暨揭牌仪式上的发言）

云南大学的中国边疆学——基于学科建构的回顾与展望

近年来，国际风云变幻频仍，中国的周边安全面临着严峻的形势与挑战。中国政府适时提出"一带一路"的新丝路计划，重新定位中国的地缘战略。与此同时，新召开的中央民族工作会议指出，要"让各族人民增强对伟大祖国的认同、对中华民族的认同、对中华文化的认同、对中国特色社会主义道路的认同"，即加强四个认同。[①]于是相关机构、研究单位和社会各界纷纷行动起来，调整思路，改弦更张，开展有关国家安全、边疆巩固、"一带一路"的总体规划及路线图、沿边各民族四个认同等问题的研究，气势恢宏，成就显著，钓鱼岛、南海问题、向西开放、走出去、移动边疆、利益边疆、四个认同等概念成为社会热点。

云南地处西南边疆，是中国向西开放的重要节点，同时也是国家稳定发展、西南国防巩固的重要因素。九十多年

---

①马戎：《旗帜不变，稳住阵脚，调整思路，务实改革——对中央民族工作会议的解读》，《民族社会学研究通讯》第172期，第4页，2014年11月30日。

来，由于区位的因素，云南大学一直是中国边疆学研究的重镇之一，取得了丰硕的学术研究成果和调研咨询报告，积累了丰富的资料、经验和深厚的学术传统，在国家有关西南边疆重大战略选择与政策制定中扮演着重要的角色，受到国际学术界的肯定与重视。当前，面对复杂多变的国际局势和国家地缘战略的调整，梳理九十多年来云南大学的中国边疆学研究，总结成就，讨论不足，分析特点，就有了极为重要的学术价值与现实意义。同时，展望未来，就新形势下云南大学的中国边疆学研究提出新的设想、新的规划，以期再现辉煌，重铸经典，推动中国边疆学的学科构建和发展，为新时代的国家安全、边疆发展、民族团结作出不负于时代的贡献。

一、九十多年来云南大学的中国边疆学研究

九十多年来云南大学的中国边疆学研究成就，前辈学者多有论述。有分时代、分阶段讨论的，有分历史、地理、边界、民族等专题讨论的，也有紧紧围绕方国瑜等著名学者讨论的。本文限于篇幅，仅就其荦荦大者，略举数端，以概其全。

（一）私立东陆大学筹设滇边调查部

1923年6月，私立东陆大学校长董泽以"滇省西界西藏，东南界安南，西南界缅甸，缅甸之东南又界暹罗，边务之重要，关系于时局、前途匪浅。而吾滇尤唇齿相依，际此强邻窥伺之秋，设不注重边防，何以攘外而载内"。向省长唐继

尧建议，"以教育之设施，为国家之补救。兹者内维国势，外度藩疆，知非熟探边务，无以开外境之财源；非培养通才，无以施殖边之政策。……拟就东陆大学附设滇边调查部。""本部以探察边徼内情，开浚富源，实行工商政策，抵制外人觎觊，巩固滇边防为宗旨。""分系为四：一曰西藏；二曰缅甸；三曰安南；四曰暹罗。以上各系，从经济、人才、利益及紧急方面观察，以西藏为最要，故拟先办西藏系。"①建议虽未能付诸实行，但是它反映了私立东陆大学对云南在西南国防战略中的重要地位，对云南在涉藏及处理与东南亚诸国关系中的地位和作用，及其在涉藏研究及东南亚研究与治边人才培养中的地位和作用有高度自觉和深刻认识。

（二）方国瑜参加中英会勘滇缅南段未定界

受1934年发生的班洪事件的刺激，时在南京中央研究院学习的滇籍学者方国瑜由国学研究转向边疆研究。"民国二十四年四月九日，我外交部与驻华英吉利国公使，签换照会，重勘悬案三十余年之滇缅南段界务，闻之亦喜亦忧，草成《葫芦王地之今昔》一文载《新亚细亚》月刊九卷五期，《滇缅南段未定界之孟仑》一文载《边事研究》二卷一期，《条约上滇缅南段未定界之地名》一文载《民族杂志》三卷

---

① 《私立东陆大学拟办滇边调查部呈省长意见书》（1923年6月）及附录《东陆大学附设滇边调查部简章》，载刘兴育主编：《云南大学史料丛书·学术卷：1923年—1949年》，云南大学出版社，2010年，第3、4页。

八期，颇多建议。"①此时，中英双方正在交涉界务，议定两国派员并由国际联盟派中立委员会会勘滇缅南段未定界。方先生的文章引起了中国委员尹明德的注意。尹明德希望方国瑜能参加勘界委员会的工作，方国瑜欣然接受了"中英会堪滇缅南段未定界"中国委员随员的职务。为了把边界勘察工作完成好，1935年9月，方国瑜先于勘界委员会的其他人来到昆明，用了一个月左右的时间，查阅政府的有关档案。勘界委员会于1935年10月30日起程，1936年6月20日回到昆明。参加完中英滇缅边界南段界务会议后，方先生更加认识到研究边疆问题对于捍卫祖国边疆、维护国家统一具有紧迫的现实意义。知识分子的爱国良知、社会责任、历史使命促使方先生放弃南京中央研究院优越的学术条件和已取得显著成就的学术课题，毅然决然回到云南昆明，执教于云南大学。②这标志着云南大学边疆研究的开始。

（三）方国瑜、凌纯声等创办《西南边疆》杂志

日本全面侵华后，《禹贡》杂志、《新亚细亚》、《边事研究》等边疆研究的大型刊物或被迫停刊，或被迫转移发行。而在云南所办的刊物中，涉及边疆研究者只有1923年张天放、寸树声发起创办的《曙滇》和1938年5月1日创刊于腾冲的《晨暾》，皆未形成气候，难以满足昆明作为战时学术中心，服务抗战建国的时代需要。这样，在昆明创办一份杂

①方国瑜：《滇西边区考察记·自序》，云南大学西南文化研究室1943年7月印。按：发表时间分别为同年5月1日、6月15日、8月1日。

②林超民：《应对边疆危机的新学科——边政学的兴起与发展》，张波主编《丽江民族研究》第2辑，云南民族出版社，2008年，第88页。

志，作为内迁学者与云南本土学者之间交流、沟通、讨论的学术平台，就显得极为重要。而刊物的创办，需要内迁学者和云南学者中热心边疆研究的人士来积极组织。1938年10月，云南大学方国瑜教授与迁滇的中央研究院史语所研究员凌纯声在昆明创办《西南边疆》，由方国瑜任主编，至1944年6月停刊，共发行十八期。该刊是战时西南边疆研究中最权威的学术刊物。不仅可视为西南边疆研究的资料库，具有重要的史料价值和研究价值，而且还刊登了较多讨论社会现实的文章，具有较为重要的现实意义。[①]

（四）顾颉刚与云南版《益世报·边疆周刊》

1938年12月8日，天津《益世报》在昆明复刊，云南大学教授顾颉刚负责编辑该报副刊之一《边疆周刊》。至顾先生1939年9月初离开云南，共发行了27期，《益世报·边疆周刊》重点关注边疆和民族问题，偏重云南。[②]滇版《益世报·边疆周刊》可视为顾先生所办《禹贡》半月刊在云南的延续。1934年2月，顾先生在北平办《禹贡》半月刊。因受同年夏绥远之行的刺激，顾先生意识到边疆问题的严重，遂在《禹贡》半月刊讨论起边疆问题来，也讨论起民族演进史和文化史来。[③]

1936年9月，燕京大学成立边疆研究会，顾先生当选为

[①]娄贵品：《方国瑜与中国西南边疆研究》，人民出版社，2014年。

[②]王珺：《从〈益世报〉副刊看抗战时期的边疆民族研究》，《东陆学林》第15辑，云南大学出版社，2006年。

[③]顾潮：《顾颉刚先生与〈禹贡〉半月刊》，《中国历史地理论丛》1997年第3期。

理事。同时，燕京大学设立边疆问题研究会，该会以研究讨论及促进边事改善为宗旨，顾先生为核心人物。该会会务分五组，第一组为研究组，理事是冯家昇，研究组又分东北股、西北股、东南股和西南股。西南股由张印堂负责，地域包括云南。[①]1939年6月5日，《益世报·边疆周刊》刊出《我国边疆学之内外研究略史》一文，内容与《禹贡学会研究边疆计划书》、燕京大学边疆问题研究会《本会成立宣言》几乎完全相同，仅就各部分的顺序做了调整。《我国边疆学之内外研究略史》第三部分为"我国边疆学之发动及将来"。该文虽署名"伯平"（即冯家昇），实际上是顾颉刚等《益世报·边疆周刊》同仁的集体意见。[②]

顾先生离滇后，《益世报》转到重庆出版，但《边疆周刊》则在云南得到延续。1943年9月16日，云南省民政厅成立边疆行政设计委员会，为介绍边地政情民俗，促进国人对于边疆之认识兴趣而利边疆建设起见，特编辑《边疆》周刊一种，借昆明《正义报》篇幅出版。[③]

（五）吴文藻的云南经历与"边政学"的提出

1939年，吴文藻先生到云南大学担任管理中英庚款董事会在云南大学设置的社会人类学讲座课程后，又负责指导管理中英庚款董事会派到云南大学开展研究的岑家梧、费孝

---

①《燕京大学边疆问题研究会汇报》，1937年1月。

②娄贵品：《近代中国"边疆学"概念提出与传播的历史考察》，《学术探索》2012年第8期。

③《一年来边疆行政设计概况》，云南省民政厅编印《一年来之云南民政》，1944年。

通、江应樑、宓贤璋等研究人员。虽然吴先生在回忆中说在云南大学时期由于忙于安排同仁们的实地调查和教学任务，未能认真从事著作。尤其遗憾的是，虽身处多民族地区，却没有把握良机亲身参加实地调查。[①]但是，吴先生在指导岑家梧开展中国史前艺术史及中国原始艺术史研究，指导费孝通开展西南种族研究，指导江应樑开展云南僰夷民族研究，指导宓贤璋开展西南苗瑶民族研究[②]的过程中，及其在云南的切身感受，对于其加深对边疆的认识仍有明显意义。在到云南之前，吴先生亲临边疆仅有1934年夏天在绥远的短暂之旅，[③]在云南期间吴先生还与昆明的边疆研究人士有广泛接触。吴先生不仅在云南进行"社会学中国化"的探索与实践，而且，为提倡并协助云南省内及近境之一切实地调查与研究工作起见，还与同行在昆明成立了云南省民族学会。[④]

虽然后来因会员分散，工作陷于停顿。但这是民族学传入和在云南发展的标志性事件。1940年年底，因庚款讲座受到干扰，不能继续，吴先生到重庆国防最高委员会参事室担任研究工作，负责对边疆的民族、宗教和教育问题进行研究和提出处理意见，同时还兼任蒙藏委员会顾问和边政学会的常务

---

①《吴文藻自述》，载高增德、丁东编：《世纪学人自述》第1卷，北京十月文艺出版社，2000年，第405页。

②刘兴育主编：《云南大学史料丛书·学术卷：1923年—1949年》，第184—187页。

③吴文藻：《蒙古包》，《华年》第四卷第二十四期，1935年6月22日。

④《云南民族学研究会成立大会函请云南省党部派员出席指导》（1939年1月18日），载刘兴育主编：《云南大学史料丛书·学术卷：1923年—1949年》，第4页。

理事，协助《边政公论》杂志审稿、撰稿和介绍稿件[1]。受蒙藏委员会的委托[2]，撰写了后来影响甚大的《边政学发凡》。[3]这期间吴先生研究不多，学术文章写得很少。[4]可以说，吴先生的云南经历是其"边政学"学科构想的重要基础。

（六）国立云南大学成立西南文化研究室

1942年7月，国立云南大学西南文化研究室成立。该室"研究工作之地域以云南、西康、贵州为主，次及西藏、四川、湖南、两广，又及安南、缅甸、暹罗、印度、马来半岛诸境"。至1953年10月解散，该室在极为困难的条件下编印《云南大学学报》1期，出版"西南研究丛书"10种，在民族史研究、人类学民族学研究、文化史研究、区域经济地理研究、目录学研究、东南亚史研究等六个方面做出开创性贡献，开创了现代学术意义上的"西南学"研究，在西南研究中产生了深远的影响。[5]这在当时是难能可贵的。马长寿先生说，全面抗战爆发后，无论公私机关，或学术的与政治的机关都先后成立研究边疆的机构，但是不幸，完整的报告与

①《吴文藻自述》，载高增德、丁东编：《世纪学人自述》第1卷，第405页。

②王利平等：《20世纪上半叶的中国边疆和边政研究——李绍明先生访谈录》，《西南民族大学学报》2009年第12期。

③吴文藻：《边政学发凡》，《边政公论》第1卷第五六期合刊，1942年1月10日。

④《吴文藻自述》，载高增德、丁东编：《世纪学人自述》第1卷，第405页。

⑤娄贵品：《方国瑜与中国西南边疆研究》，人民出版社，2014年。

专著之出版数目少于研究的机构之成立数目。①西南文化研究室的设置只是先奠定一个基础，并不是最终目的，"待将来基础较固，改组为研究所"。但抗日战争胜利后，国民政府还都南京，内迁西南的研究机构和高校陆续返回复校，内迁专家学者亦多陆续离滇，这势必对该室的发展造成不利影响。为避免因各校复员而导致研究工作中断，熊庆来拟将西南文化研究室与西南社会研究室合并，扩充为西南文化社会研究室，聘请北京大学、清华大学和燕京大学的教授担任讲座教授或导师。但未得到三校的赞同②。

（七）私立五华文理学院建立"边疆文化学系"

抗战胜利后，随着众多文化教育机构陆续离去，云南文化教育事业顿显空虚，战后百废待举、急需人才的局面，使一些文化、教育界人士深为忧虑，深感必须创办一所地方大学，以充实云南高等教育、培养地方建设人才，同时也可以满足云南青年进一步深造求学的需要。在这样的背景下，私立五华文理学院应运而生。1946年8月，五华学院正式发起成立。1950年设置"云南边疆文化学系"。这是一次构建边疆学学科的宝贵尝试。边疆文化学系虽然存在时间短，实际建系还不到一年，甚至没有一届学生毕业，但不论在云南教育史上，还是在边疆学科的发展史上，都具有独特的意义。第一，边疆文化学系汇聚了一批边疆研究的专家学者，是继

---

①马长寿：《中国十年来边疆研究的回顾与展望》，《边疆通讯》第4卷第4期，1947年4月。

②娄贵品：《方国瑜与中国西南边疆研究》，人民出版社，2014年，第226、227页。

云南大学"西南文化研究室"之后，云南边疆研究群体的又一次大聚合，有利于边疆研究与教学的系统开展和有序推进。第二，边疆文化学系的建立构成了云南边疆研究传统链条中的一环，是云南本地边疆研究传统的延续、继承和发扬；其对边疆文化学系这一学科的一些设想和探索，也有很多值得借鉴之处。[1]

（八）江应樑代表民族学、人类学界阐述"西南学"

1948年11月，国立云南大学教授江应樑代表民族学人类学界阐述"西南学"。之所以提出这一重要学术概念，是鉴于我国西南地区的特殊性及其学术资源的丰富性。江先生指出，"我国西南边区诸省，包括粤、桂、滇、黔、川、康以至西藏、台湾，不论从文化、社会、民族、历史、地理任何方面说，都有其独特的异于其他省区的实像。"同时，西南是学术研究的宝库。因此，"今后凡研究西南诸省区域内任何一个问题都可以成为专门学问，凡属于这方面的学术研究，实在可以给他一个专门名词，称之为'西南学'。"当然，站在民族学人类学的角度，江先生认为，"如果'西南学'一名真能成为一个学术上的专词，那我们相信，西南学中最值得研究的部门应当是西南社会。"因为"西南社会之具有多种组织形态，且有着无从估计的研究价值。不仅是横的方面，在现时世界各地所能见到的社会机体，除了一二特殊情形者外，都可以在西南角落中见到。且在纵的方面，现

---

[1]沙文涛：《构建边疆学科的一次尝试——私立五华文理学院边疆文化学系述略》，林文勋、邢广程主编：《国际化视野下的中国西南边疆：历史与现状》，人民出版社，2013年。

代国家中已经没有了的社会制度或社会形态之留下了一个历史上的名词，我们却能在西南边区中看到现实的例证。总之，西南这一个区域内，新至时代化的资本主义社会，可以在这里看到，虽然是具体而微；旧至原始的民族部落制度，我们也可以在这里发见，而且是很清楚地存在着。"① "西南学"的提出，是西南研究发展到新阶段的标志。②

（九）云南大学参加少数民族社会历史调查和民族识别工作

中华人民共和国建立后，实现民族平等是中央政府的一项重大举措。为了实现民族平等，中央政府决定实行有各民族代表共同参加的人民代表大会制度。为此，中央先后组织了民族访问、民族识别及民族调查等重大活动。③1950年秋，江应樑参加中央访问团第二分团，到西南各少数民族地区访问，宣传党的民族政策，并通过实地调查，为今后国家对民族地区各项政策的制定作扎实的准备。④1953年9月，云南省民委为开展云南省少数民族族系分类的调查研究，委托云南大学的方国瑜、杨堃和江应樑研究民族问题。1954年，中央民族事务委员会和有关部门提出了过渡时期党在民族问题方

---

①江应樑：《西南社会与"西南学"》，《中央日报·社会研究（副刊）》第12期，1948年11月20日。江应樑：《西南社会与"西南学"（续）》，《中央日报·社会研究（副刊）》第13期，1948年12月4日。

②娄贵品：《"西南学"考论》，《西南边疆民族研究》第16辑，云南大学出版社，2015年版，第119页。

③费孝通：《简述我的民族研究经历和思考》，《费孝通文集》第14卷，群言出版社，1999年，第90页。

④江晓林：《江应樑传》，广西师范大学出版社，2005年，第162—163页。

面的总任务，即：巩固祖国统一和民族团结，共同建设伟大祖国的大家庭；在统一的祖国大家庭中，保障各民族在一切权利方面的平等，实行民族区域自治，在祖国共同事业发展中，与祖国的建设密切配合起来，逐步地发展各民族的政治、经济、文化，逐步消灭历史上遗留下来的各民族间事实上的不平等，使落后民族得以跻身于先进民族行列，共同过渡到社会主义社会。方国瑜被抽调参加云南民族识别研究组并任副主任。1956年7月，由全国人民代表大会民族事务委员会直接领导，为编写各少数民族史、志和民族自治地区概况，组成云南少数民族社会历史调查组到云南开展工作。[①]云南大学的众多师生参加了少数民族社会历史调查和民族识别工作。同时，因1955年周恩来总理到云大视察时指示云南是我国多民族的一个缩影，云南大学历史系应该结合地方特点，加强民族历史的教学与研究工作。云南大学积极创造条件，于1959年增设了民族史专业，并招收了一届本科生和三届研究生。1964年又成立了云南少数民族史研究室。

（十）云南大学承担《中国历史地图集》西南部分的编绘工作

1961年，方国瑜负责编绘《中国历史地图集》西南部分。方先生在前期研究的基础上，进一步深入研究了西南史地，与缅甸、越南、老挝有关的材料则编入云南与邻近诸国的关系一书中[②]。后来完成《中国西南历史地理考释》与

①方福祺：《方国瑜传》，云南大学出版社，2001年，第141、143页。

②方国瑜：《〈中国西南历史地理考释〉叙录》，《思想战线》1979年第5期。

《云南史料目录概说》两部经典著作，编纂《云南史料丛刊》。参与绘编工作的尤中教授也先后完成《中国西南边疆变迁史》与《云南地方沿革史》。

（十一）云南大学西南边疆民族历史研究所、西南古籍研究所的建立

云南是中国西南边疆的重要门户，同时又是一个多民族的省份，许多民族不仅与邻省的少数民族在历史发展中有共同的族属渊源关系，而且与越南、缅甸、泰国、老挝等邻国的一些民族也有同样情况。所以，研究云南民族，必须放宽视野，要扩大研究云南邻省及邻近国家少数民族的历史和现状，这对建设好云南、保卫好云南，对加速我国社会主义现代化进程，是有重要意义的。有鉴于此，云南大学拟将历史系原有的云南少数民族研究室扩建为西南边疆民族历史研究所[1]。1978年11月13日，云南大学向教育部和省委宣传部提交了《关于建立西南边疆民族历史研究所的报告》，申请建立与系一级平行的西南边疆民族历史研究所，主要研究西南边疆民族史、云南地方史和中外民族关系史（中越、中缅、中老跨境民族关系史），并积极创造条件，开展西藏历史的研究。1980年，省委组织部批准成立，并任命江应樑为所长。[2]据说云南省政府对该所的成立非常重视，"江应樑的所长任命书是由省长签署颁发的"。[3]为了及时总结经验，检验研究成果，开展与有关单位的协作与学术交流，研究所出版

---

① 张德光：《西南民族历史研究集刊》第1集《前言》，1980年。
② 云大档案馆藏，1979—Ⅱ—02—《我校1980—1981两年事业计划意见》。
③ 江晓林：《江应樑传》，广西师范大学出版社，2005年，第216页。

年刊《西南民族历史研究所集刊》，1980年12月出版创刊号。到1986年出版了七集。1987年，该刊更名为《西南民族史研究》，由云南人民出版社出版。1988年出版了《西南民族史研究》（1987年）。

十一届三中全会以后，为了建设社会主义的物质文明和精神文明，党中央对我国的古籍整理研究工作非常重视。1981年9月17日，中共中央对整理我国古籍发出指示，强调通过"古籍整理，把祖国宝贵的文化遗产继承下来，是一项十分重要的、关系到子孙后代的工作"。云南大学响应党中央的号召，于1984年成立了西南古籍研究所。为提高工作能力，团结云南乃至西南各省从事古籍整理方面的学者，于1986年开始出版《西南古籍研究》。目前已出版九卷。2009年，该刊入选杨玉圣教授整理的《中国人文社会科学学术集刊名录》。

（十二）建立教育部重点研究基地云南大学西南边疆少数民族研究中心

1999年8月，在整合西南边疆民族历史研究所等一批研究机构的基础上，云南大学成立了西南边疆少数民族研究中心，由学校直接领导，与学院平级。2000年12月，教育部批准西南边疆少数民族研究中心为普通高校人文社会科学研究重点研究基地。中心的研究方向是，西南边疆地区民族关系与边疆稳定，西南边疆民族地区经济发展和西南边疆民族地区文化建设。于2001年开始出版《西南边疆民族研究》集刊。集刊2007年入选为CSSCI来源集刊，目前已出到第16辑。

（十三）大力提倡和开展中国边疆学学科建设

经过几代学者长期的努力，云南大学在中国边疆问题研究方面已形成了一支颇具规模的学术队伍，产生了大批有重要学术影响的成果，受到学术界的广泛关注，从而形成了重要的优势特色。

有鉴于此，2002年12月，林文勋牵头向云南大学提出开展中国边疆学学科建设的建议。建议指出，根据学科发展规律和现实需要，充分考虑云南大学的区位优势和已有研究基础与实力，云南大学中国边疆学学科拟围绕以下主要方向重点开展研究：中国边疆学理论、边政理论与实践、中国边疆史地研究、边疆经济开发与对外经济合作、中国西南边疆问题研究等。建议提出中国边疆学学科建设的目标和主要工作是要通过此后一段时间的重点建设，将云南大学建成全国重要的中国边疆问题研究的高水平研究中心和人才培养基地，将云南大学中国边疆学学科建设成为国内外有重要影响的优势和特色学科。①

2008年，云南大学在历史学一级学科之下自主增设中国边疆学专业博士点，并开始招收博士研究生。通过将区位优势转化为学科优势，再将学科优势转化为人才培养的优势，云南大学边疆问题的研究与人才培养蓬勃发展，积累了深厚的学术基础，并呈现出旺盛的发展潜力。目前，中国边疆研究已经成为云南大学重要的优势和特色学科。一是形成了颇

---

① 《关于开展中国边疆学学科建设的建议》，林文勋《学科建设与教学改革初探》，云南大学出版社，2010年，第136—137页。

具规模的研究队伍和研究力量，形成多个学院和研究机构共同开展中国边疆问题研究的格局。二是形成了较为完备的科学研究和人才培养机制，拥有多个一级学科博士学位授权和博士后流动站。三是开展了边疆民族若干重大问题的研究。特别是"211工程"三期建设以来，云南大学设立了"西南边疆史与中国边疆学"重点建设项目，从中国西南边疆史、中国与南亚东南亚关系史与中国边疆学研究三个方面，重点开展了边疆问题的研究和中国边疆学学科体系的探讨，并有计划地开展了整理西南边疆历史文献和档案资料，调查和保存边疆口述史料，翻译和介绍国外学者关于中国西南边疆研究的重要成果等工作。四是组织出版有云南大学"中国边疆研究丛书"，正在进行的还有近代西南边疆档案整理和云南通志馆征集各县资料整理汇编等。

"中国边疆研究丛书"已出版30余种，内容主要围绕"中国西南周边环境研究""中国西南民族史研究""中国边疆学的理论与实践"和"中国西南边疆社会经济变迁"四个方面。在研项目中，仅云南通志馆征集各县资料整理汇编就达一千余万字。云南大学"中国边疆研究丛书"的出版对于巩固和提升云南大学边疆问题研究的水平与实力，增进与国内外学术界的交流与合作，推动中国边疆学的学科建设和人才培养等方面产生了积极影响。学界有的专家评论道："云南大学已初步在全国树立起了中国边疆学学科的大旗。"

总的来说，九十多年来，经过一代又一代学者的辛勤耕耘，云南大学在中国西南边疆史地、开发、政区、社会、文化、经济、民族与考古、历代治边思想与治边政策、中国西南边疆研究的学术史、西方中国西南边疆研究的学术史、云南与南亚东南亚关系研究、南亚东南亚研究、边疆学学科体系研究等方面已取得突出成绩，形成了优良的学风，凝练了明确的学科方向。当然，由于研究所涉及的范围广，内容多，研究人员少，各学科研究人员配合和交流不够充分，跨学科的研究尝试不太多，对海外人文社会科学研究领域的新理论、新方法借鉴不够，对海外相关资料的搜集利用少等原因，我们的研究也还有进一步改进和提高的余地。

二、云南大学中国边疆学研究的特点

综上，我们总结云南大学中国边疆学研究的特点如下：

（一）云南大学的中国边疆研究，始终与国家重大战略选择与政策制定紧密结合，为维护国家统一、边疆安全和民族团结服务。因地理形势的关系，云南自古即在国家战略中扮演着重要角色。关于古代时期云南的地理形势，顾祖禹在其《读史方舆纪要》卷113中说："云南要害之处有三：东南八百、老挝、交趾诸夷，以元江、临江为锁钥；西南缅甸诸夷，以腾越、永昌、顺宁为咽喉；西北吐蕃，以丽江、永宁、北胜为扼塞。"近代时期，云南的地理形势变得更加重要。英法等国的步步逼近，使西南边疆的地缘政治环境发生了深刻变化，云南成为近代中国重要的国防前沿。[1] "就国

①潘先林、张黎波：《西南边疆早期现代化的主要现象及其与国家安全之关系》，《思想战线》2011年第2期。

防言，实为康藏与长江的连锁，我国西南的门户！就国际形势言，云南又为远东与近东的关键；欧洲与亚洲交通的枢纽！"①私立东陆大学自建校起就认识到云南在西南国防上的重要地位，此后，凡是国家战略中与西南边疆相关的重大事件，云南大学都在其中发挥了重要作用。

中英滇缅界务成为悬案后，因我国长期政局动荡，英政府乘中国乱局，将其边界要求付诸实践，对北段争议地区进行了实际占领与经营②。私立东陆大学拟设滇边调查部即是在这样的背景下提出来的。

熊庆来校长之所以向管理中英庚款董事会申请在云大设立边政讲座，原因便是云南"地介英法两大势力之间，国防上亦是重地"，"云南接壤英法，国防、界务等边疆问题不胜缕举，自应预储专才，调查文化、政治、社会、民族、经济之真实状况，确立经营之政策与设计"。③

随着国民政府西迁重庆，云南成为抗战建国的根据地及国际交通的要冲，地位越发重要。方国瑜与凌纯声办《西南边疆》杂志，"即在以学术研究的立场，把西南边疆的一切介绍于国人，期于抗战建国政策的推行上有所贡献"。④顾颉

---

①张服真：《法帝国主义者侵略下的云南》，《新亚细亚》第2卷第1期，1931年4月1日。

②朱昭华：《中缅边界问题研究》，黑龙江教育出版社，2012年，第219—220页。

③《省立云南大学请求设置讲座书》（1937年8月6日），载刘兴育主编：《云南大学史料丛书·学术卷：1923年—1949年》，第170页。

④《西南边疆》创刊号，1938年10月。

刚在《益世报》编《边疆周刊》，"并非来凑热闹，为的是想供应现时代的需要。""要把边疆的情势尽量贡献给政府而请政府确立边疆政策，更要促进边疆人民和内地同胞合作开发的运动，并共同抵御野心国家的侵略"。[①]《益世报·边疆周刊》出《滇缅路线问题专号》，是因为东部沦陷，出海口被封锁，修筑滇缅铁路直达印度洋，以解决国际军运问题，关系国家存亡和世界反法西斯战争的未来，但路线问题引起争论。而顾颉刚提出"中华民族是一个"，顾颉刚、方国瑜、江应樑等驳斥大泰族主义等，都是为了维护国家的主权独立、领土完整和民族团结与统一。

1940年9月，日本南进侵入法属印度支那北部。云南既是后方，又成前线。联络西南毗邻各国对我国抗战前途影响甚巨。为此，1941年3月，云南大学拟设西南史地研究室。随后，国民党中央组织部也有同样想法。4月1日，国民党中央组织部在国民党第五届中央执行委员会第八次全体会议上提《设置边疆语文系与西北西南文化研究所培植筹边人才而利边政施行案》，以"西南毗邻各地方，如越南、泰国、缅甸、印度、南洋等处，无论在历史上、地理上、人种上、文化上、政治上、经济上与我均甚密切"。建议："由国民政府指定中央研究院设置西北文化研究所（分蒙藏回［阿拉伯与缠回］三组），及西南文化研究所（分西南边区与越南、泰国、缅甸、印度、南洋等组），其研究之对象应分为语言、

---

①顾颉刚：《益世报·边疆周刊》第一期《发刊词》，1938年12月19日第四版。

文化、地理、经济，每年将研究所得，提供有关党政及教育机关参考。"教育组审查时修正通过。[1]受这一提案的影响，云南大学将正在筹备中的西南史地研究室，改名为西南文化研究室。同时，李根源也感到建立相关机构，加强西南研究的紧迫性。因到1941年10月，云南大学筹设西南文化研究室仍未实现，国民党五届八中全会关于设置边疆文化研究所的决议亦未见落实，李根源向军事委员会委员长蒋介石上书，以建设边疆之迫切，请拨款在昆明设立西南边疆文化研究机关。[2]蒋介石以"所陈关系国防文化百年大计，至甚注意，似应设法举办。"命侍从室将条呈转给教育部及中央研究院，要求"妥商规划办理为要"。[3]但未能实现。

这样，云南大学西南文化研究室的成立就显得意义重大。诚如《国立云南大学西南文化研究室计划书》所言："滇之西南区，土壤肥沃，资源极富，而地广人稀，榛莽未开。且地连缅越，与印度、暹罗、马来半岛诸境道途相通，不论民族、宗教、经济诸端，莫不息息相关。当集豢人民，开发地利，进而求边外诸境之融合，与我协力，必大有助于

---

①以上参见《国民党中央组织部提议并经五届八中全会通过的设置边疆语文系与文化研究所以利边政施行案》(1941年4月1日)，《中华民国史档案资料汇编》第五辑第二编教育（二），江苏古籍出版社，1997年，第142页。

②李根源：《上蒋委员长请筹设西南边疆文化研究机关书》，《永昌府文征·文录》卷30民十二，云南美术出版社，2001年，第3076—3077页。

③《军委会委员长侍从室抄转李根源建议加强边疆文化研究机关代电及重要研究院办理情形呈》(1941年12月)，载中国第二历史档案馆编《中华民国史档案资料汇编》第五辑第二编教育（二），第143页。

我。"①

抗战胜利后，云南大学计划加强西南文化研究，为国家处理与中南半岛诸国关系服务。1948年云南大学在致教育部部长朱家骅函中说，"我国与中南半岛诸国，境域相接，诸凡经济、政治、文化、军事，莫不密切相关。当由多方面与之联络，而文化学术之合作，促进经济、政治、军事之关系者甚大。本校因此项任务，拟加强西南文化研究室工作。"②

江应樑参加民族访问团，江应樑、杨堃、方国瑜受云南省民委委托研究云南少数民族族系分类等，云南大学师生参加少数民族社会历史调查和民族识别，均是实现民族平等，增进民族团结，促进民族国家建设的重要工作。

至于方国瑜负责编绘《中国历史地图集》西南部分。正如方先生所说："我们的任务是：要正确反映中华人民共和国国土之内在历史上的沿革，要反映作整体发展的中国历史上的政治区域，要为当前的政治服务，而不是为历代王朝的政治服务，不能给帝国主义、修正主义和各国反动派以口实。"③

20世纪80年代以来，云南大学的边疆研究始终紧密结合国家实施西部大开发和对外开放战略、云南省建设国际大通道、"兴边富民"、建设"和谐边疆"、国家开展"西南边疆

①刘兴育主编：《云南大学史学丛书·学术卷：1923年—1949年》，第18页。

②《张福延向教育部呈报西南文化研究室工作概况》（1948年5月15日），载刘兴育主编《云南大学史学丛书·学术卷：1923年—1949年》，第17页。

③方福祺：《方国瑜传》，云南大学出版社，2001年，第169页。

项目"及"一带一路"的现实需要。

（二）云南大学的中国边疆研究，始终与云南省的社会发展、沿边开发等紧密结合，为地方建设、边防巩固服务。服务地方经济社会建设也一直是云南大学边疆研究的重要使命。熊庆来校长上任之初即主张"预储专才，调查文化、政治、社会、民族、经济之真实状况，确立经营之政策与设计"。《西南边疆》载文涉及云南农业、畜牧业、林业、交通、水利、经济、边疆开发与边疆建设等。西南文化研究室着重探讨西南之开发、移民、地理、民族、文化、边疆经略、对外关系、边疆教育等。江应樑参加民族访问团，云南大学师生参加少数民族社会历史调查和民族识别，也是促进地方发展进步的重要工作。改革开放以来，云南大学在边疆开发、边疆治理、边疆民族、边疆经济等方面的研究，目的都是为地方建设、边防巩固提供参考。如西南边疆少数民族研究中心成立初期的研究重点是，西南边疆地区民族关系与边疆稳定，以民族关系的历史发展与现状、影响边疆稳定的热点问题为研究重点；西南边疆民族地区经济发展，以云南经济史、西南边疆经济建设中的若干重大问题为研究重点；西南边疆民族地区文化建设，以云南省跨世纪民族调研及脱贫示范服务、少数民族传统文化为研究重点。[1]近年来，云南大学在西南边疆的民族关系，民族自治地区的社会控制，民族文化的保护与建设等问题上形成一批具有重大现实价值

---

①杜边：《云南大学西南边疆少数民族研究中心》，《中国社会科学院院报》2005年4月7日第4版。

的报告，为政府决策提供参考。

（三）云南大学的中国边疆研究，始终勇于探索，在全国树立起学科建设与探索的大旗，居于国内先进地位。云南大学不仅始终重视边疆研究，而且还始终重视边疆研究的学科建设与探索。

私立东陆大学成立初期计划先设西藏系，再逐步增设缅甸系、安南系和暹罗系。虽然没有付诸实行，但是已经有学科建设思想的萌芽。

省立云南大学对边疆研究的学科建设也十分重视。《省立云南大学申请边政讲座理由书》中计划先设讲座一人担任滇边研究工作；日后就人才及经费之情形而徐图发展；最后拟在云南大学设一滇边研究组织及一边政学系以造就边政人才。

全面抗战时期，云南大学实际上开展了边疆学构筑的早期实践。1939年3月，国民政府召开第三次全国教育会议，最后通过的边疆教育改进案规定，"教育部得指定国立各大学酌量增设有关建设边疆之科系……"。[①]迁到云南澄江的中山大学收到教育部的训令后，由杨成志先生拟定《国立中山大学文学院边疆学系组织计划纲要》，[②]建议在文学院设立边疆学系，希望把边疆学作为一个学科来建设。这是在我国高校建设边疆学学科的最早倡议。该计划虽未获批准，但是，

[①]《第三次全国教育会议报告》，第282页。

[②]杨成志：《西南边疆文化建设之三个建议》，《青年中国季刊》创刊号，1939年9月30日。

杨先生的学科构想，当时即有部分在云南大学得到实现。云南大学西南文化研究室将西南研究区域具体为"以云南、西康、贵州为主，次及西藏、四川、湖南、两广，又及安南、缅甸、暹罗、印度、马来半岛诸境"，将研究内容细化为西南边疆之开发、移民、史地、界务、民族、文化、经略、对外关系，注重图书、档册、民间文献、器物的搜集，开展社会调查，发行刊物，出版丛书，与中南半岛诸国的高校建立合作关系，都在客观上推进了边疆学学科的建设。

昆明五华学院还进行了构建边疆学的尝试，该院边疆文化学系的建立开创了设立专门的学科单位以培养边疆学人才的传统，有利于形成培养边疆人才的风气。①

江应樑代表民族学人类学界阐述"西南学"，表明"西南学"不是一个地域概念，它的提出是基于西南地区的共性、特点及其学术资源的丰富性，这是没有出现"西北学""东北学"概念的原因。虽然由于学术史的断裂，这一概念至今未得到普遍认可，但其透露的学科思维已很明显，值得参考。②

改革开放以后，经过长时期的积累，云南大学又于新世纪初将中国边疆学学科建设列为重点建设项目，通过整理资料，出版丛书，举办高层论坛，召开和参与国内外重大会议，建立起了中国边疆学的基本体系，从而使云南大学成为

---

① 沙文涛：《构建边疆学科的一次尝试——私立五华文理学院边疆文化学系述略》，林文勋、邢广程主编：《国际化视野下的中国西南边疆：历史与现状》。

② 详见娄贵品：《"西南学"考论》，《西南边疆民族研究》第16辑。

全国较早树立起中国边疆学学科大旗的高校。

（四）云南大学的中国边疆研究，内容丰富，视野开阔，范围宽广，参与学科多。云南大学的边疆研究对内以云南、贵州为中心，兼及西藏、四川、广西等地，长于历史学、民族学、人类学、社会学、宗教学等学科对少数民族历史文化的研究；对外以云南、广西为中心，兼及东南亚、南亚等地，长于历史学、政治学、国际关系、民族学等学科对中国与周边关系及跨境民族问题的研究。在研究方法上，强调历史学与人类学的结合、世界史学科的方法与国际关系学方法的结合。同时，自20世纪三四十年代起，就注意到了文、理、工及医学等的结合。

从私立东陆大学开始至今，云南大学的边疆研究均以西南为主，但云大的西南研究涉及的都是大西南的概念，不仅包括我国西南诸省，而且还包括南亚东南亚诸国。尽管不同时期所涉及的范围有所不同，但始终是在大西南的整体框架下开展研究。这主要源于云南特殊的地理区位，它不仅与中国西南诸省相连，而且又与南亚东南亚诸国接壤。

私立东陆大学鉴于"滇省西界西藏，东南界安南，西南界缅甸，缅甸之东南又界暹罗"，拟逐步开展西藏研究、缅甸研究、安南研究和暹罗研究，注重云南在治藏、处理缅甸、越南和暹罗关系中的重要性，从而注重涉藏研究、缅甸研究、安南研究和暹罗研究，说明云南大学的边疆研究，一开始就注重大西南的整体研究。《西南边疆》所刊文章，涉及的研究区域包括云南、四川、贵州、广西、广东、湖南、西康、西藏、缅甸等地，也是大西南整体研究的反映。西南文化研究室"研究工作之地域以云南、西康、贵州为主，次及西藏、四川、湖南、两广，又及安南、缅甸、暹罗、印度、马来半岛诸境"，更是云南大学西南研究所涉范围最标准最完整的表述。云南大学在致教育部部长朱家骅的呈文中说："西南区域广大，顾及全面，力有未逮，故暂偏重于边疆区域及中南半岛诸国之研究，今后计划亦拟为此。"①这是迫于研究力量薄弱，对国内部分有所收缩，但对西南整体的重视没有变。"西南学"中的"西南边区诸省，包括粤、桂、滇、黔、川、康以至西藏、台湾"②。虽未涉及南亚东南亚，但仍是一个大西南的概念。20世纪五六十年代，云南大学开设中国民族史、东南亚专门化等，仍然是大西南整体研究的延续。西南边疆民族历史研究所的研究任务是：西南边疆民族历史及其与国内各民族的关系史；与越、缅、泰、老等国跨境民族史及其与这些国家的民族关系史；云南地方史及其与西南邻省历史发展的关系；云南民族民间文学的历史。同样是基于大西南整体研究的考虑，云南大学西南边疆少数民族研究中心的民族关系研究不仅包括我国西南诸省民族关系的研究，还包括跨境民族的研究。该中心的西南边疆民族地区经济发展研究也还兼及西南边疆与东南亚南亚地区经济上的交流与合作等。

①云南省档案馆藏档，《为报文化研究室工作概况请予设置员工并核给出刊经费事呈教育部》，1016—1—585，参见娄贵品：《方国瑜与中国西南边疆研究》，第222页。

②江应樑：《西南社会与"西南学"》，《中央日报·社会研究（副刊）》第12期，1948年11月20日。

云南大学的边疆研究不仅地域宽广，而且内容丰富。这是由我国边疆的特点决定的。我国边疆地域辽阔，边疆问题具有复杂性和综合性，需要多学科的参与。如熊庆来校长就以"云南幅员广阔，地势特殊，气候寒热温兼备，矿产丰富，生物繁多，水力之利所在多有，人种之复杂尤为他处所鲜见，其能提供于学术上之问题甚多，而足为富国之资源至大，且地介英法两大势力之间，国防上亦是重地"①为由，向管理中英庚款董事会申请在云大设立边政、采矿工程、冶金、工业化学、土木工程、热带病学、医学内外科、植物学、商科经济讲座各一人。②作为对二十世纪三四十年代云南研究的首次学术总结的《云南史地辑要》一书，1949年年底由云南省立昆华民众教育馆出版，由方国瑜、凌纯声、陈一得、张凤岐、罗常培、张席禔、张印堂、何塘、杨堃、于乃义等著名学者撰写，内容包括云南沿革、部族、气象、边务、语言、地质史、地形、矿产、农村、文献共十篇，也十分丰富。③

（五）云南大学的中国边疆研究，始终重视资料的搜集与整理，强调基础研究与应用研究并举。方国瑜在南京中央

---

①《熊庆来函请李书华提前在云南大学设置讲座》（1937年7月5日），载刘兴育主编《云南大学史料丛书·学术卷：1923年—1949年》，第169页。

②《熊庆来函请李书华提前在云南大学设置讲座》（1937年7月5日），载刘兴育主编《云南大学史料丛书·学术卷：1923年—1949年》，第169—170页。

③参见潘先林《二十世纪三四十年代云南史地研究的首次学术总结——〈云南史地辑要〉概说》，《史学史研究》2008年第1期。

研究院史语所学习期间即开始辑录云南地方史料。[①]在参加勘界工作中，方国瑜非常注重相关资料的收集，包括会议记录、电稿、提案、判准书、图等，因为这些都是关涉国家领土主权的重要文件，勘界结束后，他都作了认真保存。[②]

（六）《省立云南大学申请边政讲座理由书》认为云南大学乃西南边区之最高学术机关，得地理上近水楼台之便，对于滇边之研究实负有诸项重大责任，搜集有关滇边之文献为其中之一。[③]

（七）西南文化研究室成立后，将编纂《二十四史云南文献辑录》纳入出版计划，但未能完成出版。为研究之需要，该室还计划全面搜罗资料：搜集图书、档册、记录民间传说、故事、神话歌谣等，成立图书部，供本室研究人员之参考，并公开阅览；搜集古器物与民族用具，成立博物部，以供研究并公开展览。同时，鉴于抗战时期"对云南文献之搜集、整理已成之长篇巨制，更不知凡几。"还拟于短期内出版"云南文化丛书"十种，"以作本省文献之宝库"。[④]

方国瑜在编绘《中国历史地图集》西南部分的过程中，进一步搜集了与缅甸、越南、老挝有关的材料。[⑤]截至1980

①林超民：《名山事业 薪尽火传——〈云南史料丛刊〉编后记》，《林超民文集》第二卷，云南人民出版社，2008年，第387页。

②方福祺：《方国瑜传》，云南大学出版社，2001年，第64页。

③《省立云南大学申请边政讲座理由书》（1937年8月），《云南大学史料丛书.学术卷：1923年—1949年》，第171页。

④娄贵品：《方国瑜与中国西南边疆研究》，人民出版社，2014年，第208、217页。

⑤方国瑜：《〈中国西南历史地理考释〉叙录》，《思想战线》1979年第5期。

年年底，云南大学在少数民族社会历史的调查研究方面积累了上千万字的资料。①经几代学人多年的努力，2001年，方国瑜主编的十三卷本《云南史料丛刊》②终于得以面世。这是云南古代百科资料全书。③

近年来，云南大学有计划地开展了整理西南边疆历史文献和档案资料，调查和保存边疆口述史料，已取得显著成效。在重视资料搜集与整理的基础上，云南大学的边疆研究始终强调基础研究与应用研究并举。

（八）云南大学的中国边疆研究，始终重视与国内外相关研究机构的联系与合作，取长补短，共同推进。西南文化研究室从中外关系史的角度，加大对中国西南诸省与南亚、东南亚地区文化交流史的研究。同时，将与南亚、东南亚各国学术机构的合作纳入计划，开展全面、系统的研究。20世纪末以来，云南大学长期与中国社科院中国边疆史地研究中心和复旦大学合作，联合培养人才，共同推进边疆学研究，目前已取得巨大成效。与四川大学的合作也在进行之中。

（九）云南大学的中国边疆研究，学术传承清晰，代代相传，从未中断，表现出了深厚的学术传统。云南大学对边疆研究的重视始于1923年，但真正开始是以方国瑜的研究为标志的。在方国瑜开创和多年经营的基础上，又经尤中、朱惠荣等先生的努力，云南大学的边疆研究基础深厚，学风优

---

①张德光：《西南民族历史研究集刊》第一集《前言》，1980年。

②方国瑜主编：《云南史料丛刊》（全十三卷），云南大学出版社，2001年。

③杨文辉：《集史料之大成 树文化之丰碑——〈云南史料丛刊〉简介》，林超民主编《西南古籍研究》2001年卷，云南大学出版社，2002年，第307页。

良。到21世纪初，已形成颇具规模的学术队伍，产生了大批有重要学术影响的成果。目前云南大学的边疆研究队伍梯队完整、合理。这是云南大学多代学人多年来共同努力的结果。

三、新形势下云南大学中国边疆学的发展与建设计划

21世纪初，云南大学提出建设中国边疆学学科，目标是将云南大学建成全国重要的中国边疆问题研究的高水平研究中心和人才培养基地，将云南大学中国边疆学学科建设成为国内外有重要影响的优势和特色学科。建设计划围绕以下主要方向重点开展研究：中国边疆学理论、边政理论与实践、中国边疆史地研究、边疆经济开发与对外经济合作、中国西南边疆问题研究等。时至今日，总结云南大学九十多年来中国边疆学研究的成就及其特点，特别是面对复杂多变的国际局势和国家地缘战略的调整，我们在原有计划的基础上，进一步完善，提出以下初步考虑：

（一）拓展研究视野与空间，将云南大学的边疆研究与中国南部边疆的安全问题结合起来。随着国家"一带一路"总体规划及路线图的逐渐明晰，"走出去"战略及与周边国家和地区的互联互通工程必将逐步展开，移动边疆、利益边疆等问题将会成为中国边疆学重点关注的内容，海上丝绸之路与中国南部及西南部边疆也将融为一体。云南大学具有长期关注历史时期中国南部边疆安全的学术传统，完成过《安

南都抚府与唐代的南部边疆》等论著。计划得到新加坡国立大学东亚研究所及有关海疆问题研究专家的支持和帮助，统合历史系东南亚、南亚研究及国际关系学院的研究，将西南边疆、东南亚南亚研究、海疆问题研究结合起来，深入开展中国南部边疆安全问题的研究。

（二）紧密结合国家"一带一路"的开展，抓住"走出去"战略及与周边国家和地区的互联互通工程，将云南大学的中国边疆学建设融入"一带一路"及"孟中印缅经济带"的建设之中，主动服务国家战略，推动学科建设的发展。在学科建设方面，继续高举中国边疆学学科建设的大旗。同时也可考虑借鉴私立五华文理学院"边疆文化学系"的建设，在云南大学历史系筹设边疆工作专业，扩大边疆学硕士生招生规模，提高边疆学博士生培养质量，与协同单位做好研究生的联合培养工作，完善云南大学中国边疆学从本科、硕士到博士的培养体系。

（三）在基础研究方面，加强档案资料、《云南通志馆征集各县资料暨各县地志资料》、少数民族文献资料、域外西南边疆外文（英文、法文）资料的整理与研究。尤其是域外西南边疆外文资料，我们知道，近代以来的西南边疆问题始终与英法殖民主义的入侵紧密联系在一起。但近百年来，中国西南边疆的研究，始终是以中文资料为主展开工作的。我们缺乏另一方当事者的资料，因而严重影响了研究的深入和分析讨论的客观性。近年来电子资源数据库的广泛使用，使相关外文档案资料的远程使用成为可能。因此，开展域外西南边疆外文资料的整理与研究，必将成为中国边疆学研究的一个重要增长点，必将能够推动中国边疆学研究的向前发展。

（四）结合政府部门及有关单位智库建设的需要，努力将云南大学的边疆学研究建设成为国家有关中国南部边疆安全及西南边疆与周边国家互联互通工程的最为重要的智库。

（五）1932年中山大学西南研究会创办《西南研究》杂志，出版两期。1940年昆明的西南学会也出版《西南研究》杂志。1948年11月，国立云南大学江应樑教授代表民族学、人类学界阐述了"西南学"。这也是一个新的增长点，我们有必要继承民国以来"西南学"研究的传统和探索精神，恢复出版《西南研究》杂志，作为云南大学中国边疆学研究的学术交流平台，从而推动新时代云南大学中国边疆学研究的发展。

总之，中国边疆研究在学术研究中具有十分重要的价值，1948年著名民族学家卫惠林先生就说，"中国北部和西部边疆从上一世纪下半期起一直到本世纪的初头早被西方学者认为田野工作的乐园，许多在欧西成名的东方学者，都与中国边疆研究有关。"卫先生因此而倡议设立边疆大学。他认为"边疆大学应有三个基本目标，第一她应成为一个学术研究中心；第二她应成为一个文化教育运动的中心，第三她应成为培植边疆建设人才的中心。""这样的边疆大学绝不应设在远离边疆的内地城市，而应设立在各边疆地区的既成中心。……只要有一群知识技术人才集中到那里，给以充分的政治与经济力量的支持，一个灿烂的文化中心不久就会建立起来的。"①云南大学因为地处边疆，所以具有边疆研究的区位优势；又因为长期重视边疆研究，所以形成了颇具规模的学术队伍，取得了丰硕的学术成果。可以说，云南大学具有成为卫先生理想的"边疆大学"的条件和潜力，我们正在向预定目标大步迈进。

（本文刊于《中国边疆史地研究》2015年第3期）

---

①卫惠林：《论边疆学术与边疆大学设置问题》，《边政公论》第7卷第3期，1948年9月。

"云南大学中国边疆研究丛书"总序

    我国幅员辽阔，民族众多，是一个统一的多民族国家。而中国的边疆地区则是我国统一多民族国家的重要组成部分，历来在国家的经济发展、社会进步和政治稳定中占有十分重要的地位。古往今来，历朝历代莫不重视边疆问题的研究与边疆治理。近代以来，随着世界局势的变化和边疆问题的凸显，边疆问题的研究更加受到重视，并形成了几次大的研究热潮。在这一过程中，一些学者提出了"边政学""边疆学"等概念，极大地推动了边疆问题研究的开展。目前，尽管人们对"边疆学""边政学"等概念还持有不同的看法，但边疆问题研究的重要性已没有人怀疑。构建一门具有中国特色的边疆学学科，在更高的层面和更大的范围开展中国边疆问题的研究越来越成为更多人们的认识。

    云南大学地处祖国西南边疆，是我国西南边疆建立最早的综合性大学之一。长期以来，依托特殊的区位优势和资源优势，大批学者对边疆问题特别是西南边疆的问题开展了持续不断的深入研究。在几代学者的共同努力下，通过将区位优势和资源优势转化为学科优势，再将学科优势转化为人才培养的优势，云南大学边疆问题的研究与人才培养蓬勃发展，并积累了深厚的学术基础，呈现出旺盛的发展潜力。中国边疆研究现已成为云南大学重要的优势和特色学科。在全力推进、发展中国边疆学学科建设的进程中，云南大学应该义不容辞、责无旁贷地肩负起建设和发展中国边疆学学科的重任。

基于此，为进一步巩固和提升云南大学边疆问题研究的水平与实力，2002年，我们提出了在云南大学建设中国边疆学学科的建议并拟定了具体的方案。2007年，通过整合边疆问题研究、中外关系史和经济史研究的力量，云南大学专门史学科被批准为国家重点学科。同年，我们又在历史学一级学科博士学位授权下自主增设了"中国边疆学"二级学科博士学位授权。2008年，我们再次抓住国家"211工程"三期建设的契机，提出"西南边疆史与中国边疆学"作为云南大学国家立项的学科项目加以建设，旋即得到批准。

"西南边疆史与中国边疆学"学科项目，计划从中国西南边疆史、中国与南亚东南亚关系史和中国边疆学研究三个方面较全面地开展边疆问题的研究和中国边疆学学科体系的探讨。同时，还将有计划地整理有关西南边疆的历史文献和档案资料，翻译和介绍国外学者关于中国西南边疆研究的重要成果。

此次我们编辑和出版云南大学《中国边疆研究丛书》，就是为了系统地反映我们在推进边疆问题研究和中国边疆学学科建设中所形成的研究成果，增进与国内外学术界的交流与合作。

从传统的边疆史地研究到中国边疆学学科建设，绝不只是研究范围的扩大和研究内容的增加，而是一种研究视野的转变和研究范式的创新。

中国边疆学学科的建设还将经历长期的探索过程并面临较为艰巨的任务，我们的工作也仅只是在自己原有基础上的一个新的开端。为此，我们真诚地期望各位专家学者给我们提出宝贵的意见和建议，以便我们的工作做得更好，共同为推进中国边疆学学科的发展与繁荣作出新的贡献！

（本文写于2011年春节）

"新云南"建设中的边疆现代化蓝图

一

  云南边疆的治理与开发，具有悠久的历史，经历了漫长的过程。据司马迁《史记》记载，早在距今约两千多年前的春秋末期，即有楚将庄蹻开滇，其后秦统一六国，在西南地区通道、设郡、置吏，而名动中外的清孙髯翁《大观楼长联》中"汉习楼船、唐标铁柱、宋挥玉斧、元跨革囊"的千古名句，更精准传神地概括了汉代以来中央王朝对云南边疆的治理和开发历程。与此同时，公元前4世纪即开通的"蜀身毒道"，是西南地区经云南腹地通往东南亚、南亚的交通线，称为"贝币之路"，将云南与东南亚、南亚连结为一个完整的区域市场。云南地区的社会经济发展，长期受到东南亚、南亚的较大影响。可以说，云南边疆的治理和开发，始终是在祖国内地和东南亚、南亚两股力量交互影响下，展开其波澜壮阔的历史画卷。

  中央王朝开拓云南，制定了独具特色的治边政策与统治制度。如汉晋时期的边郡制、唐宋时期的羁縻府州制、元明清时期的土司制。其中影响深远的，如三国时诸葛亮南征，制定了攻心为上、不留兵、不运粮、纲纪初定的治理政策；又如明清以来直至民国时期推行的改土归流政策。至于具体的治理方案，目前可见成文较早的是清顺治十五年（1658年）户部尚书，云南永昌（今保山）人王弘祚所上《滇南十议疏》，为清朝统治云南献策。其内容：一是重镇之宜建设也，简任重臣驻镇；二是田地之宜清理也，革除横征虐政；三是人丁之宜精核也，流离转徙之众乐归故土；四是庄田之宜确察也，征解藩司充兵饷之用；五是委署之宜慎重也，廉能者实授，贪暴者纠参；六是人才之宜鼓舞也，广文教，振士风；七是绅士之宜矜宥也，宽其既往，嘉与维新；八是土司之宜安置也，照旧料理，输纳钱粮；九是新例之宜暂宽也，从其旧俗，徐令恪遵新制；十是经制之宜详察也，规制期于至善，因革损益，斟酌而更张之。后人评论其"筹滇南事，万里如见，经划井然"。清康熙二十年（1681年），清廷平定"三藩之乱"，次年蔡毓荣任云贵总督，百废待举，上《筹滇十疏》，提出系统的治滇方案。其内容是：请蠲荒、制土人、靖通逃、议理财、酌安插、收军器、议捐输、弭野盗、敦实政、举废坠。当代史学大家方国瑜先生肯定《筹滇十疏》"反映当时社会矛盾与筹划措施"，但批评其筹滇而不筹边，此后亦无议滇之边防者，有清一代不重视西南边防，"其来者渐也"（方国瑜《云南史料目录概说》）。

近代以来，英法殖民主义者相继侵占了南亚、东南亚地区的印度、缅甸和越南，打破了东亚地区以中国为中心的地域性国际关系体系——东亚朝贡秩序，中国和东南亚国家先后被卷入以西欧为中心的近代国际秩序体系之中。"缅甸遂亡，而滇之西防危"，"越南遂亡，而滇之南防危"，云南边疆藩篱尽失，门户洞开，从大后方变为反抗侵略的前沿，成为中国西南的国防重镇。有识之士大声疾呼，要求加强对边疆民族地区的一体化建设，培养人才，训练新军，加强国防。光绪三十四年（1908年），夏瑚任阿墩子（今德钦）弹压委员兼办理怒江事宜，他于当年七月初八从阿墩子出发，巡视怒江和求江地区，历时五个月，成为中国政府官员巡视怒江地区的第一人。他"履勘边隘，绘图贴说，并陈管见"，撰成《怒求边隘详情》一稿，提出治理怒江地区的十条建议：一是宜建设官长，以资分治也；二是宜添兵驻防，以资保卫也；三是宜撤退土司，以苏民困也；四是宜剿抚吉匪，以除民害也；五是宜筹费设学，以广教育也；六是宜治平道路，以通商旅也；七是宜广招开垦，以实边地也；八是宜设关守隘，以清界限也；九是宜改征赋税，以裕经费也；十是宜扶置喇嘛，以顺舆情也。这实际上是一份完整的怒江地区开发方案，夏瑚认为"版图所在，寸土必争"，希望得到省方的支持，"倘蒙奏咨举办，逐一实行，则边地幸甚，边氓幸甚，国家藩篱幸甚矣"（方国瑜主编《云南史料丛刊》）。可惜夏瑚不久离职，当政者颟顸，毫无建树。

1911年辛亥革命爆发，10月30日（旧历九月初九），云南新军在蔡锷、李根源的领导下，发动"重九起义"，推翻了清朝在云南的统治，11月3日建立大中华国云南军都督府。12月，李根源率师西进，处理大理与永昌问题，针对滇西地区的少数民族土司，与军政府多次讨论改土归流，提出了两个解决方案。其一，武力改土归流，一劳永逸。计划出动军队，平定腾永诸土司及怒俅之地。其二，沿袭土司旧职，设置行政委员。计划在各土司地区设立行政委员，逐渐收回土司的司法裁判权，然后清查户口，开垦荒地，大兴教育，安抚少数民族民众。1912年4月，蔡锷向内务部和各大报馆发布通电，声称对沿边土司取渐进主义，以振兴教育、收揽法权、代清财政为主，济之以平治道路、奖励开垦、试办警察、提倡实业。行之数年，潜移默化，不改之改，收效较易"（《云南贵州辛亥革命资料》）。7月，思茅厅同知兼副营务处柯树勋上《治边十二条陈》，提出了系统全面的治边方案。内容是：改流、筹款、官守、诉讼、交涉、实业、国币、通商、学堂、邮电、招垦、练兵。云南都督府民政司兼司法司认为，"条陈各节，多中肯綮"，殊堪嘉慰。除改土归流一条"意在请缓"外，批准了柯树勋的方案。1913年1月，柯树勋在车里成立普思沿边行政总局，将方案付诸实施，产生了较为深远的影响（柯树勋《普思沿边志略》）。

也就在这一时期，毕业于北京贵胄法政大学的武汉新洲人王篯贻，编撰了《经营滇省西南边地议》，云南都督府民政司兼司法司在批示柯树勋《治边十二条陈》时，"附发《经营西南边地议》一册"（《民国以来大事记［佛海部分］》，云南省图书馆藏本题名即《经营西南边地议》），供柯氏治理西双版纳之参考。该书为稿本，藏国家图书馆、云南省图书馆，影印收入《中国稀见地方史料集成》第一辑、《清代边疆史料抄稿本汇编》，是民国初年第一个系统全面的云南边疆开发方案。内容是批评清末的改土归流政策，阐明滇边土司"不惟不能改，而亦不必改"的理由；列表介绍沿边土司概况（该表后以《云南土司一览》为题，刊载于《东方杂志》第九卷第九号，1913年3月）；提出经营西南边地的七条办法，即招致屯垦、试办民政、振兴教育、整理交通、兴办实业、收回法权、清釐财政；参照农林部《垦殖总管府官制草案》，拟定《西南垦殖总管府草案》。最后，作者总结强调："取稳健之主义，达完全之目的，其今日筹边之要义乎。"

二

1929年，龙云基本上消灭了云南省内其他大小军阀和土匪武装，于是专心省内建设，励精图治，制定了具体的治滇规划。8月，在《云南省政府委员会改组就职宣言》中，提出了建设"三民主义革命建设的新云南"的总体设想。其具体过程，龙云曾总结说："抗战以前，约分三期"。第一期"集中精力勘定变乱，肃清萑苻。使行政纳于轨物，而闾阎得以绥靖"。第二期"休养生息，循序渐进。凡百庶政千纷如乱丝中，一一钩稽而董理之，金融制度趋于稳定，财政则达到收支适合之目的，于以树立各种行政之始基"。第三期"谋积极之建设"，公布云南省《县政建设三年实施方案》，"凡户籍、保甲、仓储、清丈、禁烟、警务、教育、卫生诸要政，及水利、造林、纺织、开矿等生产事业，视其缓急，先后举办。而修筑滇黔、滇缅公路干道、支道，咸使督责，依限完成"。抗战爆发后，则为"将前所储备者，举而献之国家民族，为争取最后胜利之资"。在边疆民族地区，设立第一、第二殖边督办管辖腾龙边区和普思沿边，制定《云南所属各土司地方行政建设三年实施方案》（《云南行政纪实》）。时间从1934年7月1日起至1937年6月末止，责成地方官按年督饬土司，举办识字运动，宣传教育浅义，设立简易识字学塾及国民补习学校；修治道路，种植森林；调查学龄儿童数目，设立初等小学。同时规定了各土司、头目应承担的职责。

由于政府各界对边地情形"异常隔膜"，有识之士大声疾呼"云南边地建设之重要与不可缓，已无疑义"，并提出了"到思普沿边去"的响亮口号。社会各界掀起了一个研究边疆、建设边疆的热潮，大批知识分子奔赴沿边各地，考察界务，研究民族，提出建议。"唤醒国人，到云南边地去！干建设的工作。"1933年，云南省立昆华民众教育馆编辑出版了《云南边地问题研究》上、下册（据姜亮夫《云南史地辑要·序》，知该书有法文译本），收入政府官员、专家学者的18篇考察报告，对云南边地建设的理论、云南边地状况、云南边地建设的措施等做了深入的研究。其中曾任边地县长的昆明人熊光琦撰写的《开发澜沧全部与巩固西南国防之两步计划》、宣威人缪尔纬撰写的《开发普思沿边计划》有的放矢，洞悉边地舆情，具有很强的可操作性和代表性。

1936年4月，毕业于日本早稻田大学政治学部的上海暨南大学经济系教授陈碧笙，深入滇缅边区考察，出思普、转澜沧、达双江、出缅宁（今临沧）、上大理、绕腾冲，"费时共二百五十余日，行程达四千余里"。考察结束后，陈先生先后撰写了《移殖难民试办滇边垦殖计划》《经营滇西南边区之政治军事国防交通计划》《开发云南边地方案》，就云南边疆的开发提出自己系统的看法。其中《经营滇西南边区之政治军事国防交通计划》原为向云南省当局提供意见，《开发云南边地方案》于1940年9月提交云南省侨胞垦殖委员会讨论通过。

在南京国民政府方面，1935年10月，蒋介石在重庆设立国民政府军事委员会委员长行营，下设川康甘青边政设计委员会，又有资料称设立川康滇黔边政设计委员会，表明政府方面对开发西北和西南地区的重视。1938年夏，国民政府内政部核准《云南施垦计划》（《民国档案》2013年第1期），"规定组织云南省垦殖委员会襄助计划"。7月1日，"行政院"院长发下《云南开发之意见》（以下简称《意见》）一件，批令内政、军政、财政、经济、交通五部及赈济委员会签注意见。该《意见》认为，云南之开发应围绕抗战展开，"不在于谋地方之福利"。当前急务，一是准以民间资本组织公司，办理公路普通运输；二是将轻工业开放民营，奖励扶植同类手工业；三是准以民间资本组织垦殖公司，办理垦殖荒区及推广农产事业。围绕这三个方面，该《意见》详细列举了理由和具体方法，计划组织运输、贸易、垦殖三个公司，制糖、造纸、丝织、面粉四个工厂，同时组织银公司筹措经费。由于没有注意到云南地区的特殊性，不脱纸上谈兵之嫌，该《意见》受到内政部和赈济委员会的批评，其结果似不了了之。

1938年7月，中英会勘滇缅南段界务委员会主任委员梁宇皋拟定《为招募海外侨胞资金垦殖云南边地意见书及计划书》《解决滇缅界务悬案暨改进滇西边政方略》，呈报国民政府。主张利用南洋华侨资金，开发云南边地。同时还拟定了《云南迤西边政兴革计划》。

1943年10月，云南省民政厅鉴于云南边地"未能开发利用，小之足以影响本省政治、经济、文化之向上发展，大之足以防碍国家民族之团结统一。本省近年来虽曾多致力于开边化民，然无统筹机构及具体方案，收效殊鲜。为促进边疆之开发，俾得早与内地均齐发展暨巩固国防起见"（《云南省民政厅边疆行政设计委员会组织规程》），决定成立边疆行政设计委员会，网罗专门人才，拟定具体方案，作为推行边地行政之张本。培养边疆工作干部，以供政府开疆殖边之助。边疆行政设计委员会隶属于民政厅，设专任委员五人，兼任委员二至四人，聘请杨可成、陈竹鸣、刘仲升、安石生等为顾问，朱兆、张涤清、曹子英、何中极、陆烈武等为委员，江应樑先生担任主任委员。边疆行政设计委员会将云南沿边分为5大边区，即思普边区、缅宁（临沧）边区、大小凉山边区、中（甸）维（西）德（钦）边区和腾龙边区，接着拟定各边区开发方案，先后完成《大小凉山开发方案》《腾龙边区开发方案》《思普沿边开发方案》《中维德区开发方案》《滇康边区盘夷实况及治理方案》。边疆行政设计委员会将前三种及《边疆行政人员手册》《云南全省边民分布册》合编为《云南省民政厅边政丛刊》（以下简称《边政丛刊》）五种，铅印出版。

《边疆行政人员手册》，江应樑编，《边政丛刊》之一，

1944年4月出版。全书分上、下编，上编介绍云南的边疆区域，下编为革新边疆行政的内容。主张建立政府威信，即廉、信、实，开化边民智能，发展边疆经济，重视国防建设。

《大小凉山开发方案》，江应樑编，《边政丛刊》之二，1944年9月出版。全书共9章，介绍大小凉山状况，确定开发原则，主张川、滇、康三省合组凉山建设委员会，化凉山为内域、移内地人民入凉山屯垦、移凉山"强夷"分居内地、成立县治、开发凉山经济，并附《大小凉山略图》。

《腾龙边区开发方案》，江应樑编，《边政丛刊》之三，1944年11月出版。全书共13章，分概况、行政、土地、垦殖、水利、交通、企业、农林植物、医药卫生、教育文化、国防建设、生活改进和方案实施办法，并附《腾龙边区开发方案略图》。

《思普沿边开发方案》，江应樑编，《边政丛刊》之四，1945年出版。全书共11章，分概况、行政、土地、交通、垦殖、农林建设、企业、矿冶及盐产、卫生建设、教育文化和方案实施办法，并附《思普边区开发方案略图》。

《云南全省边民分布册》，杨履中编，《边政丛刊》之五，1946年出版。影印本收入《中国边疆行纪调查报告书等边务资料丛编》《中国边疆研究资料文库》。该书体例为表册，分上、下编：上编以县、局为纲，所居民族为目，分地名、边民种类、人数、分布概况、占全县人口之百分比、备考等6个栏目，分别列出云南127属的民族人口情况。下编以民族为纲，所居地域为目，分名称、人口数、分布概况、占全省人口百分比、备考等5个栏目，按民族人口的多少依次胪列云南84个族类的分布情况。

1943年，四川省雷马屏峨垦务局局长任映沧前往大小凉山调查，写成《大小凉山开发概论》，列为任氏《西南夷务丛书》第二分册（第一分册为任映沧著《大小凉山保族通考》），于1947年出版。该书分上、下两卷，并附《雷马屏峨大小凉山地势略图》《雷马屏峨各垦社垦区分布图》。上卷《雷马屏峨利病书》，下卷《实施军区屯垦开发雷马屏峨大小凉山十年计划书》，在民国年间开发大小凉山的计划中，较具代表性。上卷分地理述要、物产与产业、垦殖开发概论等3编，部分内容曾刊于《四川经济季刊》；下卷分绪论、总纲、军区屯垦计划、解放夷区奴隶与经济开发计划、开发之效益与经费估计等5章。

1947年年底，腾龙边区芒市安抚使司代办方克胜，被推举为国民政府第一届国民参政会议代表。1948年2月，方克胜到南京开会，"爱将边区各土司地实际情形"，写成《建设腾龙边区各土司地意见书》，铅印成册（保山衡德铅石印刷局承印），《方克胜先生自述》则称："曾著《滇边各土司地开发计划书》（在沪印刷，向有关当局呈报），以供当道刍荛。"全书分上、下两编，并附《腾龙边区各司地图》。上编介绍边情，分各司地概况、各司情形分述两章；下编拟具建设计划，分经济事业、教育与社会事业、交通与国防3章。该书是民国年间较为罕见的由现任土司制定的边疆开发方案，从土司的角度，以"国大代表"的身份，提出少数民族土司地区的建设意见，因而极具代表性，也具有很强的象征意义。

三

以上详述了清代以来特别是民国时期云南边疆开发方案的大体情况，可谓林林总总，异彩纷呈，代表了政府、官员、知识分子、土司等不同阶层对云南边疆开发的意见。既有简略、粗疏甚至纸上谈兵的应时应景之作，亦有洞悉边情、心系边疆安危、关心边民疾苦的经世之作。见仁见智，其中不乏真知灼见，勾画出了"新云南"建设中的边疆现代化蓝图，为后来边疆地区的社会发展历程所印证。即使到了21世纪的今天，对于西部大开发建设、云南"桥头堡"建设、东南亚南亚大通道建设等均有一定的借鉴意义。而由于当时时代条件的限制，这些方案大多出版印刷质量较差，纸质拙劣，如今已老化变质，字迹模糊，流传不广，使用不便，急需进行抢救保护。基于此，我们决定将其收集整理，汇总出版。

在整理、汇编的过程中，我们注意到以下几个问题，说明如下：

1.前人已有整理本刊行者，不再收入。如王弘祚《滇南十议疏》、蔡毓荣《筹滇十疏》（均收入方国瑜主编《云南史料丛刊》第八卷）、夏瑚《怒求边隘详情》（收入方国瑜主编《云南史料丛刊》第十二卷）、柯树勋《治边十二条陈》（彭洪俊整理，载《西南古籍研究》2011年）、《云南开发之意见》（刘楠楠选辑，载《民国档案》2013年第1期）。

2. 当年已经编写完成，但因种种原因未能正式印行出版，存入档案之中者，如《中维德区开发方案》《滇康边区盘夷实况及治理方案》（油印本）、梁宇皋《为招募海外侨胞资金垦殖云南边地意见书及计划书》《解决滇缅界务悬案暨改进滇西边政方略》《云南迤西边政兴革计划》等。如今或遍寻不获见，或受各种条件限制，不能使用，只能忍痛放弃。

3. 云南省民政厅边疆行政设计委员会编印的《边政丛刊》之一到之五，自成一个相对独立的体系，具有很强的代表性。我们将其一并收入《民国时期云南边疆开发方案汇编》，编为上篇，并将《云南省民政厅边疆行政设计委员会征集边疆文物办法》作为"附录"收入。值得注意的是，当年主其事的江应樑先生对此评价并不高。他晚年回忆说，云南的财阀陆崇仁"要我先为他做点装门面的工作。他成立了一个边疆行政设计委员会，聘我为主任，在1943至1945两年里，我为他写了《腾龙沿边开发方案》和《普思沿边开发方案》两个小册子"（《江应樑自述》）。一般资料均认为，另外的《边疆行政人员手册》《大小凉山开发方案》也是江先生编写，但先生自己却只字未提。现在仔细阅读两书，不能不产生疑虑。《大小凉山开发方案》极为简略，介绍并不深入，方案计划也较普通，与1941年江先生冒险深入凉山考察的经历极不相符；《边疆行政人员手册》也较简略，行文风格也与腾龙、普思两方案存在明显差异。可能当时江应樑先生是主任，书稿出版时均未注明编著者，后人顺手写上主事者姓名？真实的执笔者也就不得而知了。

4. 大小凉山彝区是民国时期西南边疆开发中的热点问题，

但云南省边疆行政设计委员会编印的《大小凉山开发方案》过于简略，多少有点名不副实。因此，我们将开发大小凉山计划中较具代表性的任映沧的《大小凉山开发概论》收入《民国时期云南边疆开发方案汇编》，编为中篇。

5.还有一些开发方案，也具有一定的代表性和借鉴意义，我们亦将其收入《民国时期云南边疆开发方案汇编》，编为下篇。如王簴贻《经营滇省西南边地议》是民国初年第一个系统全面的云南边疆开发方案；缪尔纬《开发普思沿边计划》和熊光琦《开发澜沧全部与巩固西南国防之两步计划》，由于缪、熊两人均曾担任边地官员，洞悉边情，有的放矢；陈碧笙的开发方案则代表了知识阶层的认识和探求，他的《开发云南边地方案》就是其他资料记载的云南省侨胞垦殖委员会提出的《开发边地方案》；方克胜的《建设腾龙边区各土司地意见书》是民国年间较为罕见的由现任土司制定的边疆开发方案，具有很强的象征意义。

6.由于编著者所处的时代和水平所限，在涉及沿边少数民族同胞时，存在不少片面、歧视、陈腐甚至错误的认识，如主张对少数民族使用武力，实行同化政策等；在涉及云南与周边国家关系时，也有少量不符合今天规范的行文和用语，更有部分认识并不正确。我们在尽量保存资料的原貌和真实性的前提下，做了适当删略，并对书中明显带有民族歧视性的字——使用"犭"偏旁的字一律改用"亻"偏旁的字。请使用本资料者详加鉴别和分析。

7.本次整理，一依底本录入，改竖排繁体为横排简体。标点符号依现行《标点符号使用办法》，略做修订。文中的错字、别字、异体字（只在人名、地名中保留）、明显印刷错误及抄写错误者，直接改正。原书为竖排，故有"同右""同前""左列"等表示上下、前后文的表述，今改为横排，按文意将之改为"同上""下列"等。原书表格未加边框，今为方便查阅，统一加上边框。原书表格中文句末有时加句号，有时不加，今统一不加。遇有字迹模糊实在难以辨识者，以"□"代替。由于所收开发方案作者多，成分复杂，出版、印刷、誊写时间各异，质量参差，整理出版时难以统一格式，整齐划一。如原书目录格式繁杂，有的与正文尚不统一，整理时保留原目录不变，另编新目录在前，统一只列出二级标题，而原稿篇幅短小无目录的，整理时亦不再新编目录；原书中的表格，一般按现行制表规范处理；原书中的历史纪年，尽可能标注公元纪年。

史料是历史研究的基础。愚见以为，当前，云南史学需要靠新一轮的史料整理来推动新一轮的研究开展。为此，本人很早即提出了新一轮云南边疆史料档案发掘与整理的设想和计划，全面整理民国时期云南边疆开发方案即是其内容之一。唯因多方面因素制约，这项工作迟迟没有开展。今教育部牵头推进国家滇西边境山区区域发展与扶贫工作，在云南大学专设了滇西发展研究中心为承担此项任务的定点联系机构。我们认为，将这批开发方案整理出版，或许从中可得一些有益启发和借鉴，遂将整理工作提上日程。幸赖潘先林教授等一批学者共同努力，使《民国时期云南边疆开发方案汇编》得以完成和出版。

由于时间限制和我们的能力与水平局限，整理稿中定然存在不少问题，敬请专家、读者批评指正！

（本文系《民国时期云南边疆开发方案汇编》一书代前言，云南人民出版社，2013年11月出版）

为民国云南区域社会史研究破题开路

1978年6月，方国瑜先生主编的大型地域文献《云南史料丛刊》油印本开始刊行，强调"进行研究的第一步，是详细占有材料，研究一切问题必须如此，研究云南历史也不例外"。到2001年9月，《云南史料丛刊》13卷1300万字完全出版，成为搜集、整理云南史料的集大成之作，奠定了云南区域史研究的基石，被誉为"云南文化史上的巨大里程碑"。《云南史料丛刊》与《云南史料目录概说》《中国西南历史地理考释》《云南民族史讲义》等，在中国区域史研究领域导夫先路，成就突出，形成了以民族、边疆和周边国家为重点的研究特色，产生并提出了"中国历史发展的整体性""中华民族历史整体发展论"等重大理论。

《云南史料丛刊》所收资料，重点在于古代，对于份量庞大的近现代史料，则未能关注。同时，相关资料的编纂，若从1978年算起，已经走过了四十余年的历程。因此，我们认为，云南史学需要靠新一轮的史料整理来推动新一轮的研究开展，必须进行新一轮云南边疆史料档案的发掘与整理。2013年，我们出版了《民国时期云南边疆开发方案汇编》，搜罗相关开发方案12种，产生了较好的影响。后来又梳理档案，汇集、评介其他开发方案 11 种，以资检索而广流布。2014 年，在云南省委宣传部的支持下，我们决定影印云南省图书馆庋藏的大型方志稿本文献《云南学会征集各县地志资料》和《云南通志馆征集各县资料》。当年 3 月，"云南通志馆征集各县资料暨各县地志资料整理与研究"立项，成为云南省哲学社会科学重大专项研究项目。《民国云南方志资料稿本丛刊》的影印工作全面开始。

《云南学会征集各县地志资料》是民国云南学会主持征集的全省地志资料。1919 年，省长唐继尧命云南学会干事长童振藻总纂云南地志，任总编辑，并在省公署特设编辑处。童振藻拟具《云南地志资料细目》，附图纸、图例，规范资料征集的体例和内容，通行各县、区查照填报。计划编成《云南地志》一书，"按属分印，合则为全省之志，析则为一属之志"，使"研求全省或一属事情者，均便取携"。资料征集工作从 1919 年开始到 1926 年结束，历时 8 年，"始次第脱稿送齐"。呈报省长公署的地志资料（附图表）一式二份，一份送省教育会汇总编辑，一份存省长公署，各属地方政府也有保存。《云南各县地志资料》共 118 种 120 余册，涵盖全省 99 个县、16 个行政委员区、两个对汛督办区和普思沿边行政总局。除 7 种有录无书外，现存 111 种。其内容分全境略图、名义、沿革、位置、疆界、面积、地质、地势、山脉、河湖泉、气候、天产、人口、产业、政治、古迹、交通、地方志等 18 门，各门之下细分子目。如"天产"分植物、动物、矿物，"人口"分户口、种类、风俗、宗教、教育、人物，"产业"分农业、棉业、蚕业、林业、茶业、牧业、渔业、工业、商业、矿业，"古迹"分寺观、坟墓、遗迹、金石，"地方志"分城市、村、镇、商埠，等等。存世资料大多为稿本，仅昆明县、宣威县、宁洱县、思茅县、玉溪县、嵩明县等6种曾铅印出版。

《云南通志馆征集各县资料》是民国云南通志馆的重要遗产之一，是修纂《新纂云南通志》和《续云南通志长编》的基本资料。早在1931年云南通志馆正式成立前，就制定了《云南通志馆征集各机关修志材料条目》共16条，附表样13张，由省政府分别函令征集各机关修志材料。其应征集材料的机关共计159个，包括：省政府秘书处、民财教农矿五厅、盐运使署、第十三路总指挥部、外交部特派云南交涉员公署、各级法院、昆明市政府、省党部暨各县市党部、华洋义赈会、商务总会、军需局、军械局、火药局、测量局、兵工厂、富滇银行、殖边银行、禁烟总局、电报总局、邮政总局、官印局、滇蜀铁路公司、昆明市电灯公司、昆明市自来水公司、个旧锡务公司、东川铜矿公司、宝华锑矿公司、个碧铁路公司、第一殖边督办公署、第二殖边督办公署、河口麻栗坡督办公署、明伦学社、108个县政府、15个行政委员公署；同时规定属于各机关应征集的条目，最少者4条，最多者85条，总计10795条。各县、各行政委员公署应征集材料细目，总计10455条。要求将征集材料："缮钞二份，一应通志之征集，一留为纂修县志之资料。"但遗憾的是"留为纂修县志之资料"存世者稀少，仅有上报云南通志馆者大多保留下来。《云南通志馆征集各县资料》现存44种176册，即大事、疆域、山脉水系、动植物矿物、建设、城池官署、交通、桥梁、驿传、邮电、航空铁路汽车、贡举、议会选举、自治、旧日书院、仓储、蠲恤、赈灾、赋役、禁烟罚金、公债、钱币价格、商务、食盐价格、烟酒牲屠及各种杂税、古迹、寺观、冢墓、团保、团警、募兵、军队供应、社会、户口、礼俗、方言、职官、人物、官师事迹、列女、遗闻轶事、诗录、文录、资料摘余等。资料依据各地上报之稿本拆开汇编，完整地保留了当日各地上报资料的样貌，为云南各个没有民国旧志的县区保留了不可多得的历史资料。

可以说，这两套资料卷帙浩繁，内容丰富，可信度强，具有较高的史料价值，堪称民国时期云南社会文化的宝库。但受稿本庋藏的限制，深藏书库；距今八九十年，有的已近百年，不仅纸质衰脆，字迹亦多漫漶。因此使用极不方便，长期被学术界与社会各界所忽视，没有能够发挥应有的作用。本次影印，即以方便使用为目的和原则，使此珍稀之载籍一变十，十变百，化身千万。

总体来说，出版《民国云南方志资料稿本丛刊》，是继方国瑜先生《云南史料丛刊》后的一项大型文化工程，有利于拓展云南地方历史文献整理的领域与范围，进一步深化云南历史文献的研究，夯实云南区域研究的基础。同时凝聚云南精神，弘扬传统文化，为云南文化强省建设做出超迈前人的贡献。

另一方面，影印出版这批资料，又具有重要的学术引导与开拓意义。

其一，为民国云南区域社会史研究破题开路，深化云南区域史研究的内容，反思并检讨云南区域史研究的理论和方法。众所周知，由于特殊的历史发展过程和地理区位限制，云南区域史研究形成了民族、边疆和周边国家为重点的研究特色。但民族、边疆和周边国家的研究往往容易聚焦政治问题，学者们长时间沉浸在政治史领域，热衷于历史的宏大叙事，从而忽视了云南区域的基层社会和普通民众的日常生活。与此形成鲜明对比的，是近年来异军突起的华南和华北区域社会史研究，出现了"华南学派""华北学派"等概念，形成了独具特色的研究理论和方法，成就突出，其学术影响早已超出了华南和华北区域社会史研究本身。《民国云南方志资料稿本丛刊》的出版，将为我们研究民国云南区域社会提供丰富、翔实、具体的宝贵资料。我们以此为基础，进一步汲取"华南学派""华北学派"的研究理论、方法及其成功的经验，从而推动民国云南区域社会史研究的向前发展，开创云南甚至西南区域社会史研究的新局面。

其二，开展民国时期云南区域社会的"年代史"研究，推动近代中国"年代史"研究的向前发展。随着历史变迁节奏的加快，20世纪的中国"几乎每一个'十年'均有其明显的'年代'特征"。因此，"年代史"是近年来中国近代史研究中出现的一种新趋向，即"以'年代'为论域，以'年代'替代'事件'作大致的分期"，"以利于政治、经济、军事、外交、文化、社会等方面的会通观察"。近代以来的云南，由于严重的边疆危机及其早期现代化的飞速发展，在中国近代多民族国家的建构历程中产生了重大的影响，扮演了极为特殊而又重要的角色。《民国云南方志资料稿本丛刊》的时间段集中在20世纪十至三十年代，正是云南区域社会变迁节奏最为快速的时期，为我们从"年代史"视野研究20世纪十至三十年代云南社会提供了宝贵的资料。这就使中国近代史研究中的年代史趋向开始向位于西南边疆的云南进行拓展和深入，具有重要的学术引导与开拓意义。

在《民国云南方志资料稿本丛刊》的整理和出版过程中，我们遵循方国瑜先生纂修《云南史料丛刊》的原则，即"要求完备而且确实，使研究者信得过，用得上"。我们始终以此自勉！以此自励！

伴随着《民国云南方志资料稿本丛刊》的出版，必将是有影响的云南区域社会史研究论著的大量涌现。希望在不远的将来，学术界能够出现关于中国区域社会史研究的"云南学派"的讨论。

这是我们的期盼！也是我们的目标！

（本文系《民国云南方志资料稿本丛刊》代前言，云南大学出版社，2022年11月出版）

关于制定和实施"边疆振兴战略"的建议

党的十八大以来，以习近平同志为核心的党中央高度重视边疆安全稳定和繁荣发展，心系边疆各族人民，把增强边疆各族群众的获得感、幸福感、安全感放到突出位置，民族团结，边防巩固，边疆各项事业发展出现新局面。与此同时，边疆地区发展不平衡不充分问题依然突出，巩固脱贫攻坚任务依然艰巨，边疆地区与其他地区发展差距依然较大，维护民族团结、社会稳定、国家安全任务依然繁重，仍然是全面建成小康社会、实现社会主义现代化的短板和薄弱环节。

"十四五"时期是我国全面建成小康社会、实现第一个百年目标之后，乘势而上开启全面建设社会主义现代化国家新征程、向第二个百年奋斗目标进军的第一个五年。站在"两个一百年"奋斗目标历史交汇点上，顺应中国特色社会主义进入新时代、区域协调发展进入新阶段的新要求，在沿海地区经济发展战略、西部大开发、东北地区等老工业基地振兴战略、中部崛起战略的基础上，实行"边疆振兴战略"刻不容缓。

一、实施边疆振兴战略的背景

我国的边疆，面积广大，资源丰富，民族众多，人口结构复杂，战略地位重要，生态安全形势严峻，对整个国家的发展、稳定和安全具有重要影响。当前，国内外形势正在发生深刻复杂变化，面对百年未有之变局，边疆问题在党治国理政和国家战略布局中的地位越来越突出。我们正处在边疆发展的重要战略机遇期，实施边疆振兴战略具有充分的现实基础。

边疆在国家安全和发展中的战略地位高度凸显。边疆地区地域辽阔、少数民族聚集、资源禀赋突出、战略地位重要。当今世界正经历百年未有之大变局，国际环境日趋复杂，不稳定性、不确定性明显增强，边疆战略地位日益凸显。边疆已成为国家发展的新增长点和维护国家安全与利益、实现国家战略的新聚焦点，同时也是中国与外部世界构建利益共同体、命运共同体和责任共同体的重要空间以及构建人类命运共同体的重要载体。因此，实施边疆振兴战略，强化边疆治理是推进国家治理体系和治理能力现代化必须面对的重要课题。

边疆发展进入重要战略机遇期。随着全面建成小康社会进入决胜阶段、中国特色社会主义进入新时代，区域协调发展不断深化，脱贫攻坚目标任务如期完成，国家对边疆全方位扶持力度不断加大，我国与周边国家关系的发展进入新阶段，边疆发展的内外部环境进一步改善。当前，党中央作出了加快形成以国内大循环为主体、国内国际双循环相互促进的新发展格局的重大战略部署。新发展格局下，边疆地区发展的新潜力和新优势将得到充分发挥和打造，边疆的新发展活力和新发展动能将得到充分激发，边疆发展正面临难得的战略机遇。

我国的边疆治理和边疆政策取得了突出成绩。党的十八大以来，以习近平同志为核心的党中央高瞻远瞩，推进兴边富民行动与全面深入持久开展民族团结进步创建工作深度融合，兴边富民行动取得重大成果，促进民族地区和人口较少民族发展取得重要实效，西部大开发形成新格局，边疆经济社会发展取得重大历史性成就。在习近平新时代中国特色社会主义思想的指导下，边疆地区各项事业蓬勃发展，呈现出经济发展、社会稳定、民族团结、民生改善、环境优美、边防巩固的良好局面，为决胜全面建成小康社会奠定了比较坚实的基础，扩展了国家发展的战略回旋空间。

边疆是国家发展总格局中的短板，发展和稳定的任务十分艰巨。由于特殊的历史、自然、地理和复杂的周边环境等多方面因素影响，边疆地区经济社会发展仍然相对滞后，发展不平衡不充分问题依然突出，巩固脱贫攻坚任务依然艰巨，与东部地区发展差距依然较大。特别是基础设施相对落后，产业基础比较薄弱，保障和改善民生任务艰巨，各类人才严重匮乏，对外开放层次和水平亟待提升，生态环境脆弱，非传统安全问题日益突出，在维护民族团结、国家安全和生态安全等方面面临的压力和挑战不容低估。边疆地区仍然是全面建成小康社会的特殊短板和薄弱环节。

二、实施边疆振兴战略的重大意义

习近平总书记强调"治国必治边",边疆发展关乎国家长治久安和长远发展。实施边疆振兴战略,是统筹中华民族伟大复兴战略全局和世界百年未有之大变局,实现"两个一百年"奋斗目标和中华民族伟大复兴中国梦的必然要求,具有重大现实意义和深远历史意义。

实施边疆振兴战略是构建我国新发展格局的现实需要。当前,我国要形成以国内大循环为主体、国内国际双循环相互促进的新发展格局。边疆地区资源禀赋优越,地缘优势突出,需求和市场庞大,具有潜力足、回旋余地大的优势,在国内大循环中具有释放内需潜力、扩展国家发展战略回旋空间的重要功能,在国内国际双循环中又承担着沿边开放和内通外联的功能,在构建国内国际双循环相互促进的新发展格局中大有作为。

实施边疆振兴战略是补齐全面建成小康社会短板和巩固提升脱贫攻坚重要成果的关键举措。我国即将完成脱贫攻坚目标任务,全面建成小康社会,为实现中华民族伟大复兴中国梦奠定关键一步。在全面建成小康社会和脱贫攻坚取得决定性成就的新形势下,边疆地区还存在发展不平衡不充分和发展质量不高的问题,同时边疆少数民族地区贫困程度深、致贫因素复杂顽固,脱贫人口返贫和边缘人口致贫风险高。实施边疆振兴将有利于补齐全面建成小康社会短板,夯实高质量发展基础,巩固脱贫成果,确保脱贫攻坚成色足、可持续。

实施边疆振兴战略是形成优势互补高质量发展的区域经济布局的必然要求。我国经济发展的空间结构正在发生深刻变化，边疆地区在我国区域经济布局中的作用和定位更加明确和突出。按照新形势下促进区域协调发展的思路，边疆振兴战略将有效提升边疆地区发展能力，增强人口和经济支撑，发挥好生态安全、边疆安全等方面的功能。在国家区域统筹发展和区域经济布局中，更好地发挥比较优势，实现边疆地区的高质量发展，有效促进生态保护、民族团结和边疆稳定。

实施边疆振兴战略是巩固边疆安全、生态安全和民族团结的重要保障。边疆少数民族地区是重要的国家安全、生态安全屏障，也是维护民族团结，铸牢中华民族共同体意识的前沿阵地。在当前形势下，统筹发展与安全两件大事，统筹传统安全与非传统安全两个领域，切实维护边疆稳固、民族团结和生态安全显得尤为迫切。因此，实施边疆振兴战略是维护边疆稳固和增进民族团结的固本之策，也是推进边疆生态文明建设，筑牢国家生态安全屏障的千年大计。

三、实施"边疆振兴"战略的具体设想

（一）发挥边疆安全屏障作用，推升边疆应对公共事件能力

充分发挥边疆地区在维护国家安全和社会稳定的安全屏障作用。边疆安全是国家安全的重要组成部分，往往也是国

家安全中首当其冲的部分，其层次多元、内涵丰富，包括政治、经济、文化、军事、环境等方面。坚持以总体国家安全观为指导，探究维护传统安全与非传统安全的基本方略，实现边疆民族地区的稳定，为边疆振兴与发展营造良好的环境。统筹发展与安全两件大事，更好发挥边疆地区国家安全屏障作用，构建坚实可靠的社会安全体系。

加强公共卫生服务体系和突发公共事件应急体系建设。面对突发公共卫生事件，我国边疆地区势必成为外防输入的前沿阵地，其公共卫生服务体系将承受极大的压力。对此，应及时加大投入力度、配备必要设施设备、强化人才培养、下大力气改善边疆少数民族地区疫情防控工作薄弱现状等全面加强公共卫生服务体系和突发公共事件应急体系建设，尤其是提高边疆少数民族地区应对疫情快速反应、防控的能力，努力提升防范化解重大传染疾病与生物安全风险的能力，强化风险意识，常观大势、常思大局，科学预见形势发展走势和隐藏其中的风险挑战，提升自身防范重大医疗风险的能力，使边疆地区广大人民群众的生命健康安全得到切实保障。

（二）加大政策扶持力度，提升边疆对外开放合作水平

优化转移支付和对口支援机制。从财政收支结构而言，边疆地区受各种因素的影响，一般是属于入不敷出的情况。历史上的王朝国家为维持边疆地区的财政平衡，也曾采取了酌盈剂虚的"协饷制度"等相应保障制度。今年是兴边富民行动实施20周年之际，在乘势开启第二个一百年目标新征程之际，要在边疆地区进一步实施差别化的区域政策，优化转

移支付和对口支援机制，继续实施针对边疆民族地区的扶持政策，继续在财政政策和金融政策上予以扶持，继续在资源开发与生态补偿政策上予以扶持和设立专项基金，改善民生等。

以共建"一带一路"为引领，提升边疆地区开放合作水平。边疆地区因其地缘优势，位于我国开放的前沿地区。边疆地区应积极参与和融入"一带一路"建设，实现对外开放发展的新突破：一是在国内拓展区际互动合作，建立健全边疆地区与毗邻地区、与中部、东部沿海地区多层次、多平台的协同开放发展机制；二是充分发挥边疆地区的地缘优势，构建与邻国多层次的开放平台，如支持内蒙古深度参与中蒙俄经济走廊建设，提升云南与澜沧江—湄公河区域开放合作水平等；三是结合自身的资源优势，利用宝贵的发展机遇，利用"一带一路"加强同沿线区域的联动，推动区域经济社会发展模式由速度向质量方面的转变。

（三）坚持生态固边、文化兴边长期战略，维护边疆稳定

加大美丽边疆建设力度，筑牢国家生态安全屏障。我国边疆地区地域辽阔，自然风光壮丽妖娆，生态多样，包括内蒙古的草原，东北地区的森林、雪山，云南的热带雨林等。历史的经验已经明确警醒我们以牺牲生态环境的发展模式是行不通的，必须走尊重自然、顺应自然的可持续发展道路。坚定贯彻绿水青山就是金山银山理念，坚持在开发中保护、在保护中开发，把祖国的边疆风景线打造得更加亮丽，为绿色、生态、可持续发展打下坚实基础。

坚持文化兴边，推动边疆民族特色文化旅游产业的发展。我国的边疆地区在历史长河的发展中形成了众多不同类型、各具特色的区域文化。同时边疆地区世居着众多的少数民族，均有自己本民族特有的文化。多民族国家文化的丰富性，是中华民族宝贵的文化遗产和资源，虽然边疆地区的不少文化已经获得了国家非物质文化遗产的保护，但这仍无法满足人民群众日益增长的文化需求与我国文化强国发展的现实迫切需要。边疆振兴离不开文化振兴，在文化旅游方面总体布局，在今后的发展中应强调边疆地区的文化与自然资源结合起来，文化产业开发与保护并重，以旅游业助推文化繁荣，积极落实"文化兴边"政策。

（本文写于2020年8月）

五

"一带一路"与南方丝绸之路经济大走廊构想

引 言

中国是世界文明古国。在古代世界相当长的历史时期，中国以其高度发达的经济与文明，在世界经济格局中发挥着火车头的作用。作为世界经济发展的火车头，中国正是通过西北陆上丝绸之路、东南海上丝绸之路和南方陆上丝绸之路，形成了全面的对外开放体系，拉动着世界各国的发展，从而对世界经济与文明的发展做出了自己的卓越贡献。

在21世纪，随着中国的发展与崛起，中国将再次成为世界经济发展的火车头。享誉全球的德国著名历史学家贡德·弗兰克在《白银资本》①一书中，站在全球历史发展的高度，敏锐地指出：21世纪必将是东方的世纪，必将是中国的世纪。而作为21世纪新的火车头，中国古老的丝绸之路必将焕

① [德] 贡德·弗兰克著，刘北成译：《白银资本——重视经济全球化中的东方》，中央编译出版社，2001年。

227

发出新的勃勃生机，再次以开放的态势走向世界、融入世界、影响世界。"一带一路"倡议的提出，立足中国，放眼世界，顺应潮流，面向未来，将对中国崛起和促进世界经济与文明发展起到重要的作用。

因此，"一带一路"既是中国战略，又是世界战略；既是现实战略，又是未来战略。这一战略，实际上是中国崛起的火车头战略。从这一认识出发，我们拟对南方丝绸之路的历史特征和历史启示作一简要探讨。

一、关于"丝绸之路"的历史内涵

1. "丝绸之路"概念的提出

众所周知，"丝绸之路"是德国地理学家费迪南德·冯·李希霍芬[1]在19世纪后期提出的一个概念，他把"自公元前114年至公元127年间连接中国与河中以及印度的丝绸贸易的西域道路"[2]称为 Seidenstrassen，"丝绸之路"（Silk Road）为其英译名。它主要指我国古代西北陆上的对外通道，之后逐渐为学术界所接受和认同。与西北陆上丝绸之路

---

①费迪南德·冯·李希霍芬是较早对中国地质、地理和经济资源进行亲身考察的西方人，他在中国的考察成果主要有《李希霍芬男爵书简》[Letter from Richthofen, shanghai, 1870—1872]，《中国：亲身旅行和据此所作研究的成果》（China: Ergebnisse erigener reisen und darauf gegründeter studien)。见[英]罗伯特·迪金森著，葛以德等译：《近代地理学创建人》，商务印书馆，1980年。

②Richthofen, F.V.: China, Bd. 1, Berlin, 1877, 454 ff.

相对应，日本学者三杉隆敏在1967年又提出了"海上丝绸之路"的概念。[①]20世纪80年代以来，四川和云南一部分学者提出了"南方丝绸之路"概念（又称为"西南丝绸之路"）。[②]

从中外学者的论述来看，大家之所以一致地将西北陆上通道称为"丝绸之路"，当是因为：第一，丝绸的贸易持续时间较长，规模较大，对其他商品的流动具有决定性的影响；第二，丝绸作为最为大宗的商品，对中外各国社会经济发展的影响甚大；第三，与此密切相关，丝绸成为联系中外关系的桥梁和纽带。由此看来，要准确地确定一条对外通道的名称，关键在于看通道上何种商品流通时间最长、规模最大，以及其对中外社会经济发展所产生的影响和它是否成为联系中外关系的桥梁和纽带。

2.关于"丝绸之路"的不同名称与探讨

随着学者们对丝绸之路研究的日益关注和研究在广度、深度上的进一步拓展，关于丝绸之路的命名，学者们先后提出了不同的观点。

对于北方陆上丝绸之路，日本学者冈崎敬和中国学者姜伯勤提出，可以将中国与世界沟通的北方丝绸之路称为"白银之路"。[③]中国学者叶舒宪认为，就国内而言应当称其为

---

① [日] 三杉隆敏：《探索海上的丝绸之路》，创文社昭和四二年（1967年）。

② 任乃强：《中西陆上的古商道——蜀布之路》，《文史杂志》1987年第1、2期；四川省钱币学会、云南省钱币研究会《南方丝绸之路货币研究》，四川人民出版社，1994年。

③ [日] 冈崎敬：《东西交涉考古学序说——丝绸之路与白银之路》，《东西交涉考古学》，平凡社，1973年；姜伯勤《敦煌吐鲁番文书与丝绸之路》文物出版社，1994年，第29页。

"玉石之路"，指出"河西走廊的文明史意义是双重的，对西方文明是丝绸之路，对华夏文明是玉石之路"。①

对于海上丝绸之路，日本学者三上次男认为，宋代以后瓷器已经取代丝绸成为中国从海上出口的最大宗商品，因此，他提出可以将海上丝绸之路称为"陶瓷之路"②。也有日本学者认为经由海上丝绸之路有大量香料、玻璃流入中国，对中国经济社会影响较大，还可以称为"香料之路"③。

与北方丝绸之路和海上丝绸之路名称的多样化类似，学者们对南方丝绸之路也有不同的称呼：任乃强认为蜀布是南方丝绸之路上最早流通的商品，故而称其为"蜀布之路"。④木霁弘认为自唐代以后就有茶叶沿着西南这条对外通道进入南亚、东南亚，提出应当称其为"茶叶之路"⑤。我本人基于对南方丝绸之路上商品流通的时间、规模和影响力考察，认为贝币无疑是最值得关注的商品，并提出"贝币之路"⑥的概念。

①叶舒宪：《丝绸之路还是玉石之路——河西走廊与华夏文明传统的重构》，《探索与争鸣》2013年第7期。

②［日］三上次男著，胡德芬译：《陶瓷之路——东西文明接触点的探索》，天津人民出版社，1983年。

③［日］护雅夫、别枝达夫：《丝绸之路与香料之岛》，文艺春秋社，昭和四三年（1968年）；［日］山田宪太郎：《东西香料史研究》，中央公论美术出版，昭和五一年（1976年）；［日］由水常雄：《玻璃之道》，德间书店，昭和四八年（1973年）。

④任乃强：《中西陆上的古商道——蜀布之路》，《文史杂志》1987年第1、2期。

⑤木霁弘：《南方陆上的古通道——茶马古道》，《思想战线》2001年第5期。

⑥林文勋：《是"丝绸之路"，还是"贝币之路"?》，《思想战线》2001年第5期。

3.对"丝绸之路"的不同命名，说明其具有多元性、包容性和开放性

学术界对"丝绸之路"之所以有如此多的不同命名，主要是基于在上述三条对外重要通道上流通的商品种类繁多，而且对东西方有影响力的重要商品也不是唯一的。仔细分析后可以看出，不同的命名虽然各有侧重（即强调某一商品在该商道上的重要性），但有一点是共同的——大家都承认在西北陆上丝绸之路、东南海上丝绸之路、南方丝绸之路这三条中国对外重要通道上多元因素并存，有着很强的包容性和开放性。

首先，从历史记载来看，三条对外通道都存在多元性这一重要特征。

北方陆上丝绸之路上流通的商品，正如日本学者长泽和俊所描述的那样，中国的汉锦、纸张、陶器和罗马的玻璃、伊朗的银制品、犍陀罗的佛教美术、希腊的图案、波斯锦等，"是宏伟历史与文化的写照"[1]。海上丝绸之路流通的东西方商品包罗万象，正如北京大学陈炎教授所总结的那样，既把中国丝绸、四大发明、瓷器、药学、中草药等传布到世界各地，同时也把外国的珍珠、象牙、香料等特产，金、银、铜等矿产，动植物和经济作物等新品种传入中国。[2]南方丝绸之路上流通的商品种类依然繁多，中国蜀布、邛竹

①［日］长泽和俊著，钟美珠译：《丝绸之路史研究》之"丝绸之路研究之展望（代序）"，天津古籍出版社，1990年，第4页。

②陈炎：《陈炎文集》（中）第二卷，五、海上丝绸之路研究之《论海上丝绸之路与中外文化交流》，中华书局，2006年，第675页。

杖^①和缅甸、泰国、印度等国的奇珍、盐、锦、贝币等^②互有流通。

其次，丝绸之路不但具有多元性，还体现出很强的包容性。

李希霍芬之所以把北方陆上对外通道称为"丝绸之路"，这是因为从历史上来看，这条古道完全可以称为丝绸贸易之路。众所周知，我国以产丝闻名中外，丝绸成为我国最早流通到西方的重要商品，早在公元前四世纪的希腊古典著作中，就把中国称为"赛里斯"（丝国）。^③正是基于这一史实，众多学者在研究中都接受和使用了"丝绸之路"或"丝绸贸易路"的名称。^④受这一影响，不少学者把东南海上对外通道称为"海上丝绸之路"，把西南对外通道称为"南方丝绸之路"。这说明东西方学者大都认识到了"丝绸之路"概念的包容性是很强的，是对中国对外通道的泛称。换言之，尽管有学者先后提出了"白银之路""玉石之路""陶瓷之路""贝币之路""蜀布之路""茶叶之路"等新概念，其实这只是从不同方面揭示了三条古丝绸之路的历史特征和丰富内

---

①[汉] 司马迁撰：《史记》，中华书局，1963年，第2995、2996页。

②[元] 张道宗：《纪古滇说集》，云南大学历史系油印本，1985年，第9页。

③参见张星烺编：《中西交通史料汇编》第1册，中华书局，1977年，第17页。

④Hermann, A（[德] 赫尔曼）: Die alter Seidenstrassen zwischen China and Syrien（《中国与叙利亚间的古代丝绸之路》），Berlin，1910，10 ff.; Hudson, F G.: Europe and China, London, 1931. Silk, trade in, 64.66 ff.159.203 etc.（参见[英] G·F·赫德逊著，王遵仲、李申、张毅译，何兆武校：《欧洲与中国》，中华书局，1995年）

涵，充分说明历史上这三条通道上流通的商品种类繁多，多种文化形态并存，是三条复合型之路。"丝绸之路"的"丝绸"一词，不应当只把它简单地看作是特定商品名称，"丝绸之路"应当作为一条中国之路来看待。

最后，就"丝绸之路"的开通及其发展历史来看，它从一开始就具有很强的开放性。

我们应当站在何种高度上来看待"丝绸之路"的开放性？要把"丝绸之路"的开通本身看成是当时中国对外开放政策的产物。日本学者长泽和俊认为："丝绸之路作为贯通亚非大陆的动脉，是世界史发展的中心。"[1]这无疑是对"丝绸之路"开放性的最好诠释。中国学者陈炎说："海上丝路本身是这种对外开放政策的产物。"[2]并把"丝绸之路"的兴衰与对外开放的程度紧密地联系在一起进行了探讨。进入21世纪以后，一些学者提出应当把云南与东南亚看作一个整体来进行研究，重视云南与东南亚、云南与孟加拉湾地区的历史联系。[3]这种从全球的视野来探讨云南历史发展的观点，正是认识到南方丝绸之路本身就是一条中国西南对外开放之路，作为南方丝绸之路门户的云南，古往今来就是一个开放

①［日］长泽和俊著，钟美珠译：《丝绸之路史研究》之"丝绸之路研究之展望（代序）"，天津古籍出版社，1990年，第3页。

②陈炎：《陈炎文集》（下）第三卷，八、忆往之《〈澳门港与海上丝绸之路〉自序》，中华书局，2006年，第1477页。

③参见孙来臣："明朝与东南亚的陆上交通，1368—1644"，密歇根大学博士学位论文，2000年）；杨斌：《季风之北，彩云之南：云南的形成（公元前二世纪——公元二十世纪）》，哥伦比亚大学出版社，2008年。

的体系。

4.今天我们研究"丝绸之路"，应注意它丰富的内涵

从"丝绸之路"的发展历史来看，它有着极其丰富的内涵，既是一条"经济之路"，又是一条"文化之路"，还是一条"友谊之路"。

首先，它是一条"经济之路"。丝绸之路虽然是一条复合型之路，但其最引人注目的，无疑是往来频繁的商旅和闻名中外的商品，因为它首先是一条贸易之路。学术界对三条对外重要通道通称为"丝绸之路"，正是因为看到了这一点。

其次，它还是一条"文化之路"。"丝绸之路"将中国文明、印度文明、埃及文明等人类古文明有机地串联起来，成为古代东西文明交流的桥梁，可以说是世界主要文明的一条动力源，更是中国文化对外传播的重要渠道。

最后，它还是一条"友谊之路"。通过"丝绸之路"，东西方的商队、使者传播着友谊。陈炎指出："丝绸之路"不仅是东西方经济文化交流的桥梁和纽带，"而且也是传播我国人民和平友好，使中华民族走向世界的'友谊之路'"。[①]

"丝绸之路"所具有的多元性、包容性和开放性，充分说明"丝绸之路"完全是一条复合型之路。这就要求我们在探讨"丝绸之路"的功能时，要注意它的复合性并深入挖掘其丰富内涵。同时，由于它是联系中外经济文化的重要通道，因而在发挥它的作用和功能时，要注意它的双向性。通

---

①陈炎：《陈炎文集》（下）第三卷，八、忆往之《〈澳门港与海上丝绸之路〉自序》，中华书局，2006年，第1477页。

过"丝绸之路"，中国既影响了世界，世界也影响了中国。

二、南方丝绸之路的历史特征

西南地区经云南腹地很早就有通往东南亚、南亚的交通线。据《史记》记载：西汉元狩元年（前122年），张骞在出使大夏时见到了从身毒国（古印度）转运出去的蜀布、邛竹杖。[①]据有关专家考证，这条通道起始于成都，"其主干道分东西二路，西路（即古旄牛道）从成都出发，经雅安、西昌，渡金沙江入滇，经大姚到大理；东路亦从成都出发，沿岷江而下，经乐山、宜宾，沿秦修五尺道南行，入滇后经昭通、曲靖、昆明、楚雄到达大理，东西二线在大理汇合后，经保山、腾冲到达缅甸，再西行至印度。"[②]联系我国北方的对外通道被称为"丝绸之路"，许多学者将其称为"南方丝绸之路""西南丝绸之路""南方陆上丝绸之路"。

与北方丝绸之路与海上丝绸之路的研究相比较，对南方丝绸之路的研究无疑重视不够，这与南方丝绸之路的历史地位极不相符。事实上，南方丝绸之路有着丰富的历史内涵和独特的历史特征，有着进一步深入挖掘的重大学术价值和现实意义，著名历史学家李学勤教授也说："几条丝绸之路里

---

①[汉] 司马迁撰：《史记》（第9册）卷116《西南夷列传》第五十六，中华书局，1963年，第2995、2996页。

②李俊：《西南丝绸之路与云南贝币的流通》，《云南文物》1994年第38期。

面，最值得进一步研究的是西南丝绸之路"。[1]

1.开通时间早

南方丝绸之路的称呼虽然在20世纪80年代以后才出现，但这条商道的开通时间却很悠久，从《史记·西南夷列传》记载来看，早在西汉元狩元年（前122年）之前已经开通。熊永忠甚至认为"早在战国时代，就有印度、缅甸等地的商人，通过'丝绸南路'把贝带进云南"[2]。这无疑比汉代开通的北方陆上丝绸之路和唐代开通的海上丝绸之路更早。

2.对云南历史发展影响大

人们在看待云南历史发展时，总是将云南看成是一个封闭的系统，甚至将云南视为封闭的代名词。但是，从丝绸之路来看，应该说，云南历史发展很早就是一个开放的系统，有着很强的开放性。这种开放性究竟达到何等高度？可以说，云南很早就与东南亚、南亚形成了一个货币流通圈和市场圈。最能说明这一问题的就是贝币的流通。

据中国文献记载，唐朝僧人玄奘在7世纪中期到印度时已经看到贝币在当地作为货币使用。[3]这与《新唐书》记载中天竺（中印度）"以贝齿为货"[4]相吻合。宋代赵汝括的

①李学勤：《三星堆文化与西南丝绸之路》，《巴蜀文化研究集刊7·南方丝绸之路论集2》，巴蜀书社，2012年，第11页。

②熊永忠：《云南古代用贝试探》，《云南文物》1986年第20期。

③[唐] 玄奘撰，季羡林校注：《大唐西域记》，中华书局，1985年，第217页。

④[宋] 欧阳修、宋祁撰：《新唐书》，中华书局，1975年，第6237页。

《诸番志》①，元代汪大渊的《岛夷志略》②，明代巩珍的《西洋番国志》③，皆记载了南亚、东南亚国家和地区流通贝币的情形。西方旅行家和学者的记述也说明了这点。14世纪摩洛哥著名旅行家伊本·白图泰（Ibn Battuta）在马尔代夫（Diva）看到了马尔代夫与孟加拉之间的海贝贸易。④而我们所熟悉的马可波罗（Marco Polo）也提到孟加拉和暹罗（Lochac）有贝币流通。⑤德国汉学家Hans Ulrich Vogel（傅汉思）也发现作为内陆国家的老挝，17世纪时以海贝为钱币。⑥

无独有偶，云南历史上也长期用海贝作货币流通。云南所使用的贝币，主要来自南亚东南亚地区。《马可波罗行记》记载哈剌章州（云南大理）使用贝币时说："彼等亦用前述之海贝，然非本地所出，而来自印度。"这已为诸多文献记载和近代考古发现所证明。

显然，历史上云南与南亚、东南亚国家和地区不仅是一个货币圈，还是同一个贸易圈。从这个意义上讲，南方丝绸

---

①［宋］赵汝括撰，杨博文校释：《诸番志》，中华书局，1996年，第86页。

②［元］汪大渊撰，苏继廎校释：《岛夷志略》，中华书局，2000年，第155页。

③［明］巩珍撰，向达校注：《西洋番国志》，中华书局，1962年，第33页。

④ Ibn Battuta（伊本·白图泰），Travls in Asia and Africa 1325—1354 (Routledge & Kegan Paul, 1983), 243.

⑤ Paul Pelliot（伯希和），Notes on Marco Polo (Paris, 1959), Vol. 1, 552.

⑥Hans Ulrich Vogel（傅汉思），"Cowry Trade and Its Role in the Economy of Yunnan: From the Ninth to the Mid-Seventeenth Century (Part I)." Journal of the Economic and Social History of the Orient, Vol. 36, no.3 (1993), 230. 注：印度称小海贝为cowrie.

之路使云南很早就成为一个开放的体系。开放是云南历史发展的重要特征，并且是历史发展的必然选择。因此，今天的云南理应在国家西向开放战略和"一带一路"中发挥重要作用。

3.以"贝币之路"形成其区域特色

从历史上南方丝绸之路流通的丝绸来看，其规模、影响根本无法与北方丝绸之路和海上丝绸之路上流通的丝绸相提并论。而与丝绸的流通形成鲜明对比，东南亚、南亚的海贝却很早就沿着这条通道大量流入云南。这些大批流入的海贝，从春秋战国起，直至明清之际云南"废贝行钱"，一直作为云南主要的法定货币，流通使用两千余年，可谓对社会经济发展影响甚大。

云南省博物馆的王大道先生曾根据云南考古发现的海贝，绘制了一幅云南出土货币分布图。该图显示，贝币的分布，除少量分布在滇南的景洪、墨江、绿春等县市外，大多沿滇西向东，沿腾冲—大理—楚雄—禄丰—晋宁—昆明—曲靖—大关一线呈轴状分布。[1]而这些海贝，经中国科学院青岛海洋研究院所鉴定，"其产地是印度太平洋暖水区域，包括印度、菲律宾以及我国台湾、海南岛、西沙群岛等南海诸岛附近"[2]。其中，多数来自印度洋的马尔代夫群岛。这不就是一条"贝币之路"吗？

毫无疑问，云南自战国至清初两千年的贝币流通史，事

---

[1]王大道：《云南出土货币初探》，《云南文物》1987年第22期。

[2]李伟卿：《云南古代的铜铸艺术》，《云南青铜器论丛》，文物出版社，1981年，第30页。

实上也是云南与东南亚、南亚国家和地区间两千年的贸易史。贝币无疑是南方丝绸之路上最具代表性、最有特色、最有影响力的商品。这条"贝币之路"，既见证了南方丝绸之路的历史，促进了其繁荣，更重要的是，它早在两千年前就将云南的历史发展与南亚、东南亚的历史发展紧密地联系在一起。因此，"贝币之路"无疑是南方丝绸之路最重要的历史特征，也是这一区域独有的特色。

三、南方丝绸之路经济大走廊建设构想

当前，为深入贯彻落实国家"一带一路"倡议，推进全方位对外开放体系建设，迫切需要重振南方丝绸之路的历史辉煌。为此，我们特建议国家依托古代南方丝绸之路，建设一条纵贯西安—成都—昆明直至东南亚、南亚的南方丝绸之路经济大走廊，将其建设成为我国对外开放的大走廊、西部开发的大走廊、民族团结的大走廊，从而把"丝绸之路经济带"和21世纪"海上丝绸之路"有机连接起来，将国内发展与对外开放有机对接起来，构筑起内外联通、海陆并进的全方位开放体系。

南方丝绸之路经济大走廊建设有着深厚的历史基础。根据《史记》的记载，这条通道北起四川成都，经云南腹地，通往东南亚、南亚国家和地区。据考证，这条通道至迟开通于公元前四世纪，远早于我国西北陆上丝绸之路和东南海上丝绸之路。在古代社会，中国正是通过西北陆上丝绸之路、西南南方丝绸之路和东南海上丝绸之路，实现了与亚、非、

欧相关国家的道路联通、贸易畅通、货币流通、民心相通，建立起全方位的开放体系，将古老的中国文明、印度文明、埃及文明等人类古文明有机地串联起来，构架起一条中国与中亚、西亚、东南亚、南亚、非洲之间的经济之路、文化之路和友谊之路。通过丝绸之路，各民族互通有无、互融共进，使得中国既影响了世界，世界也影响了中国。因此，以古代南方丝绸之路为依托，建设一条纵贯西安—成都—昆明直至东南亚、南亚的南方丝绸之路经济大走廊，有利于重振中国古代三条丝绸之路的辉煌，更好地服务于国家"一带一路"倡议，构建新时期的全方位开放体系。

建设南方丝绸之路经济大走廊有着重要的现实意义。我国改革开放30多年来，对外开放取得了举世瞩目的伟大成就。尤其是2000年国家实施西部大开发战略以来，西部各省区迎来了经济增长最快、发展质量最好、综合实力提高最为显著、城乡面貌变化最大、人民群众得到实惠最多的发展时期。然而，受地理区位、资源禀赋、发展基础等因素影响，对外开放总体呈现出"东快西慢、海强陆弱"的格局。因此，建设一条纵贯西安—成都—昆明直至东南亚、南亚的南方丝绸之路经济大走廊，可以将西部地区陕西、成都、云南、贵州、广西等省区有机连接起来，把长江经济带、泛珠三角区域经济带，乃至将孟中印缅、中巴经济走廊有机连接起来，把历史时期的两颗经济明珠——成都和关中平原两个天府之国有机联系起来，重振西部两颗经济明珠的辉煌，将昆明打造成新的经济明珠，切实推进国家西部大开发战略。同时，南方丝绸之路经济大走廊所经之地，正是中国古代民族迁徙与融合的"藏彝走廊",也是今天中国境内重要的民族聚居区。推进南方丝绸之路经济大走廊建设,有利于推动境内藏、彝、羌、傈僳、纳西、白、普米、独龙、怒、哈尼、景颇等民族的经济文化交流,促进边疆的稳定和各民族的共同繁荣。

综上所述,依托南方丝绸之路,建设一条纵贯西安—成都—昆明直至东南亚、南亚的南方丝绸之路经济大走廊,将其打造成为中国沟通内外的对外开放大走廊、纵贯南北的西部开发大走廊、促进民族团结的大走廊,既有历史的依据,有现实的基础,也有未来的需要。为切实推进这条经济大走廊建设,特提出以下建议:将南方丝绸之路经济大走廊建设上升为国家战略,纳入"一带一路"之中统一实施;加强顶层设计,实现经济走廊与"一带一路"的对接融合;加强政策沟通和统筹协调,搭建南方丝绸之路经济大走廊相关省区合作平台,健全合作交流机制,统筹对外开放、西部开发和民族团结的关系,统筹陕西、四川、云南等相关省区的发展关系,提高资源配置的经济效益和社会效益,形成整体发展态势,激发整体活力;以道路联通、贸易畅通为抓手,加快推进西安—成都—昆明高速公路及高速铁路网络建设,搭建高效快捷的公路、铁路、航空综合运输体系,促进现代物流发展,形成跨区域大合作格局。

(本文刊于《云南师范大学学报(哲学社会科学版)》2016年第2期)

"贝币之路"及其在云南边疆史研究中的意义

一

西南地区经云南腹地很早就有通往东南亚、南亚的交通线。《史记》卷116《西南夷列传》记载：西汉元狩元年（前122年），"博望侯张骞使大夏来，言居大夏时见蜀布、邛竹杖，使问所从来，曰：'从东南身毒国，可数千里，得蜀贾人市。'或闻邛西可二千里有身毒国。骞因盛言大夏在汉西南，慕中国，患匈奴隔其道，诚通蜀，身毒国，道便近，有利无害。于是天子乃令王然于、柏始昌、吕越人等，使间出西夷西，指求身毒国。"据有关专家考证，这条通道起始于成都，"其主干道分东西二路，西路（即古旄牛道）从成都出发，经雅安、西昌，渡金沙江入滇，经大姚到大理；东路亦从成都出发，沿岷江而下，经乐山、宜宾，沿秦修五尺道南行，入滇后经昭通、曲靖、昆明、楚雄到达大理，东西二线在大理汇合后，经保山、腾冲到达缅甸，再西行至印度。"①联系我国北方的对外通道被称为"丝绸之路",许多学者将西南地区经过云南腹地通向东南亚、南亚的交通通道称为"西南丝绸之路"或"南方陆上丝绸之路"。如熊永忠认为"早在战国时代,就有印度、缅甸等地的商人,通过'丝绸南路'把贝带进云南"。②据上引史料,显然,这些通往东南亚、南亚的交通线上有无丝绸流动,本身还是一个问题。因为,史料中提到的"蜀布"并不等于就是"丝绸"。可见,上述通道被称为"丝绸之路",更主要是受北方"丝绸之路"这一概念影响的缘故。也就是说,人们是从西北陆上丝绸之路的既有事实出发,很大程度上是主观地将西南经云南腹地的对外通道定义为"丝绸之路"的。

众所周知,"丝绸之路"是德国地理学家费迪南德·冯·李希霍芬在十九世纪后期提出的一个概念,③之后逐渐为学术界所接受和认同。它主要指我国古代西北陆上的对外通道。从中外学者的论述来看(代表性成果有王炳华编著:《丝绸之路研究丛书》[全20册],新疆人民出版社,2009年版),大家之所以一致地将这条通道称为"丝绸之路",当是因为:第一,丝绸的流动持续时间较长,规模较大,对其他

---

①李俊:《西南丝绸之路与云南贝币的流通》,《云南文物》1994年第38期。

②熊永忠:《云南古代用贝试探》,《云南文物》1986年第20期。

③[德]费迪南德·冯·李希霍芬是较早对中国地质、地理和经济资源进行亲身考察的西方人,他在中国的考察成果主要有《李希霍芬男爵书简》(Letter from Richthofen, shanghai, 1870—1872)(1903年上海出版)、《中国:亲身旅行和据此所作研究的成果》(China: Ergebnisse erigener reisen und darauf gegründeter studien)(见[英]罗伯特·迪金森著、葛以德等译:《近代地理学创建人》,商务印书馆,1980年)。

商品的流动具有决定性的影响；第二，丝绸作为最为大宗的商品，对中外各国社会经济发展的影响甚大；第三，与此密切相关，丝绸成为联系中外关系的桥梁和纽带。由此看来，要准确地确定一条对外通道的名称，关键在于看通道上何种商品流通时间最长、规模最大，以及其对中外社会经济发展所产生的影响和它是否成为联系中外关系的桥梁和纽带。以此标准来衡量西南经云南腹地对外通道上的商品流通，在很长的历史时期，云南及西南输往国外的商品主要为一些土特产品，而东南亚和南亚输往云南及西南的商品则多为珠宝、玉石等贵重物；只是到了清代后期和近代，生丝才一度有大量的流通。因此，称这条通道为"丝绸之路"，显然不妥。

　　与丝绸的流通形成鲜明对比，在西南经云南腹地通向东南亚、南亚的对外通道上，东南亚、南亚的海贝却很早就大量流入云南。其流入时间，最迟自春秋战国起。此后，历汉晋、南北朝、隋、唐、宋、元、明及清初，海贝均源源不断地大量流入。可见，海贝流入的持续时间长、规模大。这些大批流入的海贝，从春秋战国起，直至明清之际云南"废贝行钱"，一直作为云南主要的法定货币，流通使用两千余年，可谓对社会经济发展影响甚大。毫无疑问，海贝在古代一直是流动于西南经云南腹地通向东南亚、南亚交通线上的最为大宗的商品，并且是充当货币的特殊商品，起到了桥梁和纽带的作用。因此，与其将这条通道称为"丝绸之路"，还不如称之为"贝币之路"，这更接近历史事实，也更为科学和准确。

　　考古发现证实了"贝币之路"的存在。

早在1941年，云南剑川河北村的元代火葬墓中就出土有海贝。[①]

20世纪50年代初期，曾对滇西鹤庆、洱源、邓川、大理、下关、宾川、巍山、楚雄等地的大理国至明代的火葬墓进行调查，这些墓中大都发现了海贝。[②]

1955至1960年，云南考古工作队对晋宁石寨山滇王及其亲族古墓群进行四次发掘。在发掘的50座古墓中，有17座出土有海贝，总计约14万9千余枚，重400余公斤。[③]

1964年，在昭通大关发现的东汉崖墓中，其中三号墓出土海贝2枚。同墓还出土有王莽时期的金属货币"货泉"7枚，"大泉五十"22枚及东汉五铢300余枚。[④]

1972年，云南省考古工作队对江川县古墓群进行了发掘。在所发掘的27座墓中，第11、17、18、20、21、22、23、24号墓均出土有海贝。八座墓的海贝总数约11万2千余枚，重约300公斤。[⑤]

1976年，在维修南诏晚期所建大理崇圣寺千寻塔时，对塔刹和基座进行清理，曾出土海贝10多公斤，约3800余枚。与之同时出土的有"开元通宝"和金、银、铜及水晶质地的

①万斯年：《云南剑川元代火葬墓之发掘》，《考古通讯》1957年第1期。

②孙太初：《云南西部的火葬墓》，《考古通讯》1955年第4期。

③王大道：《云南出土货币初探》，《云南文物》1987年第22期。

④云南省文物工作队：《云南大关、昭通东汉崖墓清理报告》，《考古》1965年第3期。

⑤云南省博物馆：《云南江川李家山古墓群发掘报告》，《考古学报》1975年第2期。

佛像等。①

1979年底至1980年初，在呈贡天子庙发现的古墓中，其中的第41号墓中，出土海贝1500余枚。②

1980年，在剑川凤山发掘的217座古墓群中，有2座出土海贝。其中第81号墓出土43枚，第155号墓出土4枚。③

同年，在对曲靖珠街八塔台古墓群的发掘过程中，所有304座墓中就有112座发现海贝，总数653枚。每座墓1至20枚不等，但多数墓随葬贝在6至7枚之间。④

1986年，在对西双版纳景洪县曼阁渡口古墓的发掘中，出土海贝189枚。⑤

上述这些墓葬，年代最早的为春秋战国，西汉、东汉、唐、宋、元历代均有，最晚的为明清时期。可以推定，在自春秋战国至明清的数千年间，云南一直有海贝输入。

王大道先生在《云南出土货币初探》一文中，根据云南考古出土的海贝，绘制了《云南出土货币分布图》，该图显示，海贝分布的路线，除少量分布在滇南的景洪、墨江、绿春等县市外，大多沿滇西向东，围绕腾冲—大理—楚雄—禄

---

①云南省文物工作队：《大理崇圣寺三塔主塔的实测和清理》，《考古学报》1981年第2期。

②昆明市文物管理委员会：《呈贡天子庙滇墓》，《考古学报》1985年第4期。

③云南省博物馆文物工作队：《云南剑川鳌凤山墓地发掘简报》，《文物》1986年第7期。

④王大道：《云南出土货币初探》，《云南文物》1987年第22期。

⑤《云南景洪曼阁渡口古墓葬清理简报》，《东南文化》1992年第1期。

丰—晋宁—昆明—曲靖—大关一线呈轴状分布。[①]其中，大理洱海区域和滇池区域是海贝出土最为广泛的两个核心区。这条轴线，正是云南古代对外联系最为重要的交通路线。这充分说明，云南古代的对外交通线就是一条"贝币之路"。

二

云南古代墓葬中出土的海贝，经有关人员寄往中国科学院青岛海洋研究所鉴定，结论是："其产地是印度西太平洋暖水区域，包括印度、菲律宾以及我国台湾、海南岛、西沙群岛等南海诸岛附近。"[②]其中，又有相当数量是来自印度洋的马尔代夫群岛。可以肯定，云南所发现的海贝并非本地所产，而是来自南亚和东南亚国家和地区。

据中外史书记载，南亚和东南亚一带不仅盛产海贝，而且长期以海贝作为货币使用。在长期使用海贝的过程中，东南亚、南亚形成了一个庞大的贝币市场，这个市场就是云南海贝的供给地。《马可波罗行纪》在记述哈剌章（大理）用贝作货币时即说："彼等亦用前述之海贝，然非本地所出，而来自印度。"[③]

那么，东南亚、南亚的海贝是怎样大量流入云南的呢？

---

①王大道：《云南出土货币初探》，《云南文物》1987年第22期。

②李伟卿：《云南古代的铜铸艺术》，《云南青铜器论丛》，文物出版社，1981年版，第30页。

③［意］马可波罗著，冯承钧译：《马可波罗行纪》，上海书店出版社，2001年，第290页。

如前所述，云南很早就有通往东南亚、南亚的交通线。西汉，张骞在大夏所看到的蜀布、邛竹杖就是沿着春秋战国即已存在的"蜀身毒道"运往印度和阿富汗等地，这说明当时云南与东南亚、南亚一直有着较为频繁的商品贸易。东汉时期，云南通往东南亚、南亚的这条道路在中国与海外国家的经济文化交流中发挥了重要的作用。从公元94年到公元166年，东南亚、南亚的掸国、日南等曾多次经云南到汉都洛阳朝贡。其中，永宁元年（120年），掸国国王雍由调遣使到洛阳献乐时，据《后汉书·西南夷列传》记载，还带来了"海西大秦幻人"。延熹九年（166年），据《后汉书》卷118记载，大秦王安敦遣使自日南徼外献象牙、犀角、玳瑁。这说明云南的对外通道通过东南亚、南亚还可通往阿拉伯地区直至欧洲。正因为交通的畅达和有着频繁的贸易关系，位于滇西的永昌城成为异物交汇的地区。《后汉书》卷86《西南夷列传》说：永昌"出铜、铁、铅、锡、金、银、光珠、虎魄、水精、琉璃、轲虫、蚌珠、孔雀、翡翠、犀象、猩猩、貊兽。"其中，轲虫就是海贝，它与虎魄（琥珀）、琉璃等并非云南所产，而是来自南亚和东南亚国家和地区。

魏晋南北朝时期，云南继续保有发达的对外交通。《三国志·魏书》卷30引鱼豢《魏略》说："大秦道既从海北陆通，又循海而南，与交趾七郡外夷比，又有水道通益州、永昌，故永昌出异物。"这说明云南通越南一带的交通颇为畅达。与此同时，云南通往印度等地的古道也十分畅达。《华阳国志·南中志》记载："永昌郡，属县八，户六万，去洛阳六千九百里，宁州之极西也。有闽、濮、鸠、僚、僄、越、裸濮、身毒之民。"这里提到的骠人和身毒之民应是到永昌经商的侨民。看来当时贸易的发展应十分繁荣。否则，永昌有骠人和身毒之民是不可想象的。

唐宋时期，云南的对外交通更有发展。唐代，据樊绰《云南志》的记载，云南与东南亚、南亚国家和地区之间，多有交通往还。在这些交通线上，出现了较为繁荣的对外贸易城市。如银生城（今景东），"又南有婆罗门、波斯、阇婆、勃泥、昆仑数种外道，交易之处，多诸珍宝，以黄金麝香为贵货"。[①]宋代，北宋熙宁八年（1075年），杨佐入云南买马，在云南驿前见到所标记的"里堠"。东至戎州，西至身毒，东南至交趾，东北至成都，北至大雪山，南至海上，"悉著其道里之详，审询其里堠多有完葺者"。[②]从"悉著其道里之详"来看，其交通应该是很畅达的。南宋时期，曾有东南亚、南亚的犀象等物品经云南流到四川黎州边境。当时，这条通道上不仅有商品流动，而且还有人员往还。五代宋初人孙光宪的《北梦琐言》说："唐咸通中，有天竺三藏僧，经过成都，晓五天胡语，通大小乘经律论，以北天竺与云南接壤，欲假途而还，为蜀察事者识之，縶于成都府"。（《太平广记》卷190）

元、明、清时期，云南纳入中原王朝直接统治之下，中原王朝在云南大力发展驿站交通，云南内部交通状况超过以往任何时期。内部交通的发展又拉动了对外交通的长足进

---

①[唐] 樊绰：《云南志》卷6《云南城镇第六》。

②[宋] 李焘著：《续资治通鉴长编》，中华书局，1985年，第6541页。

步。元代，不唯印度的海贝经对外通道进入云南，云南大理所产的良马，"躯大而美，贩售印度"。[1]明清两代，据谢肇淛《滇略》的记载，云南商人从缅甸将紫英、云母、水精、绿玉、碧真、古喇锦、西洋布、孩儿茶等贩运到云南。这些商品，"辐辏转贩，不胫而走四方"（［明］谢肇淛：《滇略》卷九）。

以往，大凡提到云南的对外交通，人们多想其受崇山峻岭的分割和阻隔，长期处于一种沉寂状态。事实上，横亘于西南的高山、大河并没有挡住古代先民对外的开拓。从上面历代云南对外交通的发展情况来看，云南的对外交通一直十分畅达，并在整个中国古代的对外交往中占有不可替代的重要作用。

从东南亚、南亚输入云南的海贝，正如下面即将揭示的，既是货币，也是一种重要的商品。既然存在频繁的贸易和经济交往，就必然会有商品的流动，这是经济发展的必然选择。东南亚、南亚的海贝，正是通过双方的贸易，沿着云南通往东南亚、南亚的对外通道不断流入云南的。前引《汉书》记载汉代永昌郡有蚵虫，元代《马可波罗行纪》记载大理使用的贝币来自印度，[2]以及明代谢肇淛《滇略》卷4《俗略》条讲："海内贸易皆用银钱，而滇中独用贝，贝又用小者，产于闽、广，近则老挝诸海中，不远千里而捆致之，俗

①［意］马可波罗著、冯承钧译：《马可波罗行纪》，上海书店出版社，2001年，第291页。

②［意］马可波罗著、冯承钧译：《马可波罗行纪》，上海书店出版社，2001年，第290页。

曰'呗'。"这些均可为证。

三

从东南亚、南亚输入的海贝到底在云南作何用途，目前存在一些争议。

对于这些海贝，究竟作何用途，长期存有争论。方国瑜先生认为，云南用海贝作货币始于唐代，在此之前，贝是用作装饰品的，而不是货币。他的根据是：第一，"在战国末年以前，云南各地的部族，社会生产力落后，即虽有贝只能用作装饰品，还不到发展为货币的时期。庄蹻来了，也不能把楚国货币流通在云南，因为货币是社会生产条件所决定的"。第二，晋宁石寨山发现的贝，贝面均无穿孔，这与明代云南各地坟墓中掘出的贝不同。"明代坟墓中的贝是作为货币用过的，都有穿孔的小洞，我所见过的贝都如此。"[①]并且，古代中原和世界其他民族用作货币的贝，都要穿孔，以便用绳索穿连成串。而云南这时的贝无穿孔，显然不是用作货币。

江应樑先生认为，云南春秋以至西汉墓中的海贝是作为货币使用的。他说："一般都说云南之用海贝是始自楚庄蹻王滇时，这话虽不尽可靠，但我们却可相信，云南之以海贝作货币，其起始必甚早，中间一贯相沿，直到元明时大批汉

₂₅₁

①方国瑜：《云南用贝作货币的时代及贝的来源》，《滇史论丛》第一辑，上海人民出版社，1982年，第247、253页。

民族移殖滇中，尚不能改革这种夷制而仍相随着使用海肥。"①李家瑞先生持同样的看法。他认为，"关于云南用贝币的记载，初见于《新唐书》的《南诏传》（见后），但是用贝做货币不会是始于南诏的，照亚洲各民族用贝币的通例，都是接着以物易物之后，也就是一个民族在物与物交易之后，开始用的货币必是自然物"。又说："近年云南省博物馆在晋宁县石寨山发掘得一座少数民族女酋长的墓，墓中发现了大量的小贝，为数在二万枚左右，分装在特制的很精致的四件青铜器内，从同时出土的器物及别县出土的墓葬证明它确实是西汉的贝币，但多到万数，储藏的器具又是为贝特制的，那已不是初用或少用时的情况，可知云南用贝做货币，已早在西汉以前了。"②李家瑞先生将云南西汉及其以前的贝看作货币，从文中的论述来看，主要论据是，白族、纳西族等民族财富、赌博等的读音和写法均与"贝"字有关，云南先民的原始货币是贝币。

杨寿川教授补充并发展了云南西汉及其以前的海贝是用作货币使用的观点。在《云南用贝作货币的起始时代》一文中，他提出："云南滇池区域用贝作货币的起始时代大致是战国时期，这一推断或许更接近于历史事实一些。"③其论据是：第一，贝币是我国中原地区最早的货币。云南发现的海贝，来源、种类、计数单位均与中原内地相同。并且，中原

①江应樑：《云南用贝考》，杨寿川编著《贝币研究》，云南大学出版社，1997年，第83页。

②李家瑞：《古代云南用贝币的大概情形》，《历史研究》1956年第9期。

③杨寿川：《云南用贝作货币的起始时代》，《思想战线》1981年第5期。

商周墓里用来殉葬的海贝，除少数放在死者口中或胸前、腹下外，一般都不放置在棺内尸骨之旁，而是有的盛于墓葬两端的铜鼎或铜甗以内，有的散置于棺外与殉葬的明器放在一起，还有的堆放在车马坑的车舆之中。云南古墓中的贝，也不放在棺内，而是装在专门的贮贝器或倒置的铜鼓以内，也不放在棺内，置于墓坑的前后两端，也有的是成堆地分置于墓底头端一侧。用如此精工制作的青铜贮贝器和作为"国之重器"的铜鼓来装贝，说明贝在当时是一种很贵重的财富。这种情况正与中原商周墓里用鼎甗盛贝的情况如出一辙。第二，中原商周墓出土的贝有"穿孔贝"和"无孔贝"两种，前者发现较多，后者发现较少。所以如此，是因为在商代早期，贝的主要用途是装饰品。在这一时期的墓葬中，这种"穿孔贝"或缀于柔带上挂于死者的胸前，或成串穿起来拴在死者腰际，这显然是用作装饰品，说明贝在用作货币之前，曾经用来作装饰品。晋宁、江川两地出土的贝，多为"无孔贝"。有的同志认为贝面无穿孔，"只能说明是装饰用的"。其实不然，这些"无孔贝"在墓里均置于棺外、器内或成堆散放，没有发现放在棺内尸骨之上的情况。而墓中作装饰用的玛瑙、玉管、绿松石及金扣子等，却是放在棺内尸骨之上，并且是穿孔连缀成串的。所以，当时贝并非作装饰品用。作为装饰品，应是唐宋以后的事。第三，也是更为重要的，战国至西汉时期，滇池地区的商品交换已有了一定程度的发展。随着商品交换的发展，需要有一种商品从其他商品中分离出来，固定地充当一般等价物。而据出土的一些器物图案来看，海贝事实上已在流通中充当了一般等价物。

有的学者既不同意贝为货币的观点，也不同意贝为装饰品的观点。持此意见的学者大多将贝看成一种宝贵的财富。熊永忠在《云南古代用贝试探》一文中指出，晋宁石寨山、江川李家山发现的海贝，见于奴隶主贵族的墓葬，而平民墓葬中没有发现。如果是货币，不应只见于贵族墓葬。因为，货币是没有贵族与平民之分的。再者，在当时滇人生活的滇池区域市场，云南与内地的商品市场，以及云南与外商交往的商品市场上，都找不到贝是货币的依据。但是，这样庞大数量的贝，而且又用制作异常精美的贮贝器来贮藏，说明贝的贵重。这些贝在当时应是一种财富的标志，以显示奴隶主的富有。①王东昕在《西汉及以前滇贝非"币"与"装饰品"论》中说，云南古墓中出土的海贝限于少数大型的奴隶主墓葬中，晋宁石寨山出土海贝的墓葬与墓葬总数之比为17∶50，江川李家山出土海贝墓葬与墓葬总数之比为8∶27，呈贡天子庙出土海贝墓葬与墓葬总数之比为1∶44，剑川鳌凤山出土的海贝也局限于少数奴隶主墓葬，可见，海贝不是货币。从海贝不是装饰品方面来看，第一，当时的各种装饰品均有穿孔，而海贝为无孔贝。第二，在各墓地出土的众多青铜器上，有很多人物铸像，大多数人物佩戴有装饰品，惟不见有海贝为装饰品者。因此，海贝不是装饰品。这样，它只可能是作为本地所无、来自遥远的印度洋和太平洋地区的稀罕之物件而成为当时该地区社会极少数特权人物的珍藏品。②

①熊永忠：《云南古代用贝试探》，《云南文物》1986年第20期。

②王东昕：《西汉及以前滇贝非"币"与"装饰品"论》，云南大学历史系编《史学论丛》第7辑，云南大学出版社，1999年，第233—240页。

我们认为，海贝在当时已是作货币使用。因为，云南地区的商品交换已有了一定程度的发展。商品交换的发展，需要有一种商品从商品交换中分离出来，固定地充当一般等价物，具备了货币产生的条件。

有的学者说，晋宁、江川等地墓葬中出土的海贝为无孔贝，显然不是货币。我们认为，决定海贝是否成为货币的关键，主要看是否具备产生货币的条件，而不是海贝有无穿孔。而且，在云南民族地区，无穿孔可能是货币，有穿孔反而可能不是货币。据一些学者上世纪六十年代对西盟佤族自治县的调查，在全县的大多数公社，没有见到一枚内地常用的硬币，全是纸分币在流通。而当时的内地，几乎全是硬分币，很难发现纸分币。原因何在？据当地商店的售货员说，佤族妇女特别喜欢硬分币，一旦有硬分币，她们就穿孔，将其钉在衣服上或挂包上，钉得越多越说明漂亮和富有。这样，硬分币钻孔后就变成了装饰品，而不再作为货币流通。如此看来，穿孔的反倒有可能不是货币，没有穿孔才是货币。

还有的学者说，如果是货币，海贝就应不只见于贵族的大型墓葬，在平民墓葬中也应该存在。其实，正因海贝是货币，奴隶主贵族才会埋葬大量海贝以显示其富有。而对于持有货币不多的贫民来说，要埋藏货币显然是不可能的。因此，海贝仅见于少数大型墓葬。这并不足以否定海贝的货币性质。

四

通过对"贝币之路"的研究，我们可以获得对云南历史发展问题的一些新的认识。

在以往对云南历史的研究中，绝大多数学者只谈中原内地对云南的影响，而基本不谈或根本不谈东南亚、南亚对云南的影响。具体到货币问题上，古往今来的学者常以我国上古三代曾经流通海贝为证，将云南使用海贝作货币说成是受中原内地的影响。早在明代正德年间，张志淳在《南园漫录》卷3《贝原》中说："云南用𧵣不用钱，𧵣即古之贝也。今士大夫以为夷俗，殊不知自是前古之制，至周而行钱，故货贝每见于古书。"[①]万历《云南通志》在追溯云南用贝的源头时，也上溯到上古三代的"货贝而宝龟"。但实际上，云南古代用贝作货币与上古三代用贝无任何渊源关系。因为，第一，云南用贝作货币始于春秋战国，此时上距夏、商、周数百年，无直接承继关系；第二，春秋战国时期，中原内地普遍使用金属铸币。如果云南与中原内地在货币上要有渊源关系的话，那么当时使用的应是金属铸币而不是贝币；第三，上古三代的贝币单位为朋，计算方法是采用十进位制，即十贝为朋。而云南贝币的单位为庄、手、苗、索，计算方法是采用四五进位制。这显然是两种不同的文化系统。

---

① 方国瑜编：《云南史料丛刊》第5卷，云南大学出版社，1998年，第151页。

为什么历来史家在云南货币问题上只谈中原内地的影响而不言东南亚、南亚，甚至将贝币流通也说成是中原货币文化影响的结果？究其原因，主要是观念问题所致。古代史家主要是受封建正统观念的束缚。当代许多学者则是顾虑如何看待云南与中原内地的关系问题。其实，这完全是两个根本不同的问题。云南自古以来是祖国历史不可分割的一部分，与中原内地很早即有紧密联系。但是，自从蜀身毒道开通以来，云南就与东南亚、南亚发生了密切的关系。这也是不可否认的历史事实。在双方的联系和交往中，有中国文化对东南亚、南亚的影响，但也有东南亚、南亚对中国的影响。影响应是双向的，这才符合历史发展的规律。云南用贝作货币就是东南亚、南亚影响的结果。

　　从贝币在云南几千年流通的历史来看，应该肯定中原内地和东南亚、南亚是交互影响云南历史发展的两股重要力量。大致说来，先秦时期，中原内地虽然对云南产生了影响，但这种影响还较为有限。否则，楚国庄蹻到滇池地区后就不会如《史记·西南夷列传》记载"变服，从其俗"。而东南亚、南亚对云南的影响，则比较突出。云南春秋战国古墓大量发现海贝即是最好的证明。秦汉以至魏晋南北朝，中原封建王朝大力经营西南地区，在云南境内设置郡县，封官置吏，实施统治。随着封建王朝统治的深入，中原货币文化对云南的影响大为增强，导致许多中原钱币大量流入云南，而东南亚、南亚的影响则有所削弱。唐宋时期，云南境内相继建立了统一的多民族政权，与中原封建王朝处于一种独立状态，中原内地的影响力量减弱，而东南亚、南亚的影响则迅速增强。这一时期，云南货币流通的重大变化使贝币在流通中确立起了主币的地位，这当与东南亚、南亚的影响增强直接有关。元、明、清时期，云南纳入中原王朝的直接统治之下，中原内地的影响又一次崛起并不断发展，最终排挤了东南亚、南亚的影响，引发了云南货币史上最为深刻的一次变革，即明清之际云南的“废贝行钱”。进入近代，随着西方资本主义列强对云南的侵略，东南亚、南亚对云南的影响又一度得以加强。所以，忽视东南亚、南亚对云南的影响是不符合历史事实的，而且也难以解释云南历史发展的变化。因此，在对云南的历史研究中，应强调东南亚、南亚这股力量，并将其作为理解云南历史发展的一种基本观念。

再一个重要问题就是，人们在看待云南历史发展时，总是将云南看成是一个封闭的系统，甚至将云南视为封闭的代名词。但是，从“贝币之路”来看，应该说，云南历史发展很早就是一个开放的系统，有着很强的开放性。

这种开放性究竟达到何等高度，可以说，云南很早就与东南亚、南亚形成了区域市场。如果我们将云南的贝币与东南亚、南亚的贝币作对比，就会发现，双方具有很多共同性。元《混一方舆胜览》中“云南行省”说：“交易用贝，贝俗呼作𧴩。以一为庄，四庄为手，四手为苗，五苗为索，虽租赋亦用之。”《瀛涯胜览》“傍葛剌国”条也记载：“国王发铸银钱名曰倘贝，殆仿自天竺国。其贝子计算之法，以一为庄，四庄为手，四手为苗，五苗为索。”云南和印度以及东南亚一些国家贝币计数进位方法完全相同，这并非巧合，而是有着历史的必然性，说明它们同属一个货币流通系统。

众所周知，货币是经济发展的集中体现。双方数千年流通同一种货币，只能说明它们同属一个市场圈，是一个完整的区域市场。双方经济联系的程度，应提升到这样的高度来认识。否则，根本就无法解释这一经济现象。

云南和东南亚、南亚的贝币，不仅来源、种类相同，而且计数单位也完全一致，这充分说明它们是一个文化系统。马克思曾经指出，货币是社会经济发展最集中的反映和重要标志，有什么样的交换水平，就有什么样的货币形态。云南长期流通来自东南亚、南亚的贝币，说明云南与东南亚、南亚在相当长的历史时期内是一个完整的区域市场，至少也说明云南社会经济发展受东南亚、南亚影响较大，具有社会经济发展的一体化特征。

或曰：将历史上云南与东南亚、南亚国家和地区看成是一个区域市场，这是不是高估了双方经济联系的程度？我认为，这并没有高估。长期以来，人们之所以没有从区域市场高度看待各地区的关系，主要是对古代世界发展的整体性联系缺乏足够的认识。现今越来越多的研究表明，古代世界是由无数个经济圈构成的经济发展整体。这其中，我国云南与东南亚、南亚应是一个市场圈。"贝币之路"的存在本身就说明了这一点。因此，在对云南的历史研究中，不能片面强调封闭性，而应重视它的开放特征。当然，由于历史条件的不同，云南的开放有着与其他地区明显不同的特点。我们应该研究这种开放的特殊性，以及开放与封闭的关系问题。但无论如何，只讲封闭性是不对的。

总之，"贝币之路"表明，对云南历史的研究必须以新的视角，站在新的高度，以新的理论体系解构历史发展的过程。这样，才更符合历史发展的实际，而且也才能取得研究上的一些突破。其中，很重要的一方面就是要以开放的观点重新审视云南历史的发展，强调东南亚、南亚对云南历史发展的影响。目前，构建云南历史研究新体系的工作应该说刚刚开始，希望有更多的人从事这项研究，做出更多的研究成果。

（本文刊于《中国边疆史地研究》2013年第1期）

谈云南精神

云南历史悠久，文化底蕴深厚。在长期历史发展过程中，云南人以高山为脊梁，以河流为经络，生生不息，形成了特有的高远、开放、包容的高原情怀和坚定、担当、务实的大山品质。云南精神的形成，既是历史传承与积淀的结果，又是当前时代与形势的呼唤，更是未来建设和发展的需要。现就云南精神形成的历史传承、重大意义和下一步如何弘扬云南精神略谈管见。

一、云南精神的形成与历史传承

由于特殊的地理位置和文化元素，云南在漫长的历史发展长河中常被冠以"蛮荒之地""化外之区"，成了野蛮、封闭、落后的代名词。但是，真正熟悉云南历史文化的人都知道，从170万年前元谋猿人翻开中国历史第一页开始，勤劳、智慧、质朴的云南人便在群峦叠嶂的大山中褴褛筚路，以坚定务实的品格不断开拓进取，从封闭走向开放，从野蛮走向文明，在多元文化的交流碰撞中实现和谐共生，在中华民族的发展历程中勇于担起历史的责任。

（一）古代云南精神的积淀

在古代社会，茫茫苍苍的高山峡谷成了阻碍云南与外界联系的天然屏障。但生活在大山中的云南先民有着大山一样高远的志向和刚毅坚卓的品质，用原始的方法在崇山峻岭间不仅凿开了通向内地的"五尺道""灵关道"，还打通了一条从云南经东南亚国家和地区到印度的陆上通道——西南丝绸之路。之后，随着唐宋茶马古道的兴起，元明清驿传制度的建立，以及郑和的乘风破浪，起锚远航，一个遍布全省，联通云南与中原地区，乃至联系中华文明与南亚印度文明的交通网络逐步形成。在幽幽古道上，在空灵的马帮铃声中，云南产的滇铜成了商代妇好墓出土青铜器物的主要生产原料，"朱提银"和"螳螂洗"成了汉晋时期为中原王朝所推崇的上品。在一条条幽幽古道上，云南人展现出大山一样不避电闪雷鸣的蔚然气魄，不惧艰难险阻，不怕瘴气瘟疫，赶着马帮北上中原，南走夷方，带去了茶叶、马匹、药材和土特产，带来了丝绸、绢帛、书籍和纸张。可以说，云南古代的交通史不仅仅是云南边疆山区的开发史，更是云南精神逐步积淀的历史，它充分展现了云南人勇于冲破大山束缚，高远、开放的历史底蕴。

在彩云之南，云雾缭绕的山山水水就像一个包罗万象的万花筒，这里从海拔76.4米至7640米的群山不仅孕育了"山下开桃花，山顶飘雪花"的多元立体气候，造就了国内种类最多的动植物资源，更在大山中孕育了云南多姿多彩、和谐共生的民族文化。翻开云南民族发展史，我们仿佛看见彝、白、纳西、傈僳、哈尼、怒、独龙、拉祜等氐羌系统民族的先民从我国西北甘青高原赶着羊群，沿着怒江、澜沧江及金沙江"藏彝走廊"一路南迁，南方佤、布朗、德昂等孟高棉语族的先民不断北上，东南方傣、壮、布依、水等百越系统的先民不断西进，最终在彩云之南交汇，终在元明清时期形成了云南多民族共生共融的多民族分布格局。在云南这片红土地上，各民族先民也曾上演过你争我夺的悲壮情景，但云南的山山水水就像母亲博大的胸怀，不仅容纳了种类繁多的各民族群体，抚平了各民族间的对立与隔阂，还孕育了多姿多彩的民族文化。正是在云南大山的养育和大山品质的感召下，才形成了云南多民族和平共处、各民族文化和谐共生的格局，形成了云南人包容、务实的优秀品质。

同样，云南虽地处边疆，是中国古代社会统治的边缘地带，但从秦汉以来汉习楼船、五月渡泸、唐标铁柱、元跨革囊、宋挥玉斧等一个个历史典故，以及明清时期三征麓川、平定三藩、征讨缅甸等史实中不难看出，云南在维护中央政府统治中所起的举足轻重的作用和云南人在促进中国统一多民族国家发展中所肩负的历史责任。历史证明，大山养育的云南人有着山一样的品质，顶得住压力，经得起考验，担得起重任，干得成事情。

云南古代社会的发展历史清晰地告诉我们，云南人的高原情怀和大山品质源自云南特有的高原山地自然环境，来源于云南自身的历史传承和文化积淀，是云南各族人民在漫长的生产生活实践中不断形成和传承下来的优秀品质。

（二）近代云南精神的彰显

近代以来，西方殖民主义列强的隆隆炮声打破了东方文明古国和平发展的宁静，中国内忧外患越演越烈，救亡图存成为时代的主题。在救亡图存的历史潮流中，地处边疆的云南从过去的政治边缘地带一跃成了反击侵略和民主革命运动的前沿阵地，被历史赋予了捍卫国家主权、维护中华民族尊严的使命。

所谓"天下兴亡，匹夫有责"。在外御强敌，内救危亡的革命道路上，云南人历史上形成的大山精神再次被激发出来。面对英、法、日等侵略者，云南各族人民同仇敌忾，通过马嘉理事件、中法战争、七府矿案、片马事件、班洪事件、滇西抗战等艰苦卓绝的斗争，用鲜血书写了一幕幕救亡图存的壮丽篇章，挺起了云南人大山一样不屈的脊梁。面对晚清政府的倒行逆施，云南人民在1912年爆发了"重九"起义，埋葬了清王朝在云南的统治，在中国革命史上谱写了光辉的篇章。面对袁世凯的复辟帝制，云南"以一隅而为天下先"，于1915年打响了护国讨袁的第一枪。面对蒋介石国民政府的黑暗统治，云南西南联大、云南大学等师生于1945年掀起了"一二·一"反内战、争民主的学生爱国民主运动。所有的一切，无不彰显出云南人保家卫国的坚定信念和勇于担当的大山品质。

在救亡图存的道路上，勤劳勇敢的云南人不仅肩负起历史的重任，还表现出敢为人先，开放包容的精神。全面抗战爆发后不久，国民政府迁都重庆，云南成为战略大后方，滇军血洒疆场，三迤儿女前赴后继，在最短的时间内修筑了滇缅公路和巫家坝机场，开辟了驼峰航线，使国外援华物资源源不断运抵昆明。同时，抗日战争中迁滇的内地企业，不仅在云南建立了海口、马街、茨坝、安宁四大工业区，而且创造出中国第一根电线、第一架望远镜、第一辆组装汽车、第一炉电力炼制的钢水等许多"中国第一"。

在救亡图存的道路上，云南的山山水水培育出了一批批集中体现云南精神的时代精英。这其中，有首倡护国的滇军首领唐继尧，有腾冲抗战县长张问德，云南近代名士李根源，有人民音乐家聂耳，有马克思主义大众哲学家艾思奇，有西南联大的师生，更有在抗击外来侵略者中壮烈牺牲的无名英雄们。在他们身上，云南人特有的坚定、担当、务实的大山品质得到了深刻的展示。

经过近代外御强敌，内救危亡的战争和炮火洗礼，云南人用鲜血进一步彰显了云南精神，将云南人大山般坚毅执着、临危不惧的品质提升到了一个新的境界。中国革命的先行者孙中山先生说"滇省人民在官吏压榨与外侮欺凌之下，易于鼓动奋起"，楚图南先生则说"这种拥护民主、首先伸出拳头，向黑暗的统治猛烈的进攻，勇敢牺牲的护国精神，就是云南精神"。这是对近代特殊历史条件下云南人所表现出来的大山精神和大山品质的一种诠释。1941年，李根源发表题为《云南人的真精神》的演讲，指出云南人之所以能在中法战争、重九起义、护国运动、护法运动、台儿庄战役等重大历史事件中走在全国前列，原因在于云南人有一种"真精神"：一是追求自由光明，反抗强暴的精神；二是坚毅刚强，不屈不挠的精神；三是精诚团结，奋发向上的精神。这是近代哲人对近代历史条件下云南精神最为完整的诠释和最为清晰的解读，它不仅是对古代云南精神的一种彰显，也对我们今天提炼和解读云南精神起到了承上启下的作用。

(三) 当代云南精神的升华

中华人民共和国建立以来，云南人民在面临粮食短缺，财政入不敷出，土匪恶霸横行乡里的艰难局面下，秉承历史时期形成的高原情怀和大山品质，积极投身社会主义建设实践。通过征收公粮，统一货币，平抑物价，实施土地改革，以及争取团结民族上层人士，建立民族区域自治区、县等政策，建立崭新的社会制度，实现了真正的人民当家作主。尤其是1954年以来创造性地在边疆民族地区实施了"直接过渡"政策，使原来还处于原始社会末期或刚进入阶级社会的景颇、傈僳、独龙、怒、德昂、佤、布朗、基诺等民族与全国人民一道进入了社会主义建设的历史进程，跟上了时代发展的步伐，实现了当时历史条件下云南民族社会的科学发展、和谐发展、跨越发展。

改革开放以来，云南的建设与发展成就空前。无论是从开始对省情认识的不断深化，到后来的"建设绿色经济强省、民族文化大省、中国连接东南亚南亚国际大通道"，再到当前的"两强一堡"建设目标，无不体现出云南人立足现实，面向世界，放眼未来的高远、开放的高原情怀；无论是从开始的农村家庭联产承包责任制，到后来支柱产业的培育，再到现在搞改革、促发展、抓建设、保民生的每一项决策措施，无不体现出云南人务实、坚定、进取的大山品质；无论是扶贫攻坚、"兴边富民"，还是三年抗旱、滇池治理等，无不显示出云南人勇挑重担、不负众望的云南精神。

在云南新时期建设和发展的画卷上，涌现出无愧于共产党员称号的楷模杨善洲、传递真爱的使者张桂梅、索道医生邓前堆、植树30载的陆良八老、抗旱保民生的农村基层干部陶应全等一批亲山爱水，大德笃行的先进人物，他们为我们塑造了新时期云南精神的崭新形象。

二、云南精神的时代特征

长期以来，人们认为云南的历史就是封闭、落后。其实不然。云南历史最大的特点就是开放，古代的西南丝绸之路，近代的滇缅公路与驼峰航线，以及最近的国际大通道与西南开放桥头堡建设就是最好的明证；其次是包容，云岭高原各民族和睦相处，与周边人民和平交往，澜沧江—湄公河"同饮一江水"等无不体现了包容特质；再次是敢于担当，敢为天下先，郑和下西洋、护国运动、滇军抗战等，彰显了云南人民在历史的关键时刻勇于担当的意志和品质。正是在这样的背景下，形成了高远、开放、包容，坚定、务实、担当的云南精神。

千百年历史积淀而形成的云南精神，具有鲜明的特点。

（一）历史与现实的统一

李大钊曾经说过："无限的'过去'都以'现在'为归宿，无限的'未来'都以'现在'为渊源"。就事物发展的规律看，历史是以往的现实，现实有历史的影子，历史性与现实性不可分割地、同一地存在于现实事物的自身。世间万物，包括物质层面和精神层面的东西，都不是一个静止不变的世界，而是处在不断的运动变化中，并在不断的发展中呈现出新的存在形态，不断地展开扩大，不断地丰富创新。

同样，云南精神根植于云岭高原，创造于三迤儿女，既是云南历史的传承与积淀，又是现实的开拓与创新。它既源于历史又基于现实，既传承历史文脉又体现与时俱进。它不仅与云南人民的历史生命相生相伴，而且与云南人民的现实创造与未来发展相随相依。

云南精神所体现出来的历史与现实的统一主要表现在两个方面。一方面是云南精神的一脉相承。自古以来，无论在中原王朝统治下不断开发的古代，还是在反对殖民主义列强入侵和救亡图存的近代，以及积极投身社会主义建设的当代，云南人都秉承了大山一样敦厚质朴、开放包容、坚毅执着、不断进取的优秀品质，居深山而不甘封闭，虽落后但不断进取，负重任而担当得起。正是在一脉相承的云南精神的激励下，一代代云南人在不同的历史时期云南建设和发展史上谱下一幕幕感天动地的壮举。另一方面，是云南精神的不断创新。任何时期的云南精神都是历史和现实的统一，是优秀的传统文化与时代精神的结合，既有历史的传承，也有现实的特征，并在发展中不断丰富和创新。如果说古代社会云南精神以开放、和谐、包容、进取为主题的话，那近代社会李根源先生所归纳的云南"真精神"在进一步丰富和发展云南精神的同时，无不彰显出那个时代深深的烙印。

站在新的历史起点上，我们提出以高原情怀和大山品质为核心的云南精神同样体现出历史与现实的统一，蕴含着历史的传承与时代的创新。树立高原情怀，提倡大山精神，既是我们对先辈的优良基因的遗传，更是我们在现实社会中奏响的时代强音。

（二）理论与实践的统一

马克思主义认为，实践是认识的来源，是认识发展的动力，是认识的最终目的和检验认识正确与否的唯一标准。同时，理论认识对实践又具有重要的指导作用，在科学理论的指导下，实践会进一步向前发展。人类社会便是在实践、认识、再实践、再认识循环往复的过程中，认识不断提升到新的层次和水平，理论得到不断地丰富和创新，实践活动在理论的指导下不断深入和推进。

同样，云南精神作为一种思想理论体系，来源于千百年来云南人艰苦卓绝的社会实践，是云南人在不断地实践、认识、再实践、再认识循环往复的过程中提炼和升华形成的理论总结，是理论与实践的统一。云南精神的每一次升华，都是社会实践发展的结果，是理论体系不断丰富和健全的过程。

云南精神之所以说是理论和实践的统一，一方面是因为云南精神源自云南群山巍峨的自然环境和生存条件，源自云南人千百年来的社会实践。它既是彩云之南红土高原特征的高度抽象与提炼，更是云南人民在长期发展建设实践中表现出来的精神风貌的准确认识和高度总结。另一方面，是因为在不同的历史时期，云南精神都作为时代的核心价值和思想武器，在指导云南人进行社会实践的过程中发挥出巨大的作用。尤其是在近代，面对民族危机和内忧外患的局面，云南人正是在追求自由、反抗强暴、坚毅刚强、不屈不挠、精诚团结、奋发向上的云南"真精神"的激励下，才在中法战争、重九起义、护国运动、护法运动、滇西抗战等伟大社会实践中走在全国前列。是云南精神撑起云南人的铮铮铁骨和不屈不挠的脊梁，成为云南人在近代社会肩负起历史重任的深层次原因。

今天，我们提出以高原情怀和大山品质为内涵的云南精神，同样也是源自对云南省情、民情的准确定位和建设新云南的社会实践，是在实践基础上对云南精神的又一次提炼和升华。云南精神也必将成为进一步统一思想、汇聚力量的强大思想武器，化作改善民生、维护稳定、实现长治久安的创造力，落实到新时期建设新云南的伟大实践行动中。

（三）云南与世界的统一

云南虽地处边疆，群山环绕，但云南的历史从来就不是孤立和封闭的。南方丝绸之路的开辟，茶马古道的兴起，以及郑和七下西洋的壮举，云南历史以雄辩的事实一次次证明云南天生不缺勇攀高峰、放眼世界的开放视野，云南人有着冲破藩篱、走向世界的勇气。正因如此，不封闭、不隔绝、不守旧一直就是云南精神的重要特征，立足云南、胸怀祖国、放眼世界一直就是云南精神的重要内涵。

云南精神之所以是云南和世界的统一，主要表现在以下两个方面。一方面是云南人的开放意识。由于特殊的地理位置，云南自古就是中国联系南亚和东南亚诸国的前沿阵地，在与各国交往的过程中，形成了云南人汇中外，远天地，融古今的开放意识。与世界一起律动，与时代一同前行，高远的视野，开放的意识是云南人民书写文明史诗的根本前提。另一方面，是云南人的包容情怀。云南人长期以山为伴，在崇山敬山的精神世界里领悟和吸收了大山包罗万象的博大胸怀。在这里，不仅包容了起源于不同地域、迁徙而来的众多民族，还包容了来自外域的各种文明和不同文化。正因云南精神中蕴含着云南和世界相统一的深邃内涵，才使得云南成为古往今来不同地域、不同文化、不同人群的共同家园。

随着世界经济一体化进程的不断推进，区域之间、国家之间的经济交流日趋频繁，相互的依存度不断提升，云南精神中云南与世界相统一的时代特征更加明显。这就要求我们要把云南放在世界的角度和视野中来进行定位、分析和思考。具体来说，就是要立足云南看云南，深入云南看云南，跳出云南看云南。只有立足云南看云南，才能明晰我们的省情、找准我们的定位。只有深入云南看云南，才能抓住事物的本质，理清我们工作的重点；只有跳出云南看云南，才能认清我们的形势，加快我们的发展。

三、弘扬云南精神的现实意义

2009年7月，胡锦涛总书记考察云南后提出把云南建成中国面向西南开放的重要桥头堡。2011年3月十一届全国人大四次会议审议通过的国家"十二五"规划纲要确定把云南建成面向西南开放的重要桥头堡，这标志着云南桥头堡建设上升为国家战略。2011年5月6日，国务院下发《国务院关于支持云南省加快建设面向西南开放重要桥头堡的意见》，5月30日，云南桥头堡建设正式启动。把云南建设成为向西南开放重要桥头堡是新时期对云南在国家和平崛起进程中的地位和作用的准确定位，是云南千载难逢的发展机遇，也是光荣而艰巨的历史使命。在新的形势和新的任务面前，弘扬云南精神具有非常重要的现实意义。

（一）弘扬云南精神是进一步解放思想的动力源泉

当前，云南正处在蓄势待发、不进则退的重要历史关口。能否最大程度利用好桥头堡建设带来的机遇，是对云南广大干部群众的胸怀和胆识、智慧和能力的重大考验。要谱写云南科学发展、和谐发展、跨越发展的雄浑乐章，首先是要紧紧把握住云南发展新阶段的特点，进一步解放思想，突破各种束缚和障碍。

云南精神是全省人民在历史的实践中激发出来的，它有历史继承性，也有鲜明的时代特征。云南精神中高远、开放、包容的高原情怀，就包含着冲破束缚、打破藩篱、解放思想、务求高远的内涵和特质。因此，弘扬云南精神就是进一步解放思想的动力源泉，解放思想的过程就是弘扬云南精神的过程。

在新的历史时期，只有大力弘扬云南精神，我们才能秉承高远、开放、包容的高原情怀，不断解放思想，克服眼界不宽、固守本土的封闭观念，摒弃墨守成规、故步自封的狭隘思想，广泛借鉴和学习国内外的开放经验；只有大力弘扬云南精神，我们才能着力消除制约和影响开放的体制机制障碍，通过大开放，促进大发展；只有大力弘扬云南精神，我们才能在发展中融入国际视野，才能充分发挥云南特有的区位、人文、经济发展优势，在与东南亚、南亚国家的区域合作，以及桥头堡建设等重大战略中谱写新的华章。

（二）弘扬云南精神是实现云南科学发展、和谐发展、跨越发展的重要保障

中国共产党云南省第九次代表大会提出了建设"两强一堡"的战略目标，并明确了推动云南科学发展、和谐发展、跨越发展的发展主题。桥头堡战略的提出，历史性地把云南推向全国对外开放的前沿，大大提升了云南在全国开放格局中的重要地位。在重大的历史机遇面前，我们必须清醒地看到，当前国内外环境十分复杂，我们还面临着不少困难和挑战。当前云南的主要任务，就是要实现科学发展、和谐发展、跨越发展，没有较快的发展速度，就改变不了发展滞后的现状，解决不了前进道路上的矛盾和困难。

历史证明，自强不息的云南人从来就有敢为人先的勇气，从来就有开放包容的胸怀，从来就有奋发有为的精神。桥头堡建设中的先行先试与云南先民开拓进取、善于创新、敢为天下先的性格特征一脉相承。以高原情怀和大山品质为内核的云南精神，准确定位了新的历史条件下云南人应当具备的性格特点和形象特征，揭示了云南各族人民共同团结奋斗、共同发展进步的深邃奥秘。坚定、担当、务实的大山品质将激励云南人民始终保持积极向上、奋发图强的精神状态，勇于克服自然环境的束缚，敢于迎接外来的挑战，实现云南的科学发展、和谐发展、跨越发展。

当前，云南建设发展的宏伟蓝图已经绘就，实现大开发、促进大发展、构筑大通道、打造大基地、培育大平台、建设大窗口、维护大团结、保护大生态的号角已经吹响。建设新云南呼唤云南精神，现实新发展亟须云南精神。只有在

云南精神的引领下，我们才能开放包容、勇攀高峰；只有在云南精神的激励下，我们才能坚定信心、持之以恒；只有在云南精神的推动下，我们才能打破束缚，冲破藩篱，加速前行。

（三）弘扬云南精神是构建社会主义核心价值体系的必然要求

党的十六届四中全会提出了构建社会主义核心价值体系的基本内容，即马克思主义指导思想、中国特色社会主义共同理想、以爱国主义为核心的民族精神和以改革创新为核心的时代精神以及社会主义荣辱观。社会主义核心价值体系的提出，无论对于深化中国特色社会主义本质的认识，还是对于大力推进和谐文化、和谐社会建设，都具有十分重要的意义。

云南是民族文化多样性突出的省份，云南历史发展的脉络一再证明，云南既有与中华传统文化和民族精神一脉相承的文化基因，又有着浓郁的本土文化传承。因此，云南精神是中华民族精神中的一笔宝贵财富，是构建社会主义核心价值体系的有机组成部分。以高原情怀和大山品质为内核的云南精神，既是新时期云南各民族精神的聚集和升华，又是社会主义核心价值体系在当代云南的具体体现和内化。在新的历史时期，弘扬云南精神的过程，就是在云南构建社会主义核心价值体系的过程。在云南构建社会主义核心价值体系，就是要大力弘扬云南精神。

毛泽东同志曾说过："人是要有一点精神的。"的确，人无精神不立，国无精神不强，一个区域的发展同样需要一种精神统领。把建设社会主义核心价值体系与弘扬云南精神结合起来，有利于将宏大、深远的命题实践化、具体化。把云南精神作为推进社会主义核心价值体系大众化的主要平台和关键载体，是云南人民依托历史文化资源、弘扬优秀传统文化的自觉意识，同时也是在云南推动社会主义核心价值体系和民族文化强省建设的必然选择。

（四）弘扬云南精神是构建一支坚强有力的干部队伍的现实需要

毛泽东同志曾经说过，当政治路线确定之后，干部就是决定因素。胡锦涛总书记在庆祝中国共产党成立90周年大会上指出，精神懈怠的危险，能力不足的危险，脱离群众的危险，消极腐败的危险，更加尖锐地摆在全党面前；中国特色社会主义道路能不能越走越宽广，中华民族能不能实现伟大复兴，要看能不能不断培养造就大批优秀人才，更要看能不能让各方面优秀人才脱颖而出、施展才华。

当前，云南全面建设桥头堡的大幕已经开启，云岭高原正掀起一幅波澜壮阔、大气磅礴的建设景象。然而，我们也清醒地看到，在少数党员干部中，还存在一些突出问题，特别是精神懈怠、能力不足、脱离群众、消极腐败的问题。这些问题的存在，与云南精神所倡导的高原情怀和大山品质相悖离。这些问题不解决好，将成为阻碍云南实现科学发展、和谐发展和跨越发展的反作用力。

因此，我们必须大力弘扬云南精神，着力强化广大党员干部奋起直追的责任感和紧迫感，提升其开拓创新的能力，培养其敢于担当、求真务实、廉洁从政的作风，促使其保持信念坚定、奋发向上的精神状态。只有大力弘扬云南精神，才能进一步解放思想，突破体质和机制的束缚，不断健全干部培养和任免机制，营造良好的干部队伍建设氛围；只有大力弘扬云南精神，才能使我们的干部队伍不为困难所惧，不为假象所惑，不为得失所扰，增强敢闯敢试的勇气、昂扬向上的锐气、追求卓越的志气，始终保持卓越的品质，不断推进事业前进。

四、践行云南精神的几点思考

（一）不断完善云南精神的理论体系

云南精神虽然有深厚的历史文化积淀，但新的形势赋予了它鲜明的时代特征。作为与社会主义核心价值体系紧密相连的一种理论和思想，云南精神也应该有完善的理论体系。目前，全省理论界对云南精神已经进行了初步的研究，但是深度不够，没有体系化，这不利于我们弘扬云南精神，践行云南精神，推动事业发展。

因此，我们要邀请理论界和学术界的相关专家组成高水平的课题组，全面、系统、深入研究云南精神的人文地理基础、形成过程与历史传承、不同时期的内涵与时代特征、表现形式与代表性标志，搞清楚云南精神的历史传承、主要内容、科学内涵、历史地位和指导意义，使云南精神形成完整的思想理论体系，从而为大力弘扬和践行云南精神提供科学的依据。

在深入研究的基础上，我们要编写完成《云南精神读本》，作为全省各级领导干部和人民群众学习和培训的教材。《云南精神读本》力求通俗易懂，使广大人民群众能够快速理解和接受。

（二）积极开展云南精神的宣讲培训

为了使云南精神成为全省上下尤其是广大党员领导干部普遍认同和接受的思想观念、价值取向和行为规范，要尽快在全省组织云南精神的专题宣讲团、研讨班和干部培训班，使全省干部高度认识到云南精神的时代意义，牢固树立起践行云南精神的自觉性，从而改变全省干部队伍中存在的精神懈怠、创新能力不强、工作主动性不足和有畏难情绪的状况，使党员干部树立以至公天下为己任、勇于担当大任的历史责任感。

要尽快制作一批关于云南精神的高质量的影视音像资料，并在前几批培训中试用《云南精神读本》，征求受训学员的意见，随后对读本加以完善。在培训过程中，要邀请省内外的知名专家授课，提高培训的质量。还要精心组织受训学员实地参观和学习践行云南精神的典型个人和先进事迹。

（三）全面推进践行云南精神的系列活动

要把云南精神融入社会主义核心价值体系建设和公民道德教育的全过程，形成有利于弘扬云南精神的社会文明风尚，使每一位公民都自觉践行云南精神；要把云南精神贯穿改革开放和现代化建设各领域，动员云南全体人民、全社会共同弘扬云南精神，使云南精神成为全省各族人民的共同意志和自觉行动；要把云南精神融入国民教育体系，推动云南精神进课堂、进教材、进头脑，培育云南各族青少年的高原情怀和大山品质。

开展践行云南精神的活动要坚持官方活动与民间活动相结合，省内活动与省外活动相结合，社会文化活动与经济活动相结合。践行云南精神的活动要讲求实效，要在推动云南跨越式发展，解决影响云南与全国同步进入小康社会的重大现实问题的过程中弘扬和践行云南精神，要在掀起桥头堡建设新高潮的过程中弘扬和践行云南精神。还要把弘扬和践行云南精神与在国内外重塑开放包容、纯朴厚德、和睦友好、积极向上的云南形象结合起来。

践行云南精神要与目前的党建工作结合起来，不搞群众式的大运动。因此，要把学习、践行云南精神与建立学习型党组织、中组部号召的"争先创优"活动、我省的"争先进位、比拼赶超"活动结合起来。要尝试建立践行云南精神的激励机制，做到不让埋头苦干的老实人吃亏，不让敢抓敢管的干部受屈，不让改革创新的干部灰心。

（四）发掘宣传践行云南精神的先进典型

先进典型是时代的先锋，是社会的楷模，是学习的榜样。树立先进典型是中国共产党的优良传统和政治优势，充分发挥先进典型的示范带头作用，对于大力弘扬云南精神，激励广大党员干部群众树立高远开阔的视野、开放学习的胸怀、和谐包容的气度、求真务实的精神、勇于担当的责任，促进云南科学发展、和谐发展、跨越发展，具有十分重要的意义。

千百年来，云南人民一直在积极践行云南精神，涌现了无数的典型人物和光辉事迹。在新的历史时期，我们除了要继续挖掘历史上各个时期云南人民传承和践行云南精神的典型事迹外，更要深入挖掘和大力宣传杨善洲、陶应全、陆良八老等带有鲜明时代特征的新典型，并用先进典型引导人，用动人事迹激励人，推动各项工作不断取得新进展、新突破、新成绩。

在发掘和宣传践行云南精神的先进典型工作中，要综合运用多种手段，构筑弘扬云南精神的立交桥。要在云南各地树立云南精神的代表性标志，鼓励创作弘扬云南精神的文学精品，拍摄体现云南精神的影视佳作，建立彰显云南精神的系列纪念馆或博物馆，组织践行云南精神的代表人物的评选活动，借鉴中央电视台的"感动中国人物"评选，云南开展"感动云南人物"评选活动。通过上述方式和手段，构建融平面媒体、视频（影视）和网络于一体的云南精神立体宣传平台，最终把云南精神内化为云南广大干部群众的价值观和行动的指南，引领云南各族人民积极投身于桥头堡建设和云南跨越式发展的伟大社会实践。

（本文初拟于2012年7月，部分内容曾刊载于《云南精神名家谈》，杨荣华主编，云南大学出版社，2013年12月出版）

现代化气息浸润云岭大地

云南地处祖国西南边陲，是我国世居少数民族最多、特有民族最多、民族自治地区最多的省份，各民族大分散、小聚居，形成云南独特的省情。长期以来，各民族世居村寨、乡村，日出而作、日落而息。这是众多民族日常生活的写照，也是世人对云南的基本印象。然而，近些年来，穿梭于云南各民族地区，一股现代化的浓厚气息扑面而来。现代化使云南各族人民意气风发，现代化使云岭大地生机盎然。

党的十八大以来，习近平总书记心系云南各族人民和边疆发展，两次亲临云南考察，并分别给贡山独龙江群众和沧源边境村老支书们回信，为云南边疆民族地区的发展擘画了宏伟蓝图，并反复强调："各民族都是一家人，一家人都要过上好日子。"在习近平总书记的指引下，云南各族人民决战脱贫攻坚，88个贫困县脱贫摘帽，11个"直过民族"和人口较少民族实现整族脱贫，如期完成新时代脱贫攻坚目标任务，云南与全国同步全面建成小康社会。云岭大地，山乡巨变，一县一业、一村一品，产业兴旺，易地搬迁，新的村庄、社区拔地而起，住有所居、老有所养、幼有所育、学有所教、病有所医，使各族人民过上了前所未有的幸福日子，实现了物质生活的现代化，一些民族告别过去，一步跨千年，走向了现代光明前景。这是世纪之变、历史之变。十年，在人类历史中只是一瞬间，但这无疑是惊人的瞬间。十年映照党的百年历史，十年回应各族人民的千年跨越，谱写了新时代"党的光辉照边疆，边疆人民心向党"的壮美画卷，各族人民感党恩、听党话、跟党走，更加信心百倍走在中国特色社会主义现代化大道上。这是云南民族团结进步最为基本的历史经验。

十年来，从精神生活方面来看，云南民族文化繁荣发展，各族人民精神生活越来越丰富，自信自强的精神面貌日益彰显，精神生活的现代化同样令人瞩目。云南原生态民族歌舞从高原村寨走向世界，"云南映像"等文化精品成为继"五朵金花""阿诗玛"之后广受赞誉的云南文化名片。人与自然和谐相处的理念深入人心，亚洲象北上南归引发全球关注，成为中国促进人与自然和谐共生的生动范例。公民素质和文化素养大幅提高，全社会崇德向善、见贤思齐的氛围更加浓厚。先后涌现出杨善洲、高德荣、杜富国、张桂梅、朱有勇等一批先进典型和"时代楷模"，入选全国道德模范12人，入选"中国好人榜"260人。这是文化之变、精神之变，打开了各族人民群众奔向未来的心灵世界。

更为重要的是人的现代化。十年来，随着交通建设的迅猛发展，各族人民走出了昔日封闭的大山，走向新的世界。近年来，越来越多的青年返乡创业，电商平台、带货直播间遍布边疆民族村寨。在云南大学长期支教的独龙江，几年前，当地的孩子还对外面的世界一片茫然，而如今，他们梦想着长大以后当老师、当医生、当军人。在云南大学对口帮扶的凤庆县河边村，多年前，村民还不善于与人打交道，跟外面的人说话都有几分腼腆，而如今，他们充满着自信，开始关注世界、关心天下大事。一个民族、一个村庄，折射着整个中华民族和中国，中国的现代化开启了前所未有的新征程。

习近平总书记强调："脱贫只是第一步，更好的日子还在后头。"现代化开启了云南各族人民的新未来，现代化气息浸润云岭大地，云南各族人民正阔步迈向全面建设社会主义现代化国家新征程。

（本文刊于《光明日报》 2022年08月04日）

《曲靖老城记忆》序

　　城市与人一样，是有生命的，有他的历史和未来，有他自己的生命轨迹和历史记忆。自1387年（洪武二十年）建曲靖府城始，曲靖城已有630多年历史，若从曲靖开始设治算起，他的历史就更加久远。与个体历史不同，城市的历史是集体的历史，城市的记忆也是世代生活在这个共同空间中的人们的集体记忆。人们建造城市，也同时被城市塑造。一座城市有形的环境和无形的精神都会融入生活于此的人们的肌体，造就他们的行为和思想，使得一个城市的人与另一个城市的人表现出不同的特点，各有不同的生活方式、饮食喜好和精神气质。曲靖人也有着与其他城市的人群不同的品性和气质，很大程度上就是曲靖这座城市在数百年历史中塑造出的"地方性"。因而，城市的记忆既是一座城市历史文化的记录，也是生活于其中的人们世世相续，代代相因，共同构筑的集体记忆。

　　曲靖市麒麟区政协于2007年6月启动，到2018年1月形成初稿，历时十年有余，组织编撰了《曲靖老城记忆》。该书讲史、讲事、讲人，既记录了曲靖建城六百余年来城郭、街巷、祠庙、官署等物质形态的变迁历史，也记录了曲靖城市精神特质的养成过程；既讲述了六百余年间曲靖城经历的战乱、疫病等苦难，也讲述了曲靖人才辈出，服务桑梓，驰骋四方等光荣；既表现了曲靖人在国家命运关键时刻的担当和贡献，也表现了手工面、韭菜花等细微传统所塑造的曲靖人的喜好和气质。《曲靖老城记忆》更表达了编撰者对生于斯养于斯的这座城市的关怀和热爱。

近年来，一方面是城市化的快速发展，另一方面是全球化的滚滚浪潮。人们世代熟悉的故街旧巷、陈店老铺、古树名木等城市环境不断消失，习惯了的顺口饮食、应手用具、乡风俚语等地方特色日渐变化。更令人忧虑的是同时伴生的人们对世代生息的城市的情感疏离，是现在和后世的人们对生活于其中的城市历史的失忆。城市的失忆就是传统的湮灭，历史需要记忆来承载。麒麟区政协组织撰写《曲靖老城记忆》就是警示人们更好地处理发展与沿袭，现代与传统的关系，告诉人们如何顺应变化，坚守哪些"不变"。要在变化的时空中坚守不变的精神，使曲靖城的过去和未来成为一个永不断裂的历史整体。

《曲靖老城记忆》记录的是城，关怀的是人，讲述的是过去，寄托的是未来。习近平主席在中央城镇化工作会议讲话中说城镇化要"让城市融入大自然，让居民望得见山、看得见水、记得住乡愁"。习近平主席在云南考察调研时也指出，城镇化"必须留住青山绿水，必须记住乡愁"。城市的"乡愁"就是一座城市不变的传统，就是浸润在一座城市中的风土人情，就是这座城市的人们不论走到哪里都萦绕于心的依恋和归属，就是由记忆构筑起的心灵家园。《曲靖老城记忆》将会在延续曲靖文化，贮存曲靖乡愁，联结曲靖的历史与未来中发挥积极作用。

（本文刊于《曲靖老城记忆》，中国人民政治协商会议曲靖市麒麟区委员会2017年12月编印）

《曲靖老城民俗》序

顾名思义，"民俗"就是民风习俗，就是民间文化。民俗内涵十分丰富，几乎涵盖了民众生产生活和风尚习俗的方方面面，主要包括传统的风俗习惯、民间信仰、民间故事、民间传说、歌谣、谚语，等等。具体来讲，涉及民众在各类生产过程中形成的生产劳动民俗，在衣食住行等方面形成的日常生活民俗，在家族、村社、社区、社团等组织活动中形成的社会组织民俗，在岁时节日活动中形成的节令节日民俗，在人的诞生、生日、成年、婚姻、丧葬等人生各个历程中形成的人生礼仪民俗，在游戏、竞技、社火、秧歌等民间娱乐方面形成的游艺民俗，在自然崇拜、神灵崇拜、民间传说、民间故事、民间谚语等方面形成的民间观念，在民间口耳相传下来的民间文学等诸多方面，内容较为广博，影响极其广泛。

民俗是民众在长期的生产实践和日常生活中创造并传承下来的重要文化。民俗承载着历史与文化，反映着一个地方的历史变迁和文化风貌；民俗书写着记忆与精神，体现着民众的乡土情结和精神追求；民俗充满着经验与启迪，诉说着古来今往和人生智慧。

唯其如此，我国古人历来重视民俗。《礼记·缁衣》云"故君民者，章好以示民俗"，认为良俗可以辅政。《管子·正世》说："古之欲正世调天下者，必先观国政，料事务，察民俗，本治乱之所生，知得失之所在，然后从事。"这里把"察民俗"作为施政前必须要进行的调查工作来加以重视。应劭《风俗通义》讲："为政之要，辩风正俗，最其上也。"更是强调风俗对治国安邦的重要作用，这是一方面。另一方面，民俗对风化民众影响极大。民俗一经出现，就对民众的日常生活和心理两个方面产生重要影响。可以说，民俗已经成为民众日常生活中不可或缺的精神食粮，既丰富了民众的生活，又可以增强民众间的凝聚力，更重要的是在心理层面能够给予民众以精神安慰和精神寄托。从这个意义上讲，民俗在物质生活层面、社会生活层面和精神层面都有着其独特的价值。

总之，民俗既有历史文化价值，又有现实文化价值。过去，民俗在社会发展进程中发挥了重要作用。今天，民俗更是需要发挥其在社会主义文化建设中的习俗引导作用。由此而言，编辑出版《曲靖老城民俗》一书确是一项非常有意义和有价值的工作。

中国民谚中有"三里不同风、十里不同俗"的说法，说的正是民俗的地方特性。曲靖历史悠久，文化丰富，在云南历史发展中历来占有重要位置。今天，更是以新的发展展现着滇东北城市明珠的旺盛生机与活力。《曲靖老城民俗》一书，从传统民俗、特有民俗、非遗传承三个方面对历史悠久、文化璀璨的曲靖地区的民俗进行了调查、整理，力求对独具地方特色的曲靖民间文化进行抢救性保护和宣传，相信读者一定能从中体悟到历史与文化，找寻到记忆与乡愁，汲取到经验与智慧，并领略到曲靖的美好未来。

（本文刊于《曲靖老城民俗》，中国人民政治协商会议曲靖市麒麟区委员会编撰，云南美术出版社，2023年出版）

六

《云南大学志·大事记(1994—2022年)》序

习近平总书记强调:"总结历史是为了使全党从历史进程中洞察历史发展规律和时代发展大势,提高认识水平和辨别能力,增强锚定既定奋斗目标、意气风发走向未来的勇气和力量,更加清醒、更加坚定地办好当前的事情。"修志存史,以史明道、以史启人,历来是云大人的一项重要工作和优良传统。

为真实记录学校办学历程和总结办学经验,20世纪90年代初,学校党委聘请了原校党委书记吴道源等一批离退休老同志组成校史编写组,启动了编纂《云南大学志》的工作,至2013年共编纂出版10卷本14册校史志书,为云南大学的建设发展提供了宝贵的史料资源和经验借鉴,其中的第二卷《大事记》第一部分(1915—1949年)于1993年正式出版,第二部分(1949—1993年)于1997年完成,并与第一部分合并出版,较为全面地记述了云南大学从筹建到建校,再到1993年的发展历程,受到各方面的充分肯定。

1993年,云南大学建校70周年之际,时任中共中央总书记江泽民和国务院总理李鹏亲切为云南大学题词,云大人深受鼓舞。正是从这时起，云南大学开始了奋进国家"211工程"建设的新征程。云大70周年校庆成为云南大学办学史上一个新的起点。从1994年至今，云南大学通过实施国家"211工程""省部共建""中西部高校基础能力建设工程""中西部高校综合实力提升工程""双一流建设"等一系列重点建设，进入了快速发展的新阶段。为备述这一阶段的发展历程和总结办学成就，近年来，学校党史校史研究室又续编了《云南大学志·大事记》第三部分（1994—2012年）和第四部分（2013—2022年）。在迎接云南大学百年校庆之际，《云南大学志·大事记（1915—1993）》的续篇——《云南大学志·大事记（1994—2022）》即将付梓，这是献给云大百年的重要礼物。

著名历史学家白寿彝先生曾经讲道：编写大事记"这是一项很艰巨的工作，年表需要写得简要。哪些事情要写上去，哪些事情不写上去，既要下扎实的取材功夫，也要有敏锐的见解。"现在，随着《云南大学志·大事记（1994—2022）》的出版，百年云大的历史进程清晰地呈现在世人面前。《大事记》四个部分内容完整、真实、客观地记录了学校一百年发展历程中的重大活动和重要工作，是云南大学百年办学历程的积淀和宝贵的精神财富，是今后继续编史修志和追本溯源的重要基础和依据。翻阅《大事记》，云南大学波澜壮阔的历史长卷舒展眼前，令人思绪万千，感慨良多。这部《大事记》凝聚了党史校史研究室及众多同志们的心血和智慧，他们为大家提供了一份宝贵的学术成果。这是一项具有重要价值和意义的工作，相信大家从中可以进一步了解云大、认识云大、走进云大。

百年来，一代代云大人秉承教育救国、教育兴国、教育强国初心使命，赓续家国情怀，矢志不渝、奋勇向前，谱写出波澜壮阔的壮丽史诗。2017年，云南大学成为国家首批42所世界一流大学建设高校，学校的建设发展再续新的华章，现在我们又迎来了云大百年华诞，学校的建设发展又一次站在了新的历史起点上。在这样一个特殊的时刻，回顾云大百年历史，不仅可以缅怀前人的光辉业绩、汲取宝贵的历史经验，更重要的是，激励我们要立足当前、着眼未来，传承和弘扬"会泽百家，至公天下"的云大精神，共同团结奋斗，早日将云南大学建设成为立足祖国西南边疆、面向南亚东南亚的综合性、国际性、研究型世界一流大学。

前路漫漫，道阻且长，行则将至；行而不辍，未来可期。我们相信，云南大学的明天一定会更加美好。希望此书能使更多的人了解云南大学，更希望当代云大人踔厉奋发、勇毅前行，做出无愧于新时代的辉煌业绩，为实现中华民族伟大复兴贡献云大力量。

［本文刊于《云南大学志·大事记（1994—2022年）》，云南大学党史校史研究室编，云南大学出版社，2023年4月出版］

云南大学历史博物馆序言

　　博物洽闻，通达古今；存物观世，以启来者。此乃古往今来教化之方、育人之道。

　　东陆云大，薪火相传，踵事增华，学基愈盛，文教昌隆。"双一流"建设，辟开新局，造就人才，精研学术，贡献社会，盼之切切，期之殷殷，任重而道远。当此之时，识者咸以创建云南大学历史博物馆为务，一本先贤"扬文化之波，播科学之种"办学要旨，展陈往迹，遍集贤俊，承传文脉，涵养精气，思有以光大"会泽百家，至公天下"之精神，践行"自尊、致知、正义、力行"之校训。

　　百年云大，继往开来。云南大学历史博物馆落成之际，谨述缘起，铭记为志。

（本文写于2020年12月8日）

"云南大学史学丛书"总序

21世纪的今天，人类社会进入新的历史阶段，人类对社会、对自然、对自身的认识也达到了新的高度。时至今日，人类如何借鉴过去、思考当下、展望未来更加迫切地摆在了我们面前。历史承载着过去与未来，历史承载着思想与文明，历史承载着人类记忆与民族希望。不论我们对历史学如何定义，对历史的功能赋予何种新的认识，历史学的作用与价值都不可否认和替代。历史是最好的老师。社会越进步，越发展，越需要总结历史，越需要研究历史。这是我们史学工作者的历史责任与使命。

长期以来，在一代又一代学者的共同努力下，云南大学历史学科走出了一条不平凡之路，为中国史学的发展与繁荣做出了重要贡献。早在20世纪20年代云南大学建校之初，就有学者从事历史学的教学与研究。20世纪三四十年代，顾颉刚、白寿彝、钱穆、向达、吴晗、华岗、尚钺等史学大师执教云南大学，为历史学科奠定了深厚的学术基础。其后，在方国瑜、江应樑、纳忠、李埏、尤中等前贤先哲的开拓与带领下，历史学科薪火相传，踵事增华，在中国民族史、西南历史地理和地方史、中国边疆史与边疆学、中国经济史、东南亚史、南亚史、西亚史和阿拉伯史等诸多领域取得辉煌成就，形成优势和特色。1981年，中国民族史被批准为博士学位授权，1986年，专门史（经济史）被批准为博士学位授权，2001年，历史学获一级学科博士学位授权。1994年，云南大学历史学还被批准为国家基础学科人才培养和科学研究基地，2007年，专门史被批准为国家重点学科。云南大学成为国内重要的史学重镇之一。

回顾过去，我们倍感自豪，但展望未来，我们更感责任重大。当前，我们正处在一个社会深刻变革的时代，时代需要历史学的发展与繁荣。大力弘扬中国传统优秀文化，构建中国特色哲学社会科学同样需要历史学的发展与繁荣。出版《云南大学史学丛书》，目的就是：以集中推出云南大学历史学研究成果为抓手，以增进与学术界的交流合作为契机，进一步昌明学术，造就学者，培养学生，发展学科。

历史需要求真，需要求新，需要求变；历史需要冷静，历史需要坚守，历史需要执着。"为天地立心，为生民立命，为往圣继绝学，为万世开太平"是中国传统知识分子的使命与担当。希望我们每一位历史研究工作者特别是年轻一代史学工作者，不忘使命与担当，立意高远，遵循学术规律，坚持问题导向，紧跟时代步伐，回应社会关切，继承和发扬老一辈的科学精神和优良传统，潜心问学，潜心问道，立身、立业、立言，多出精品力作，共同推动云南大学历史学科再创新的辉煌，共同为发展和繁荣我国历史科学做出新的贡献。

（本文刊于《宋代田赋制度研究》，田晓忠著，中国社会科学出版
社，2016年12月出版）

《忆叔雅先生：记刘文典先生执教云大十五载往事》序

大学之大，在有大师；大师之大，在有大学问，大识见，大气韵。

云南大学幸有大师刘文典。

1943年，熊庆来校长致函身在磨黑中学的刘文典先生，"弟忝长云大以来，时思于此，养成浓厚之学术风气，以求促进西南文化，乃努力经年，尚少效果，每以为憾。尝思欲于学术之讲求，必赖大师，有大师而未能久，则影响亦不必深。贤者怀抱绝学，倘能在此初立基础之学府作一较长时间之讲授，则必于西南文化上成光灿一页。"于此可见，云南大学学基始奠之时，即以敬慕大师、延揽大师、养成大师为旨趣，熊庆来校长求贤若渴之襟度，洞彻深远之卓见，遂赢得了刘文典先生此后毕生设帐云大，光灿东陆，播扬风流。

学问之大，在于厚积。刘文典先生28岁，即出版学力宏赡的《淮南鸿烈集解》，成为《淮南子》研究的典范；后于校勘学、版本学、文字学、训诂学诸方面，勤耕不辍，含英咀华，又有《庄子补正》《说苑斠补》等大著问世，蔚然成家。国学泰斗陈寅恪先生曾为其《庄子补正》作序云："先生之作，可为天下之至慎矣……然则此书之刊布，盖将一匡当世之学风，而示人以准则，岂仅供治《庄子》者所必读而已哉？"一字之微，征及万卷，由此可证文典先生学问之富厚，亦可见其治学之勤勉。业师李埏先生不止一次为我们讲述向先生借阅《唐三藏法师传》之事：上手一阅，幡然心惊：发现书上天头地脚、左右空白处，遍布中文、英文、日文、梵文、波斯文批注，且字字清整，一丝不苟。当时，尚为青年教师的李埏先生，顿生敬佩，由此明了大师之大与学问之大，皆渊源有自。此后，研学授业，李先生常常以此事，教诫我们。

识见之大，在于通达。左右通，可得博雅，里外通，可得洞见。刘文典先生正是诸方通达、富有大识见的人。1947年他在泽清堂开红学讲座，讲到贾元春还在宝、黛两人情窦初开时，就反对二人相爱。他举例说，第十八回写元春省亲，看到贾宝玉给大观园给各景点所题匾额，皆点头称许，惟看到"蓼汀花溆"四字时，笑道："花溆便好，何必蓼汀？"贾政忙遵旨换了。刘文典先生说元春实是暗示只喜欢宝钗，不喜欢林黛玉。为什么呢？因为"花溆"的"溆"，形似"钗"而音似"薛"；而"蓼汀"反切一"林"字。听众遂恍然大悟。深服刘文典先生之识见。

气韵之大，在于天真。宋代郭若虚说"气韵非师"，大气韵来自天地所赐之真淳，不修饰，无遮蔽，凡天地之大才，必有大气韵。刘文典先生正是如此，不失赤子之心，天真之人也。他著《庄子补正》以自解，曾说天下真正懂庄子者，只有两个半：一为庄子，一为他自己，半个是婴儿。狂放中，深契庄学抱朴归真之道。此种童心未泯的气质，亦时时在其生活细节中闪现，1957年，他出席全国政协会议，从北京寄信给儿子刘平章，叫儿子来北京玩，"可以买最精致的玩具给你"，似乎忘记了儿子是个快要大学毕业的成年人⋯⋯

大师刘文典，为云南大学留下了大学问、大识见，更留下了诸多狂狷风流、气韵生动的大故事。一所真正意义上的大学，绝对不能没有与学术、与大师、与个性相关的故事，这些故事，浸润大学，大学便获得了精神，浸润行止，师生便获得了气质，香港中文大学副校长金耀基先生强调，大学在研究与教学之外，应有一种"创造性的文化生活"，"一个三一学院的书生住在牛顿的房间里，焉能没有一丝见贤思齐的激奋？而一个圣约翰书院的学生听到伍尔华滋描写他母院礼拜堂的'一声是男的，一声是女的'钟声，又怎能不生一丁儿诗人的遐思？"

刘文典先生那些呵骂蒋介石军阀、月光底下教授《月赋》的风流故事，鲜活地塑造了云南大学"创造性的文化生活"，让云大有了气韵，让云大人养成了气质！

感谢大师刘文典先生！

今天，云南大学正书写着建设"一流学科和高水平大学"的宏图，敬慕大师、延揽大师、养成大师，仍然要成为云南大学的主题；以大学问、大识见、大气韵，教化、濡染师生，要始终成为云南大学办学育人的最终旨归。

好在云大人不忘前源，不负前贤。时值刘文典先生诞生125周年，学校党史校史办，荟萃今贤，热襄盛举，追忆、缅怀、纪念先生，承续其文脉，播扬其精神，这实是光灿东陆的好事、美事、大事。

是为序。

（本文刊于《忆叔雅先生：记刘文典先生执教云大十五载往事》，雷文彬主编，云南大学出版社，2016年12月出版）

《方国瑜诞辰一百一十周年纪念文集》序

云南大学创办之初，即以"发扬东亚文化，研究西欧学术，俾中西真理融会贯通，造就专才"为宗旨。这是大学最基本的职能，也是大学的本质追求。不言而喻，要肩负起这样的职责和任务，离不开名家大师。在九十年的办学历程中，正是一批又一批名家大师，使得地处西南边疆的云南大学，人才辈出、星河灿烂、枝繁叶茂、基业长青，在中国高等教育史上闪耀出夺目的光芒。方国瑜先生就是其中杰出的代表。

方先生毕生从事中国民族史、地方史和边疆史地的教学与研究。先后完成了《纳西象形文字谱》《滇西边区考察记》《抗日战争滇西战事篇》《云南史料目录概说》《中国西南历史地理考释》《滇史论丛》《云南民族史讲义》《彝族史稿》等巨著，给我们留下了《方国瑜文集》等鸿篇巨制，并创办了《西南边疆》杂志，主持编辑了《西南文化研究丛书》《云南史料丛刊》。他的研究，体大思精，推陈出新，为我们树立了一座永远耸立在20世纪中国学术史上的学术丰碑。他的《中国西南历史地理考释》《云南史料目录概说》入选20世纪中国百部学术经典，为世人所景仰。先生被学术界誉为

"纳西语言与历史学之父""南中泰斗,滇史巨擘"和"民族史巨星"。

方先生早年以"读书不忘救国,救国不忘读书"自励,在中华民族救亡图存的艰难困苦之中,披荆斩棘、筚路蓝缕,开辟了一条将无数学子引入科学殿堂的学术之路。"文化大革命"中,尽管遭受无情打击和批判,但始终坚持他热爱的学术研究,并表现出一位中国传统知识分子的气节与风骨。晚年的方先生,双目几近失明,但他仍坚持工作,以惊人的毅力,完成了数百万字的学术巨著。1980年,方先生已时年七十有八,但他仍写道:"瑜年迈力衰,惟在大好形势鼓舞下,尚无迟暮之感,当与诸同道者黾勉从事。犹盼完成八年规划之后,尚得余年,为社会主义事业竭尽绵薄之力,勿负此生矣。"这是何等的精神,何等的境界。方先生在为我们留下了一座学术丰碑的同时,同样为我们铸就了一座永远的精神丰碑。

方先生是著名的教育家、历史学家,也是云南大学历史学科的开拓者和领航人。作为历史系的一名学子,我无缘亲聆先生的教诲,深以为憾。1983年,在云南大学60周年校庆之际,方先生为我们做了一场精彩的专题学术报告。不料,同年12月,先生就与世长辞,令人悲痛不已。虽然现在已时隔30年,但回想起先生那次对我们的教导,仍如春风化雨,令人终身受益:展卷细读先生的道德文章,我们不仅受到知识的教育、智慧的启迪,更受到心灵的震撼、精神的激励。这其中,既饱含知识的力量,更寄托着先生对来者的期望。

恩格斯在论述欧洲14至16世纪文艺复兴时曾说道:"这

是一次人类从来没有经历过的最伟大的、进步的变革，是一个需要巨人而且产生了巨人——在思维能力、热情和性格方面，在多才多艺的学识渊博方面的巨人的时代。"今天，中国社会同样正在经历一场人类历史上前所未有的、深刻的历史性变革，这同样是一个大变革的时代，是一个需要产生巨人的时代。时代需要巨人，时代呼唤巨人。

当前，云南大学正朝着建设中国一流、世界知名的区域性高水平大学这一新的宏伟目标迈进。建设中国一流、世界知名的区域性高水平大学，既是云南大学自身发展的内在需要，也是时代赋予我们的历史使命。要实现这一宏伟目标，需要产生像方国瑜先生那样的时代巨人。此时此刻，我们深切缅怀为云南大学建设与发展作出贡献的每一位学者，我们将永远铭记他们的伟业与功绩。

方先生自1936年到云南大学执教，直到辞世，从来没有离开过云南大学。他把一生都献给了他钟爱的学术与教育事业，献给了为之努力奋斗的云南大学。他的一生，从一个方面反映了云南大学的一段不平凡的发展历史。古人云："高山仰止，景行行止。虽不能至，心向往之。"今年是云南大学建校90周年的庆典年，也是方先生诞生110周年和辞世30周年，为缅怀先生的道德文章，弘扬老一辈的精神，激励后学，我们于3月23日隆重召开了"方国瑜诞辰110周年学术研讨会"。纪念方先生，就是为了缅怀他在云南大学建设和中国学术发展史上作出的杰出贡献；纪念方先生，就是为了走近大师，感悟大师，期待涌现出更多的名家大师；纪念方先生，就是为了共同去追忆云南大学不平凡的90年历程，从中汲取智慧与力量，沿着老一辈开创的道路，将我们的事业不断开拓前进。研讨会上和研讨会期间，大家怀着对方先生的崇敬之情，怀着对云南大学的关爱之心，或即席讲论，或贡献美文，以纪念，以咏怀，以论道，以言志。现将这些纪念讲话、回忆文章、学术论文汇编成册出版，借以表达对方先生的缅怀和敬仰。

相信读者一定会从这本文集中增进对大师的认识，对自我的认识，对时代的认识，谨记方先生"不淹没前人，要胜过前人"的谆谆教导，共同努力，将老一辈开创的事业不断推向前进。

（本文刊于《方国瑜诞辰一百一十周年纪念文集》，云南大学出版社，2013年11月出版）

《李埏教授百年诞辰纪念文集》序

　　今年是我国著名历史学家和教育家李埏先生诞辰百年，我们怀着景仰之情和敬畏之心，共同追忆先生不平凡的世纪历程，缅怀先生为云南大学和我国学术界建立的学术丰碑，并从中汲取思想智慧和人生启迪。

　　先生诞生于 1914 年 11 月 21 日，早年兼受私塾旧学和近代新学教育。1938 年以优异成绩考入北京师范大学历史系学习，旋因抗战转入西南联合大学历史系。在联大就读期间，因其超凡的研究能力和学术成果，为吴晗先生介绍加入中国史学会，成为该会当时仅有的两名学生会员之一。1940 年西南联大毕业后，先生考入北京大学文科研究所学习，随后任教于浙江大学史地系。1943 年受云南大学聘，执教一生，始终没有离开过自己钟爱的教育事业，直至 2008 年 5 月 12 日辞世。先生毕生致力于唐宋经济史、中国土地制度史和中国商品经济史的研究，为学术界公认的中国"土地国有制派"的代表人物和中国商品经济史研究的奠基者，被学术界誉为"通古今之变，成一家之言"的学者。

　　先生既是一位著名的专家学者，更是一位精神导师。他的一生，经历了炮火纷飞的战争年代，中华人民共和国成立后的上山下乡、史无前例的"文化大革命"、改革开放的社会变革，与二十世纪中国社会同行，与中国学术共命运。期间经历无数困苦与磨难，特别是"文化大革命"期间，被打成云大"三家村""四家店"典型，备受摧残，几近绝地。但先生始终不改学术报国、育人兴教初衷，一心一意扑在钟爱的教学科研上。先后撰写了《中国封建经济史论集》《中国古代土地国有制史》，《宋金楮币史系年》（合撰），《〈史记·货殖列传〉研究》（合撰），《〈滇云历年传〉点校》《不自小斋文存》等专著。他常常讲：一个人在处于逆境的时候往往能够坚持下来，但处于顺境的时候容易发生动摇。因为处于顺境的时候遇到的诱惑实在太多。强调人生贵在坚持，学问贵在坚持，始终坚守人生信念，矢志不渝。1985年，在新中国第一个教师节到来之际，先生以梁任公"战士死于沙场，教师死于讲座"名言以自励。同年，先生以72岁高龄入党，实现了他加入中国共产党的几十年夙愿，在《预备期的回顾》一文中，先生豪言满怀地写道："在共产党员的字典中，无'老'之一字。"抛却迟暮之感，以更加饱满的热情投入教学科研，写下大批精品力作。1992年，在云南大学为先生举行的从教五十周年纪念大会上，先生谦称没有做出什么成绩，说颇感欣慰的是，无论身处顺境还是逆境，一生始终没有离开过自己所钟爱的教育和学术事业，自己只是在平凡的岗位上做了自己该做的事。这是何等的谦逊，何等的品格，更是一种境界与情怀。在平凡的岗位上做出不平凡的业绩，这就是成就，这就是伟大。他用自己的一生，诠释了中国传统知识分子的担当和教师的神圣职责。这是先生能够取得巨大成就的根本原因，也是我们宝贵的精神财富。

先生治学，早年致力于实证考据之学。新中国成立后，服膺马克思主义，潜心钻研并用以指导自己的研究。那时，先生每天清晨起床后擦一下脸，第一件事就是攻读马列，少则半小时，多则四五十分钟，一本又一本马列原著被他通读了一遍又一遍。他不轻信、不盲从，而是力求把握其精神实质，加以灵活运用。上世纪60年代初，先生在撰写《略论唐代的"钱帛兼行"》一文时，文末曾引马克思《资本论》中的一句话，原中译文为"生产越是发展，货币财产就越是集中在商人的手中，或表现为商人财产的特别形态。"联系前后文马克思的分析，先生认为"生产越是发展"一语应为"生产越是不发展"。在当时的历史条件下，提出此问题极容易与篡改马克思主义等同起来，是要冒相当大风险的。为此，先生请教了一位研究《资本论》的资深教授和一位外语系的老专家，他们均不置可否。尽管如此，先生仍相信自己的理解是正确的，并在引文中大胆加上了这个重要的"不"字，并对翻译的错误加注说明。论文刊出后，时任中国科学院院长的郭沫若先生立即给《历史研究》编辑部写了一封信，指出先生的见解是对的，证实中译本确实漏了一个"不"字，虽然只是一字之差，但会"差之毫厘，而谬以千里"，并建议中译本出版处重视这个字，加以改正。1975年，先生又发表《试论历史局限性》一文，针对大有来头的"无限拔高"和"不应写历史局限性"的谬论发表不同意见。为此，先生遭到无情围攻，险遭不测，但他并没有放弃自己的观点。著名历史学家、理论家苏双碧先生曾评论说："李埏先生很熟悉马克思主义，他运用马克思主义研究历史很自如，这是他的学术著作见解深刻、新颖的重要原因之一。"先生是一位真学、真懂、真用马克思主义史学家，正是有像先生这样的一大批学者，才极大地推动了史学领域马克思主义的中国化，回答并解决了马克思主义中国化的若干重大问题。先生是我国史学领域马克思主义中国化的杰出代表。

大学的根本任务是培养造就人才。先生一生以教书育人为己任，始终致力于传道、授业、解惑。他常说，经师易得，人师难求。强调教师既要教书，更要育人，身教重于言教。他从不将教学与科研对立起来，而是将之作为有机的整体，不断将最新的科研成果转化为新的教学内容，以新思想、新观点、新内容启发人、教育人、影响人。先生一生长期讲授《中国古代史》《宋史》《中国古代经济史》等课程，先后编写了《中国封建经济史专题》《唐宋经济史》《宋代史稿》《唐宋社会的等级分析》等讲义和教材。这些讲义和教材，充满新知新见，充满思想与智慧，既是重要的教科书，又是具有真知灼见的学术专著，以智启人，以文化人，让人春风化雨，受益终身。

大学离不开学者，也离不开学科。先生是云南大学中国经济史学科的开拓者和奠基人。1982年，先生创建了云南大学中国封建经济史研究室，这是国内第一个中国封建经济史的专门研究机构。建室伊始，先生以如椽之笔写下了《我爱公孙树》一文，将研究室喻为一株爷爷植树，孙子吃果的小苗。1985年，先生又组建了云南大学中国经济史重点学科。

2000年，在先生的倡议和领导下，又成立了云南大学中国经济史研究所。云南大学中国经济史学科从无到有、从有到强，已发展成为全国重要的经济史研究中心之一。

回顾先生的一生，他把毕生精力无私地奉献给了祖国的教育和学术事业，奉献给了云南大学的建设与发展。正是有像先生这样一批又一批的优秀学者，云南大学在云岭大地谱写了一篇又一篇的壮丽诗篇，生机盎然，繁花似锦。此时此刻，我们深切缅怀每一位为云南大学建设与发展作出贡献的前辈先贤！你们的功绩将永远载入史册，传之于世，传之于人；你们的精神将永远激励着后人奋发努力，开拓前行。

当前，云南大学正在努力建设中国一流、世界知名区域性高水平大学。这既是时代赋予我们的历史使命，也是老一辈云大人的美好愿望。见贤思齐，薪火相传，我们将继承老一辈的精神，沿着老一辈所开创的道路，不断将云南大学的建设与发展推向新的阶段。

（本文刊于《李埏教授百年诞辰纪念文集》，云南大学出版社，2014年10月出版）

纪念马曜先生

今天，我们在这里隆重集会，举行《马曜教授逝世十二周年纪念文集》首发式暨座谈会，纪念马老在中国学术史、教育史和民族工作战线上的卓越贡献。《纪念文集》由张文勋先生主编，汇集了众多学者和后辈对马老杰出贡献和治学办校的追思与回忆，集中表达了我们对一代教育家、一代学者马老的敬仰之情。云大出版社有幸出版纪念文集并主办本次会议，我们深感荣幸。首先，我谨代表云南大学，对马曜先生表示深切的缅怀，向家属表示诚挚的问候，对老一辈学者所做出的杰出贡献表示衷心的感谢！

马曜先生的一生是为中国民族工作不懈奋斗的一生。他曾任中共云南省委民族工作五人小组成员。筹建云南省民族事务委员会，任副秘书长。先后任云南省委边疆工作委员会办公室主任、研究室主任、边疆处处长，组织领导了云南少数民族地区的调查研究工作，是我党杰出的民族工作者和领导者。他坚持民族研究与民族工作实际相结合的实事求是的思想路线，善于把党的方针同民族地区的实际结合起来，创造性地开展工作。他提出的"直接过渡"理论，为马克思主义的中国化作出了重要的贡献。1953 年，在大量田野调研的基础上，结合过去群众工作实践，依据第一手材料，马曜先生提出景颇、傈僳、独龙、怒、佤、布朗、基诺、德昂等9个边疆少数民族在国家帮助下，逐步完成某些环节的民主改革任务，直接过渡到社会主义。这个意见为中共云南省委所采纳，成为党的"直接过渡"方针、政策。在"直接过渡"理论的指导下，云南许多边疆少数民族地区顺利、成功地实现了向社会主义的直接过渡。马曜先生的"直接过渡"理论，是马克思主义基本原理与中国实际相结合的产物，是对马克思主义的灵活运用。马曜先生为马克思主义的中国化做出了重要的理论贡献。马老还根据自己对民族问题和民族工作的长期研究和实践，对云南民族工作的特点进行了系统研究和总结，提出了云南民族工作的八条经验，使人们更加清晰地认识和了解了云南民族工作的规律、特点和内涵。

马曜先生的一生是为中国学术研究不懈奋斗的一生，他的学术是有思想的学术，他的思想是有学术的思想，充分体现着创新和创造。作为全国"民族问题五种丛书"云南省编辑委员会常务副主任，他主持编写了16本民族简史、17本民族调查资料、6种民族语言志。他还先后编撰了《云南各族古代史略》《云南简史》《白族简史》《西双版纳份地制与西周井田制研究》《云南民族工作四十年》《马曜学术论著自选集》《中国历史大辞典·民族卷》等论著，为学界所敬仰。尤其是，他在文献资料、考古资料基础上，加上长期的、丰富的民族学田野调查资料，别开生面，深入研究西周的井田制问题，首创中国古代史分期的"三重证"方法，在学术界产生了重大影响。这种跨学科研究范式被誉为"提供了一把揭示井田制之谜,打开历史分期迷宫的钥匙",是"民族研究与史学研究相结合的重大成果",在丰富和拓宽我国古史研究的视野、深化古史研究的理论方法方面,作出了积极的贡献,成为研究中国古代史分期问题的开拓者之一。

马曜先生的一生是为中国教育不懈奋斗的一生。他参与筹建云南民族学院,先后任副教育长、院长,曾任国家民委委员、中国社科院民族研究所学术委员。为云南和我国民族教育的发展作出了重大贡献,培育了大批栋梁之材,开创了新的学术研究和学科领域。

马曜先生是集战士、学者、诗人、教育家于一身的世纪学人,"道德文章并重"。他是当代白族文化名人的一面旗帜,也是中国社会科学界的一座丰碑。从马曜先生走过的学术历程可以看出,正是对时代与社会的准确把握,对祖国和人民的炽热情感,对理想和信念的执着追求,造就了他的成就。马曜先生坚持马克思主义在我国哲学社会科学领域的指导地位,集中体现在他丰厚的学术成果中。

马曜先生是云南大学历史上走来的一位光耀史册的前辈大家。他1947年进入当时的国立云南大学,担任文史系讲师,1949年任副教授。1972年回云南大学工作,1974年主持中共云南省委云南历史编写组的工作。1975年创办云南大学学报《思想战线》,任主编。他先后在《思想战线》上发表《庄蹻起义与开滇的历史功绩》《诸葛亮安定南中与和抚少数民族的历史功绩》,轰动一时,引起了广泛的学术讨论,产生了重大的学术和社会影响,推动了云南大学民族史研究的深入发展。同时,也使《思想战线》名震一时,奠定了刊物在民族史、民族学、边疆问题、中国古代史研究上的影响和传统，为今天《思想战线》成为教育部名刊打下了扎实的基础。马老的贡献值得我们永远铭记，马老的精神值得我们永远学习。

今天，我们纪念先辈，是为了更好地走向未来。当前，云南大学正在全力推进一流大学和一流学科建设，形势催人奋进。面对时代的召唤和需要，面对马曜先生等前辈学者的突出成就和他们留下的精神财富，我们不敢也绝不懈怠。我们相信，《马曜教授逝世十二周年纪念文集》的出版以及本次座谈会的召开，对于正在思索学术文化如何促进中国社会发展的知识界来说将是一件值得重视的大事，将有助于我们更好地总结和讨论马曜先生民族研究理论与民族工作实践，更好地学习和继承马曜先生严谨认真的学术态度和实事求是的科学精神，共同为推动云南大学的发展和中国学术的繁荣做出我们新的贡献。

（本文系2019年12月在《马曜教授逝世十二周年纪念文集》首发式暨座谈会上的发言）

《谢本书文集》序

　　谢本书先生是我国著名的历史学家，也是令人景仰的学者。编辑出版《谢本书文集》，具有特别重要的学术意义。本文集从先生大量的学术著述中，选取了242篇160余万字成果汇编成册，分四个专题计七卷，内容涉及近代中国与云南、近代云南名人、史事、史学随笔和书序等，为我们呈现了丰硕的学术成果。从文集中，我们不仅看到了一位前辈学者的学术道路和学术追求，也看到了云南史学走过的一段难忘岁月和辉煌历程，更看到了云南史学对中国史学发展作出的突出贡献和应有的历史地位。

　　翻阅文集，令我们无限感佩，给我们带来了无限的思考与启迪。这其中，既有学术的思考与启迪，也有精神的思考与启迪，还有人生的思考与启迪。

　　我们感佩先生的学术精神。先生1954年考入云南大学历史系，毕业后留校任教，在云南大学历史系工作近二十年。此后，先后调任云南省社会科学院历史研究所所长、云南省社会科学界联合会专职副主席、云南民族学院教授等，至今已从事历史研究和教学工作近七十年。先生不论身处何地、在何岗位，从未放弃自己的学术研究。在学术研究的黄金时期，他长期坚持凌晨四点起床开始研究和写作，数十年如一日，笔耕不辍。他曾说："我的一生几乎只有一个爱好，就是读书。已经过去的半个世纪，我的历史就是与书打交道的历史。"经常讲，他的人生信条就是："学习无止境，研究无终程。"先生这种追求学术的精神，让我们真切体会到一位真正学者的可贵品质：学术就是人生，人生就是学术。这既是一种执着与追求，更是一种情怀与境界。

我们感佩先生的学术成就。先生研究领域极为广泛。他早年从事外国史和史学理论的研究，先后撰写和发表了大批研究成果。随后，他针对云南乃至西南近代史研究还处于薄弱状况的现实，重点开展中国近现代云南历史问题的研究，在中国近代史、中华民国史、护国运动史、西南军阀史、云南地方史等研究方面不懈耕耘，产出了大批独树一帜的学术成果，并形成了"一事一著""一人一传"的学术体系，至今享誉学界，产生着重要的学术影响。有人曾将先生的治学经验总结为"严""钻""实"的"三字经"，即不断严格要求自己，锲而不舍地钻研进取，实实在在出成果。可以说，这既是先生学术研究的真实写照，也是先生取得令人瞩目的学术成就的根本所在。先生的学术就是研究真问题、做真学问的学术。这让我们真切地感受到"学贵自成体系"和"学术的生命在于创新"的真谛。先生不愧为云南近代史研究的奠基人，不愧为享誉学界的大学者。

《谢本书文集》编辑付梓之际，先生嘱我作序，作为学生实不敢当。实际上，这是先生给我的又一次学习机会和对我的又一次珍贵教诲。对我来说，这是一次难得的学术对话。这是一次与先生的学术对话，让我不禁想起了大学时代，先生给我们上课的情景，先生不仅思路活跃、视野开阔，有着独到的学术眼光，更有着春风化雨、润物无声的学术感召力，引发我们不禁思考：我们该如何继承老一辈的优良学术传统和崇高的学术追求，走好自己的学术之路；这是一次与自我的学术对话，使我们时刻提醒自己，要以老一辈学者为榜样，见贤思齐，不断反思自我，引发我们不禁思考：我们该如何认识自我、完善自我、超越自我，书写好自己的学术人生；这是一次与时代的学术对话，使我们进一步认识到时代的需要与学者的使命，引发我们不禁思考：我们该如何肩负起时代的责任，回答好时代之问，作出无愧于时代的学术业绩。

今天，中国进入了新时代。新的时代为历史科学的繁荣发展创造了更好的条件，也提出了新的任务。繁荣和发展历史科学，是每一位史学工作者的职责和使命。古人云："高山仰止，景行行止，虽不能至，心向往之。"我们要秉承老一辈学者的学术传统和学术精神，充分汲取他们丰厚的学术成果，学习无止境，创新不停步，沿着老一辈学者开创的道路，走好自己的学术人生之路，研究真问题，做真学问，做出无愧前辈、无愧时代的新贡献。这就是编辑出版这部文集的意义所在。

（本文写于2021年12月28日，后刊于《云南文史》2022年第2期）

《法律人类学的理论与方法》序

　　本书是张晓辉教授贡献给学术界的又一新成果，同时是一位学者学术追求的精神展现。面对此书，我不由对晓辉教授敬佩有加，也感慨万千。

　　晓辉教授与我虽然不是学习和研究同一学科，但我们很早就彼此熟悉。我认识他时，他是云南大学法学院的副院长、民族法学学科的领头人。在我的记忆中，他对工作高度认真负责，整天忙学科建设、学院工作、自己的科研和教学。晓辉教授不仅在法学研究方面独树一帜，而且为学校民族学学科做出了重要贡献。后来，我才知道，晓辉教授的妻子尚在年轻时就患有严重的类风湿关节炎，还出现了双侧股骨头坏死，他常年承担着照顾妻儿的家庭重任。晓辉教授正是在这样的情况下屡创佳绩，其精神和贡献令我肃然起敬。自然，我们之间的交流也就更多。

　　晓辉教授是一个有责任的人，也是一位有远见和抱负的人。正当他准备将学术、学科建设和学院发展的蓝图进一步付诸实践的时候，天有不测。2005年，急性脊髓炎突袭晓辉教授。一时之间，他的事业、他的家庭陷入了难以言状的境地。但这并没有摧毁他的意志，他仍然坚持教学、科研。回望过去的14年，他在艰难的处境中作出了不可磨灭的新业绩。

从晓辉教授的身上，我们体会到了一位学者的优秀品质，这就是崇尚学术、追求真理；我们感悟到了一位人民教师的高尚情怀，这就是忠诚教育、立德树人；我们领悟到了一位优秀共产党员的崇高精神，这就是不忘初心、默默奉献。本书正是体现着一位学者的品质、情怀与精神。

当前，云南大学正在全力推进一流大学建设。建设一流大学，我们需要晓辉教授身上所体现的那种精神、那种力量。古人说：见贤思齐。我们当倍加努力，以不辜负这个时代，不辜负人生。

对于本书的内容，因为我不是研究法学的学者，故不作具体评述，留待读者去品味。这里，我想说的是，这是一本有故事的书。孟子说：读其书，不知其人可乎？希望读者阅读本书时，更多地关注书背后的人生故事，从而更好地去领悟学术、领悟人生。

是为序。

（本文刊于《法律人类学的理论与方法》，张晓辉著，北京大学出版社，2019年12月出版）